U0449981

本书受到湖北省社会科学基金后期（项目编号：2018017）资助，受到湖北省高校人文社科重点研究基地——湖北青少年思想道德教育研究中心的资助。

湖北青少年思想道德教育研究丛书

李婉芝 著

高校青年教师思想政治教育研究

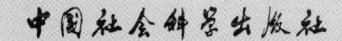

中国社会科学出版社

图书在版编目（CIP）数据

高校青年教师思想政治教育研究／李婉芝著.—北京：中国社会科学出版社，2018.12

ISBN 978-7-5203-3782-3

Ⅰ.①高… Ⅱ.①李… Ⅲ.①高等学校—青年教师—思想政治教育—研究—中国 Ⅳ.①G645.16

中国版本图书馆 CIP 数据核字（2018）第 284845 号

出 版 人	赵剑英
责任编辑	孔继萍
责任校对	季　静
责任印制	李寡寡

出　　版	中国社会科学出版社
社　　址	北京鼓楼西大街甲 158 号
邮　　编	100720
网　　址	http://www.csspw.cn
发 行 部	010-84083685
门 市 部	010-84029450
经　　销	新华书店及其他书店
印　　刷	北京明恒达印务有限公司
装　　订	廊坊市广阳区广增装订厂
版　　次	2018 年 12 月第 1 版
印　　次	2018 年 12 月第 1 次印刷
开　　本	710×1000　1/16
印　　张	15.5
插　　页	2
字　　数	223 千字
定　　价	69.00 元

凡购买中国社会科学出版社图书，如有质量问题请与本社营销中心联系调换
电话：010-84083683
版权所有　侵权必究

总　序

　　湖北青少年思想道德教育研究中心是湖北省教育厅2011年12月批准建立的湖北省高校人文社会科学重点研究基地。中心以湖北大学马克思主义学院思想政治教育系和思想政治理论课教研部为依托,在湖北省教育厅和湖北大学相关部门的指导下独立开展工作,在科学研究等方面与湖北大学马克思主义学院资源共享。湖北大学思想政治教育系于1973年创建,1974年正式招生,办学历史悠久,为湖北省培养了大批中学政治课教师、党政机关企事业单位思想政治教育以及青少年思想道德教育方面的专业人才。思想政治理论课教研部于1991年创建,在思想政治理论课教学方式方法上不断创新,取得了重大成果,两个单位师资力量、科研实力雄厚。在国内省内思想政治教育研究领域有一定的影响,出版了一批在国内学术界具有重要影响的著作,其研究水平在国内受到同行高度关注和肯定。该系、部拥有两个二级学科博士点:马克思主义基本原理、思想政治教育;两个一级学科硕士点:马克思主义理论、政治学。湖北青少年思想道德教育研究中心正是以思想政治教育系和思想政治理论课教研部为根基,在整合校内外科研力量的条件下形成的一个跨院系、跨学科的研究机构。

　　中心现有专兼职研究人员27人。其中博士生导师8人;教授12人,副教授7人;博士13人,硕士13人;50—59岁的4人,40—49岁的13人,30—39岁的9人,30岁以下的1人。职称、学历和年龄结构比较合理，形成了一支年富力强、团结合作、共谋事业、富有创新意识和改革精神的"金字塔"式的学术团队。中心的负责人是思想政治教育专业博士点导师，先后担任湖北大学团委书记、宣传部长、副校长等职务，在经济全球化背景下人的发展、新时期思想政治教育有效性、交往与青少年道德修养等方面有较深入思考，相关研究成果在学术界有一定影响。其他科研人员在青少年价值观教育、青少年思想道德教育环境、青少年思想政治教育课程、青少年思想道德教育审美等研究领域成果丰厚，具有广泛的学术影响。研究队伍中，部分人有出国研修和考察的经历。这支队伍为该中心创建全省乃至全国一流的研究基地打下了坚实的基础。

湖北青少年思想道德教育研究中心将适应我国特别是我省青少年思想道德教育发展和我校学科建设要求，树立"立足湖北，服务湖北"观念，从青少年思想道德教育研究的角度整合全校、武汉地区以及国内外人文学科资源，发挥湖北大学思想政治教育学科和武汉地区思想政治教育学科优势。深入研究当代青少年思想道德教育理论与方法、湖北青少年价值观教育、湖北青少年思想道德教育新环境、湖北青少年思想道德教育课程及创新，努力将湖北青少年思想道德教育研究中心建设成为湖北青少年思想道德教育的科学研究中心、研究湖北青少年思想道德教育的科研人才培养基地、促进湖北青少年思想道德教育发展的咨询服务基地、湖北青少年思想道德教育的信息传播基地、科研管理体制改革与创新的实验基地。

湖北大学为该基地整合科研资源，实行多学科交叉、综合研究、优势互补创造了良好的条件。同时，该基地与许多兄弟院校有良好的合作基础，与中国香港、台湾的多所大学也长期保持学术交流。

湖北青少年思想道德教育研究中心成立4年多来，承沐着充足润养生机的阳光雨露。省内外、校内外相关领导和全国青少年思想道德教育领域的专家同人给予了热情而有力的支持。中心于2013年8月和2015年9月先后两次召开湖北青少年思想道德教育研究中心开放基金课题专家评审会。会议由中心主任主持。专家评审小组由华中科技大学教科院李太平教授、湖北大学教育学院院长靖国平教授、湖北大学哲学学院院长戴茂堂教授、中心主任杨鲜兰教授和中心常务副主任杨业华教授组成。专家组本着公平、公正的原则，按照中心开放基金课题评审条件，对来自华中师范大学、中国青年政治学院、武汉理工大学等青少年思想道德教育研究方面专家申报的课题现场逐一进行了认真的讨论和评审，重点从申报课题的选题意义、研究思路及研究基础等方面进行评价，并逐项提出了建设性的修改意见和建议。最后，确定对以华中师范大学万美容教授主持的《湖北"90后"大学生思想行为特点实证研究》等20多项课题予以立项。为了摸清湖北未成年人思想道德现状，把握湖北未成年人思想的特点和规律，为湖北未成年人思想道德建设科学决策以及有针对性地开展湖北未成年人思想道德建设提供依据。受湖北省文明办委托，2013年5月至8月湖北青少年思想道德教育研究中心对"湖北未成年人思想道德状况"进行了调查研究，有多篇调研报告被相关领导和部门采纳。受湖北省委宣传部委托，中心2014年6月至12月对"中华优秀传统文化对青少年的影响状况"进行了调查研究，调查成果"关于对青少年进行中华优秀传统文化教育状况的调查思考"获得湖北省委常委、宣传部长梁伟年、常务副部长杨万贵和副部长喻立平等领导充分肯定和重要批示。中心坚持每年编写两期《湖北青少年思想道德教育研究简报》，报送湖北省委宣传部、湖北省文明办、共青团湖北省委、湖北省教育厅相关部门、湖北大学学工处和团委等相关部门决策参考。中心坚持每年在长江出版社公开编辑出版《湖北青少年思想道德教育研究报告》，目前已经出版3本研究报告。2012年中心常务副主任杨业华教授和中心副主任周芳教授分别在人民出版社出版了两本青少年思想道德教育方面的学术著作《当代中国大学生核心价值观研究》和《思想政治教育审美研究》。2013年和2014年中心联合湖北大学马克思主义学院在中国社会科学出版社出版了"湖北青少年思想道德教育研究丛书"四部。分别是中心主任杨鲜兰教授等著的《交往与青少年道德修养》、中心常务副主任杨业华教授著的《思想政治教育新视野》、中心骨干姚迎春博士著的《思想政治教育文艺载体研究》和中心骨干杨荣副教授著的《中国共产党早期思想政治工作与马克思主义大众化研究》。

现在，中心再次推出"湖北青少年思想道德教育研究丛书"，进一步展示湖北青少年思想道德教育研究中心的研究成果。这些研究成果，有的是中心专家和骨干的研究成果，有的是中心专家指导博士生写的博士论文，这些博士论文是在导师指导下经过比较长时间研究的成果，而且在出版之前，各位作者又根据校内外博士论文评审专家和答辩委员会专家的意见，对论文做了进一步的修改和完善，已达到了较高水平。这些研究成果不仅对加强青少年思想道德教育研究具有理论价值，而且对于加强和改进新时期青少年思想道德教育工作具有现实指导意义。

中心成立仅仅4年多，推出"湖北青少年思想道德教育研究丛书"时间不长，还没有经验，我们诚挚希望青少年思想道德教育界的专家同人和广大读者，能够对"湖北青少年思想道德教育研究丛书"提出宝贵的意见，以利于"湖北青少年思想道德教育研究丛书"的进一步改进和完善。在此，我也对中国社会科学出版社的领导和有关编辑为"湖北青少年思想道德教育研究丛书"出版付出的辛勤劳动表示衷心感谢！

湖北大学副校长、湖北青少年思想道德教育研究中心主任

杨鲜兰

2016年1月11日

摘 要

本书以高校青年教师发展为逻辑起点,以高校青年教师思想政治教育研究为主线,围绕高校青年教师发展视域下的思想政治教育概述、高校青年教师发展视域下的思想政治教育理论基础、改革开放以来高校青年教师发展视域下的思想政治教育实践反思、高校青年教师思想发展状况与思想政治教育、高校青年教师工作发展状况与思想政治教育、高校青年教师生活发展状况与思想政治教育等内容进行多视角、多层面的研究分析,力图揭示高校青年教师发展视域下思想政治教育的特点和规律,并为我们加强和改进高校青年教师思想政治教育提供理论指导,促进高校青年教师思想政治品德素质的发展。本书分为七章:

第一章:绪论。本章对高校青年教师发展和高校青年教师思想政治教育的研究现状进行了翔实的综述,对高校青年教师发展视域下的思想政治教育研究的理论意义和现实意义进行了探讨,对高校青年教师发展视域下的思想政治教育研究的基本思路和基本研究方法进行了详细的介绍。

第二章:高校青年教师发展视域下的思想政治教育概述。本章按照"高校青年教师—高校青年教师发展—高校青年教师思想政治教育"的逻辑思路,分别对高校青年教师的概念、类型和特点以及高校青年教师发展的概念、内容、特点以及高校青年教师思想政治教育的概念、内容、特点进行了深入的探讨,力图全面把握高校青年教师发展视域下的思想政治教育的内涵及其实质。

第三章：高校青年教师发展视域下的思想政治教育理论基础。本章不仅系统地对马克思主义经典作家关于高校青年教师发展视域下的思想政治教育理论进行了阐释，而且以马克思主义经典作家相关理论为基础对中国古代教师思想政治教育理论以及西方高校教师思想政治教育理论进行了探讨，力图夯实高校青年教师发展视域下的思想政治教育的理论基础。

第四章：改革开放以来高校青年教师发展视域下的思想政治教育实践反思。本章不仅对改革开放以来高校青年教师发展视域下的思想政治教育发展历程进行了系统梳理，而且对取得的成绩进行了概括总结，对存在的主要问题进行了分析。

第五章：高校青年教师思想发展状况与思想政治教育。本章分别从思想、政治、道德三个方面对高校青年教师思想发展状况进行了论述，对高校青年教师思想发展方面存在的问题及其原因进行了分析，在此基础上提出了如何贴近高校青年教师思想发展状况，加强和改进思想政治教育的对策。

第六章：高校青年教师工作发展状况与思想政治教育。本章分别从教学、科研、服务社会三个维度对高校青年教师工作发展状况进行了论述，对高校青年教师工作发展方面存在的问题及其原因进行了分析，在此基础上提出了如何贴近高校青年教师工作发展状况，加强和改进思想政治教育的对策。

第七章：高校青年教师生活发展状况与思想政治教育。本章分别从生活质量、薪资待遇、婚姻情感、身心健康四个维度对高校青年教师生活发展现状进行了探讨，对高校青年教师生活发展方面存在的问题及其原因进行了分析，在此基础上提出了如何贴近高校青年教师生活发展状况，加强和改进思想政治教育的对策。

【关键词】：高校青年教师；发展；思想政治教育

Abstract

This paper make the young teachers in university for logical starting point, and main thread for young teachers ideology and political education, centering on development of young teachers, ideology and political education, the practice thinking of young teachers ideology and political education since reform and opening-up policy. Footing on thought and working and life, basic on investigation of Hubei province, and get the first data. The material analysis adhere to induction from down to up, extract some related question. Make extra-perspective research for thoughts situation and ideology and political education, working situation and ideology and political education, life situation and ideology and political education. To present the young teachers' situation in each latitude, and make deep reason analysis from college and society and themselves, adhere to "three close" principles, put up related suggestions for each situation. Reveal ideology and political education only do it with related thoughts and work and life, then will be realize the main task effectively, and promote the young teachers development liberty and comprehensive.

The present study consists of seven chapters.

The first chapter is introduction. In this chapter, a detailed literature review has been carried out on development of young university development and the ideology and political education of young university. Besides, the present study discusses the theoretical and practical significance of under development field of vision of young university teachers. What's more, strategies and basic approaches of under development field of vision of young university teachers have been introduced thoroughly.

The second chapter touches upon the relastic theories under development field of vision of young university teachers. In accordance with the logic circuit from young university teachers to the development of young university teachers to the ideology and political education, this chapter elaborates on the concept, type and feature of young university teachers and explains thoroughly the concept, content, feature purpose of the development of young university teachers. It has also been discussed the concept, content, feature of the ideology and political education deeply, which lays on basic theory for after research. In the present paper, young university teachers is defied as who do teaching and researching work in university full time with teacher's certificate within 40 years (include 40). The development of young university teaches include the improvement of academic level and professional skills and teaching ethics. But due to space limitations, it mainly focus on the thoughts, work and life. The acticity of ideology and political education is face to young university teachers. It use some ways of ideology and political education to make young university teachers practice activities which accord with specially requirement development of society, times and itself.

The third charpter discuss the theoretical basis of under development field of vision of young university teachers. This chapter not only systematically interprets theories on Maxisim classic writers about under development field of vision of young university teachers but also discusses theories on the ideology and political education of young university teachers from ancient China and western countries with example education theory of Maxisim, having enhanced the theoretical foundation of under development field of vision of young university teachers.

The fourth chapter introduces the development process and fundamental experience of under development field of vision of young university teachers since reform and opening up. This chapter not only retrospects the development process but also points out the related problems on the basis of summing up experiences. These problems are lack of contemporary education goals, lack of specific education content, lack of flexibility education method, lack of continuity education mechanism, lack of initiative education team, and lack of scientific education evaluation.

The fifth chapter explores the thoughts development situation of young university teachers and ideology and political education. This chapter elaborates the current situation of the development of young university teachers form three aspects respectively, which are ideal, politics and ethics. It makes deep analysis of society, university and personal. In society, Reform and opening-up and the development of market economy is the economic foundation of young university teachers' subject consciousness increasingly awakening, Economic globalization brings the cultural diversity of young university teachers is thought impact an external environment, Internet penetration to provide technical positions for western values. In university, living conditions and ideological dynamic of young university teachers lack of intensive study, the ideological and political education system construction and planning measures of young university teachers to be perfect, The cultivation and develop excellent member to join the party are inadequate, The content of the young teachers of ideological and political education lack of pertinence, effectiveness and appeal. In personal factors, Young people to the characteristics of young teachers thought condition appear all sorts of problems, Young teachers have multiple personality makes them easily in thinking, as the college grassroots groups, they are in a state of overload for a long time. So for these reasons, we should adhere to the principle of close to the young university teachers's thought development, to strengthen their worldview education, political education, life education, moral education, legal education, therefore improve the level of their ideological and political education, promote the development of own thoughts.

The sixth chapter discusses working development situation and ideology and political situation. This chapter respectively from teaching, scientific research, service society three dimensions described current situation of the development of young university teachers' work, from the aspects of society, school, personal reason analysis respectively, the countermeasures to the principle of ideological and political education to be close to work, put forward to combine teaching, scientific research, administration, serve the society situation to carry on the ideological and political education.

The seventh chapter explores the life development situation and ideology and political education. This chapter through the quality of life, salary, marriage, emotional, physical and mental health of the four dimensions of young university teachers and discusses current situation of the development of life, and make further research for some reasons. Besides, it put forward targeted countermeasures and suggestions to improve ideology and political education of young university teachers.

 【Key words】: Young teacher in university; Development; Ideology and political education

目 录

第一章 绪论 …………………………………………………… 1

第一节 问题的提出 ………………………………………… 1

第二节 研究的意义 ………………………………………… 6

　一　理论意义 ……………………………………………… 6

　二　实践意义 ……………………………………………… 7

第三节 国内外研究现状 …………………………………… 8

　一　国内研究现状 ………………………………………… 8

　二　国外研究现状 ………………………………………… 22

第四节 研究的基本思路、方法及创新点 ………………… 30

　一　研究的基本思路 ……………………………………… 30

　二　研究的基本方法 ……………………………………… 31

　三　创新点 ………………………………………………… 33

第二章 高校青年教师发展视域下的思想政治教育概述 …… 34

第一节 高校青年教师概述 ………………………………… 34

一　高校青年教师的内涵……………………………………… 35

　　二　高校青年教师的类型……………………………………… 38

　　三　高校青年教师的特点……………………………………… 40

　第二节　高校青年教师发展概述………………………………… 42

　　一　高校青年教师发展的内涵………………………………… 42

　　二　高校青年教师发展的内容………………………………… 45

　　三　高校青年教师发展的特点………………………………… 49

　第三节　高校青年教师思想政治教育概述……………………… 52

　　一　高校青年教师思想政治教育的内涵……………………… 53

　　二　高校青年教师思想政治教育的特点……………………… 54

　　三　高校青年教师思想政治教育的内容……………………… 56

第三章　高校青年教师发展视域下的思想政治教育理论基础……… 63

　第一节　马克思主义经典作家相关理论………………………… 64

　　一　马克思恩格斯的相关理论………………………………… 64

　　二　中国共产党的领导人相关理论…………………………… 70

　第二节　中国古代相关理论……………………………………… 77

　　一　培养德高为师的师德目标………………………………… 78

　　二　树立以身作则的师德准则………………………………… 79

　　三　丰富了师德的内容………………………………………… 80

　第三节　国外相关理论…………………………………………… 83

目　录

  一　高校青年教师发展理论……………………………… 83

  二　高校青年教师思想政治教育理论…………………… 85

第四章　改革开放以来高校青年教师发展视域下的思想政治教育实践反思……………………… 88

 第一节　历史回顾………………………………………… 88

  一　转变阶段……………………………………………… 90

  二　改进阶段……………………………………………… 92

  三　强化阶段……………………………………………… 93

  四　创新阶段……………………………………………… 95

 第二节　基本经验………………………………………… 97

  一　培养造就思想政治过硬的教育者…………………… 97

  二　坚定不移地用发展着的马克思主义教育青年教师…… 99

  三　探索了以师德建设为核心的教育内容……………… 100

  四　积极建设优秀的校园文化…………………………… 101

 第三节　主要问题及原因分析…………………………… 102

  一　主要问题……………………………………………… 103

  二　原因分析……………………………………………… 107

第五章　高校青年教师思想发展状况与思想政治教育…… 112

 第一节　高校青年教师思想发展状况…………………… 112

  一　思想状况……………………………………………… 113

二　政治状况 …………………………………………… 122

　　　三　道德状况 …………………………………………… 127

　第二节　影响因素分析 ……………………………………… 131

　　　一　社会因素 …………………………………………… 131

　　　二　学校因素 …………………………………………… 133

　　　三　个人因素 …………………………………………… 135

　第三节　贴近思想发展状况进行思想政治教育 …………… 137

　　　一　贴近思想发展状况进行思想教育 ………………… 137

　　　二　贴近政治发展状况进行政治教育 ………………… 141

　　　三　贴近道德发展状况进行道德教育 ………………… 145

第六章　高校青年教师工作发展状况与思想政治教育 ……… 148

　第一节　高校青年教师工作发展状况 ……………………… 148

　　　一　教学发展状况 ……………………………………… 149

　　　二　科研发展状况 ……………………………………… 154

　　　三　服务社会发展状况 ………………………………… 161

　第二节　影响因素分析 ……………………………………… 162

　　　一　师资配比不足 ……………………………………… 163

　　　二　评价体系"重科研,轻教学" ……………………… 163

　　　三　资源分配不公平 …………………………………… 166

　　　四　个人缺乏脚踏实地的科研精神 …………………… 167

五　科研发展受个人条件影响 …………………………… 168

第三节　贴近工作发展状况进行思想政治教育 ………………… 171

　　一　贴近教学发展实际进行思想政治教育 …………………… 171

　　二　贴近科研发展实际进行思想政治教育 …………………… 174

　　三　贴近服务社会发展实际进行思想政治教育 ……………… 176

第七章　高校青年教师生活发展状况与思想政治教育 …………… 179

第一节　高校青年教师生活发展状况 …………………………… 179

　　一　生活质量状况 ……………………………………………… 180

　　二　薪资待遇状况 ……………………………………………… 183

　　三　婚姻情感状况 ……………………………………………… 186

　　四　身心健康状况 ……………………………………………… 188

第二节　影响因素分析 …………………………………………… 191

　　一　思想观念问题 ……………………………………………… 192

　　二　保障条件有限 ……………………………………………… 194

　　三　收入水平偏低 ……………………………………………… 195

　　四　身心健康被忽视 …………………………………………… 197

第三节　贴近生活发展状况进行思想政治教育 ………………… 198

　　一　贴近生活质量状况进行思想政治教育 …………………… 198

　　二　贴近薪资待遇状况进行思想政治教育 …………………… 201

　　三　贴近婚姻情感状况进行思想政治教育 …………………… 203

四　贴近身心健康状况进行思想政治教育 …………………… 204

结语 ……………………………………………………………… 207

参考文献 ………………………………………………………… 210

附录 ……………………………………………………………… 221

后记 ……………………………………………………………… 229

第一章 绪论

第一节 问题的提出

党的十九大报告中明确指出,青年一代有理想、有本领、有担当,国家就有前途,民族就有希望。中国梦是历史的、现实的,也是未来的,是我们这一代的,更是青年一代的[①]。习近平总书记在同各界优秀青年代表座谈时强调,我们党始终高度重视青年、关怀青年、信任青年,把青年作为党和人民事业发展的生力军[②]。随着我国高等教育大众化进程的快速发展,青年教师已成为我国高校教师队伍的主力军。教育部官方统计数据显示,截至2016年年底,我国普通高等专任教师总数为1534510人,40岁(不含)以下的高校青年教师人数882607人,占全国高校专任教师总数的57.5%。[③] 5—10年以后,这一批青年教师将肩负起高校教学、科研和管理工作的重任,成为中国高等教育师资队伍的核心力量。中国高等教育未来几十年的发展,在很大程度

---

① 习近平:《决胜全面建成小康社会 夺取新时代中国特色社会主义伟大胜利——在中国共产党第十九次全国代表大会上的报告》,《人民日报》2017年10月28日第1版。

② 习近平:《在同各界优秀青年代表座谈时的讲话》,《人民日报》2013年5月4日第1版。

③ 此数据出自教育部官方网站 http://www.moe.edu.cn/publicfiles/business/htm/files/moe/s7567/list.html。

上将依赖于这批人，所以青年教师的发展和思想政治教育问题是当前我国高等教育面临的一个重大理论问题和现实问题。研究高校教师发展的资深学者盖夫（Jerry Gaff）认为，"教师发展"是一个"提高能力、扩展兴趣、胜任工作，从而促进教师专业发展和个人发展的过程"[①]。因此，研究高校青年教师发展现状问题，不仅要研究他们的年龄结构、学历背景、学术生产力，探讨他们的现实生活状态、工作状态、对学术职业的认同和职业的制度环境以及对社会生活状况的认知等问题，更要从高校青年教师发展的视域探讨青年教师思想政治教育问题，不断提高他们的思想政治品德素质，不仅使他们会教书，而且使他们会育人，切实改变当前我国高校有些教师"只教书，不育人"的不良状况。

高校青年教师发展的内容非常丰富，但是，概括起来，主要体现在思想发展、工作发展和生活发展三个方面。本书将主要从这三个方面来探讨高校青年教师思想政治教育问题，力求把解决思想问题与实际问题相结合，其他方面的发展问题留在今后进行深入研究。高校青年教师发展问题决定了他们未来职业生涯的发展，他们的发展问题将影响到未来中国高等教育事业的发展。但是，目前对高校青年教师发展的关注，主要集中在其工作方面，而对与其息息相关的思想和生活关注得相对较少。同时，我们应该充分地认识到，在目前的高等教育发展的背景下，社会环境和职业环境都在发生着日新月异的变化，这些变化对于身处其中的高校青年教师来说，都会深刻地影响着他们的价值观念和行为。因此，高校青年教师的思想政治教育不应停留在理论教育的层面，要贯彻党中央关于思想政治教育"三贴近"（贴近实际、贴近生活、贴近群众）原则，将高校青年教师的思想政治教育与他们的发展相结合，贴近高校青年教师思想实际、工作实际、生活实际，创新高校青年教师思想政治教育，增强实效性。

---

① Gaff, J. G., *Toward Faculty Renewal: Advances in Faculty, Institutional, and Organizational Development*, San Francisco: Jossey-Bass, 1975: 14.

第一，全面贯彻党中央关于加强和改进高校青年教师思想政治教育的讲话和文件精神，要求加强高校青年教师发展视域下的思想政治教育研究。2016年12月9日，习近平总书记在全国高校思想政治工作会议上的讲话中强调，教师是人类灵魂的工程师，承担着神圣使命，传道者自己首先要明道、信道，高校教师要坚持教育者先受教育，努力成为先进思想文化的传播者、党执政的坚定支持者，更好地担起学生健康成长指导者和引路人的责任，要加强师德师风建设，坚持教书和育人相统一，坚持言传和身教相统一，坚持潜心问道和关注社会相统一，坚持学术自由和学术规范相统一，引导广大教师以德立身、以德立学、以德施教[①]。2014年9月，习近平总书记视察北京师范大学时，对包括广大高校青年教师在内的教师提出了要"有理想信念、有道德情操、有扎实学识、有仁爱之心"的"四有"好老师标准，成了高校青年教师以德立身、以德立学、以德施教的标准。2012年1月，习近平在会见第20次全国高校党建会代表时强调指出，要把加强青年教师队伍思想政治建设作为高校党的建设的重要内容来抓[②]。2012年6月，在部分高校党建工作座谈会上，习近平进一步指出，高校是重要的教育阵地，也是重要的思想文化阵地。各级党委要牢牢把握社会主义大学的办学方向，切实加强和改进高校思想政治工作，强化教师队伍特别是青年教师队伍的思想政治建设，关心青年教师，及时掌握青年教师思想动态，深入细致地做好思想引导工作，帮助青年教师在思想政治素质和业务素质上全面进步[③]。2013年5月4日，中共中央组织部、宣传部、教育部党组联合下发《关于加强和改进高校青年教师

---

① 习近平：《在全国高校思想政治工作会议上强调：把思想政治工作贯穿教育教学全过程，开创我国高等教育事业发展新局面》，《人民日报》2016年12月9日第1版。

② 《第二十次全国高校党建工作会议召开》，《光明日报》2012年1月5日第2版。

③ 习近平：《高校党建要继续坚持和贯彻好正确的指导原则》，《人民日报》2012年6月21日第3版。

思想政治工作的若干意见》，明确指出，要加强和改进高校青年教师思想政治教育工作，并就如何加强和改进高校青年教师思想政治工作提出了七大方面的意见，这一文件不仅体现了党中央高度重视高校青年教师思想政治工作，而且是指导新时期高校青年教师思想政治教育的纲领性文件。在2013年"五四"重要讲话中，习近平总书记又对包括高校青年教师在内的广大青年提出坚定理想信念、练就过硬本领、勇于创新创造、矢志艰苦奋斗、锤炼高尚品格的五点希望[①]。2014年5月4日，习近平总书记在北大考察时强调，青年的价值取向决定了未来整个社会的价值取向，而青年又处在价值观形成和确立的时期，抓好这一时期的价值观养成十分重要。这就像穿衣服扣扣子一样，如果第一粒扣子扣错了，剩余的扣子都会扣错[②]。2015年1月19日，中共中央办公厅、国务院办公厅印发《进一步加强和改进新形势下高校宣传思想工作的意见》，该意见强调，加强和改进高校宣传工作是一项重大而紧迫的战略任务，因此要切实加强党对高校宣传思想工作的领导，必须大力提高高校教师队伍思想政治教育素质，不断壮大高校主流思想舆论[③]。要贯彻落实习近平总书记上述讲话精神以及中央文件精神，应从高校青年教师发展视域进行思想政治教育研究，把解决他们的思想问题与解决实际问题相结合。

第二，从高校青年教师发展的视域进行思想政治教育问题研究没有引起理论界足够的重视，影响了高校青年教师发展与高校青年教师思想政治教育的实效性。综观国际国内相关文献，已有的研究主要集中在高校青年教师发展和高校青年教师思想政治教育两个问题上，而且到目前为止还没有发现这方面研究的专著。学术界大多分别从高校

---

① 习近平：《在同各界优秀青年代表座谈时的讲话》，《光明日报》2013年5月5日第2版。

② 习近平：《青年要自觉践行社会主义核心价值观》，《人民日报》2014年5月5日第1版。

③ 《进一步加强和改进新形势下高校宣传思想工作》，《光明日报》2015年1月20日第1版。

青年教师发展和高校青年教师思想政治教育两个方面进行研究。本书摒弃了已有的研究中只注重某一方面的研究方法，而是把两者结合起来，认为高校青年教师思想政治教育与高校青年教师发展状况密不可分。马克思主义认为，物质决定意识，意识是物质的能动反映。高校青年教师思想政治教育，不应只是简单的文本和教条，而应着眼于高校青年教师发展中存在的问题，只有把高校青年教师思想政治教育与高校青年教师发展中的思想状况、工作状况和生活状况结合起来，把解决思想问题与解决实际问题紧密结合起来，高校青年教师思想政治教育才会具有实效性和持久性，才会有生命力。

第三，高校青年教师发展过程中存在的问题以及高校青年教师思想政治教育存在的问题要求我们把两者结合起来进行研究。高校管理人员或有关政府部门对青年教师的发展认识往往局限在其工作方面，然而对于其在思想和生活上遇到的各种问题，究竟需要何种类型、何种程度的帮助不甚清楚，即使偶尔出台一些措施，也如"蜻蜓点水"一样流于形式，脱离了青年教师的具体发展情境。这种"任其沉浮"的倾向，让很多初为人师的青年教师陷入一种孤独茫然且又不知所措的状态；来自科研经费、职称晋升、科研成果、教学评估、结婚生子的压力，让青年教师们不知所措；受社会市场经济中拜金风气的影响，青年教师作为青年中知识层次最高的群体，却得不到与其投入成正比的回报，其中的"囊中羞涩"让其困顿不堪；来自家人的期望和社会的期待让青年教师们身心疲惫不堪。因此，大学青年教师群体中产生职业怠倦者有之，无心教学寻思赚钱者有之，另辟蹊径再择业者亦有之。少数青年教师缺乏坚定的马克思主义立场，理想信念动摇，缺乏爱岗敬业精神，个别教师言行失范，不能在青年学生中起到表率作用，更有甚者，个别青年教师付出了生命的代价。从高校青年教师发展的视域来研究他们的思想政治教育问题，增强高校青年教师思想政治教育的针对性和有效性，提高高校青年教师思想政治教育水平是在发展中存在的诸多问题的呼唤，也是高校青年教师思想政治教育自身的迫切需求，从高校青年教师发展的视域进行思想政治教育研究，有助于增强高校青年教师思想政治教育的针对性和有效性，提高高校青年教师思想政治教育水平。

第四，湖北省是全国高校最为集中的省份之一。首先，湖北省是教育大省，拥有较多的高校青年教师数量。根据湖北省教育厅网站上公布的数据，截至2017年，经教育厅审批或备案的湖北省普通高校128所，其中中央部委属高校8所，省属本科高校60所（含独立学院17所），高职高专学校60所。另有成人高等学校14所。高校不仅数量多，而且类型十分齐全。以湖北省高校为例进行高校青年教师发展视域下的思想政治教育研究能够窥一斑而知全豹。

第二节　研究的意义

加强高校青年教师发展视域下的思想政治教育研究，具有重要的理论意义和实践意义。

一　理论意义

（一）有助于推动思想政治教育学科建设的发展

高校青年教师群体是思想政治教育的主要研究对象之一，高校青年教师思想政治教育是思想政治教育学科建设的重要组成部分，但是这一重要问题并没有引起思想政治教育学科和学者们的重视。本书从高校青年教师发展的视域对高校青年教师进行深入系统的研究，力图为学科研究中的这一薄弱环节做出一点理论贡献。因此，从高校青年教师发展视域进行思想政治教育研究将会丰富思想政治教育学科建设的内容，推动中国特色现代思想政治教育学科理论体系的完善。

（二）有助于完善高校教师思想政治教育理论体系

高校教师思想政治教育研究，大多集中于师德师风研究，对不同类型教师的思想政治教育研究，无论是深度还是广度上都明显不够。

高校青年教师是高校教师中一支重要的力量，他们的思想政治教育水平将影响整个高校教师思想政治的道德素质的提高。然而，就目前所掌握的资料情况来看，从高校青年教师思想、工作和生活方面，进行思想政治教育研究更是不足。本书将从高校青年教师发展视域进行思想政治教育研究，有助于高校青年教师思想政治教育的发展，进一步完善高校青年教师思想政治教育理论体系。

（三）有助于探索高校青年教师思想政治教育变化发展的规律

思想政治教育的规律是思想政治教育活动在其运动发展过程中内在的、本质的、必然的联系。高校青年教师思想政治教育，有其质的规定性，正是这些质的规定性，区别于其他群体的思想政治教育活动。高校青年教师本身是高知识群体，他们自身拥有较高的知识结构，对思想政治教育的内容和形式具有很强的主观认识，但这些主观因素并不是想象的产物，而是来源于客观存在和工作生活中。同时，青年教师们已经产生的思想、观念等主观因素，总是会同一定的客观条件相联系并具有相对独立性。研究高校青年教师思想政治教育，就是要探求这一过程中各要素是如何联系的，其相互作用的趋势如何等，理解其合目的性与合规律性的统一。

二 实践意义

（一）有利于推动我国高等教育事业科学发展

青年教师与学生接触较多，由于年龄与学生差距不大，加上刚结束学生时代不久，对学生有一种天然的亲近感，他们的思想行为容易被学生所接受和模仿。因此，他们的思想政治素质和道德情操对学生的健康成长具有重要的示范引导作用。青年教师是高校教师队伍中的重要组成部分，是办好人民满意高等教育的重要力量。加强教师发展视域下的高校青年教师思想政治教育研究，对于全面贯彻党的高等教育方针，确保高校坚持社会主义办学方向，培养德、智、体、美全面发展的社会主义建设者和接班人，具有重大而深远的现实意义。

（二）有利于增强高校青年教师思想政治教育的实效性

高校作为容纳青年教师的主体，担负着对他们进行思想政治教育的责任。高校青年教师主体意识强、容易接受新事物的特点，加上市场经济环境的变化以及新媒体的冲击，使高校青年教师思想政治教育面临着巨大的挑战。在对他们进行思想政治教育的过程中，如何创新思想政治教育的内容和方法，提高高校青年教师思想政治教育的实效性，是当下和未来的高校思想政治教育者需要面对的一个重要命题。本书力求通过一系列数据和案例分析，从青年教师的发展状况中寻找适合思想政治教育的路径，从他们最关心、与其切身利益最密切的问题入手，探索青年教师们喜闻乐见的教育形式，使高校青年教师思想政治教育更接地气，真正地为青年教师们所接受，并在实践中提高。

第三节　国内外研究现状

一　国内研究现状

（一）高校青年教师发展研究现状

在中国，高校青年教师发展的研究起步较晚，刚开始借鉴的理论都是美、英等国的发展理论。直到20世纪90年代，中国高校青年教师发展的问题才被学者们所关注，近年来，随着我国高等教育事业的发展，对高校青年教师发展问题研究日益丰富，研究的视角越来越丰富，具体包括对高校青年教师发展现状的调查研究、基于某一理论下高校青年教师发展的研究、对高校青年教师专业发展的研究、对高校青年教师激励的研究、对高校青年教师心理的研究和其他方面研究。

1. 对高校青年教师发展现状的调查研究

对高校青年教师发展现状的研究主要集中在调查与实证研究方面，学者们通过对高校青年教师的生活、工作、思想等状况进行调查研究，发现存在的问题，提出相关的解决对策，这是基本的研究思路。目前，国内对这方面的研究比较多，政府部门对此也很重视。据统计，许多省、市的教育部门、工会部门都对高校青年教师进行过调研，取得了一系列翔实、珍贵的第一手资料，为政府部门的决策提供依据，同时也呼吁社会更多的力量来关注高校青年教师这个特殊的群体。

其中有代表性的调查研究成果如下：

对外经贸大学廉思副教授与其团队，历时3年对全国40岁以下的高校青年教师进行大量深入细致的调查研究，调查对象涉及上百所学校，共5000余名高校青年教师，他们以一个生动形象的名字为高校青年教师代言——工蜂[1]。其推出的《工蜂——大学青年教师生存实录》将名家访谈、调查报告、人物深访融为一体，全面地描绘出当前中国高校青年教师生活和思想的全图，是我国第一部深入地调查研究高校青年教师的力作。华中科技大学吴庆华博士关于地方高校青年教师发展的研究，在借鉴美国新教师发展经验的基础上，分别从地方高校教师管理制度的深层变革和地方高校青年教师发展的实施策略两个维度，提出了促进地方高校青年教师发展的对策[2]。张俊超博士的论文，全文把学术圈比作一个场域，以高校青年教师分别在每个场域中的状态，反映高校青年教师的发展视域、现实之下无奈的选择及应对的策略。以个案研究的方法，对某重点高校青年教师的发展现状进行关注，以希望能达到"窥一斑而知全豹"的效果，呼吁政府、社会和学校共同来关注青年教师这个弱势群体[3]。全文采用实证研究的方法，注重理论性与实践性相结合，是我国博士论文中深入研究高校青年教师发展状况的先行者。文中纪实的例子生动而具体，点点滴滴发生在我们每一位学者身边，非常能够引起读者的共鸣。沈红教授于2005年年初参加了一个由26国合作进行的国际调查与研究项目《变革中的学术职业》，专门负责对中国的研究，主要是对中国各类型高校教师进行一

---

[1] 廉思：《工蜂——大学青年教师生存实录》，中信出版社2012年版，第1—3页。
[2] 吴庆华：《地方高校青年教师发展研究》，博士学位论文，华中科技大学，2013年。
[3] 张俊超：《大学场域的游离部落》，博士学位论文，华中科技大学，2008年。

个大面积的调查问卷,调查问卷向全国70所高校的4200位教师铺开,问题涉及职业与专业情况、工作概况、教学、研究等各方面,以此分析中国以大学教师为主体的学术职业的吸引力、稳定性、满意度等。

2. 基于某一理论下高校青年教师发展的研究

长期以来,我国学术界对高校青年教师发展研究的成果一般实证性较强,理论性相对比较欠缺。但近十年以来,由于研究的逐渐深入,学术界开始借鉴哲学、管理学、心理学、教育学等相关学科,把高校青年教师发展放到某一个理论下进行研究。如《马斯洛需要层次理论对高校青年教师队伍建设的启示》(黎军,2010)、《基于学习型组织理论的高校青年教师发展研究》(万林艳,2012)、《教育反思理论与高校青年教师发展路径分析》(柳文,2009)、《基于阿马蒂亚森自由发展观高校青年教师发展问题探析》(饶志华,2009)、《论沟通管理在高校青年教师发展中的应用》(孟丽,2009)等。这些理论的运用旨在解决高校青年教师发展中的问题,以促进他们全面发展,但这些理论还很少,在未来的研究中还可以广泛地进行运用。

3. 对高校青年教师专业发展的研究

高校青年教师由于刚毕业不久,刚实现由学生向教师身份的转变,这种角色的转变使得自我意识产生强烈的反差,加上自身教育教学经验缺乏,知识积累不够,在专业化发展过程中有一个适应的过程。高校青年教师知识面宽、外语和计算机水平较高,运用现代信息技术的能力较强,接受新工作、新任务的适应性较强,思维活跃,具有创造性思维,并且乐于成为团队中的一分子。这些正是专业化发展过程中特别宝贵的品质和潜质。因此,对于高校青年教师专业发展的研究是一个重要的课题。

从已有的研究文献来看,近20年来的教师专业发展研究中,形成了两种思潮:一是教师专业主义思潮;二是教师发展主义思潮[①]。教

[①] 朱旭东:《教师专业发展理论研究》,北京师范大学出版社2011年版,第1页。

师专业主义思潮主张把教师视为一种专业，而教师发展主义思潮主张教师作为一个专业是发展的。对于教师专业化研究和专业发展研究两个概念的联系，叶澜强调："两个概念是相通的，均用以指加强教师专业性的过程；当将它们对照使用时，主要可以从个体、群体与内在、外在两个维度上加以区分，教师专业化主要是强调教师群体的、外在的专业性提升，而教师专业发展则是教师个体的、内在的专业性的提高。"①

目前，学术界对高校青年教师专业发展的研究主要集中在高等教育学领域，因此本书只是简单梳理一下。厦门大学吕春座的硕士学位论文，在分析高校青年教师的数量变化、教学科研、身心健康、角色扮演等方面多角度地分析高校青年教师的状况、特点及存在的问题的基础上，提出了进一步细化高校青年教师的"专业发展阶段理论"和"专业素质构成理论"②。高宏提出应立足于提高和增强批判意识与创新能力、学习与研究能力、教育审美能力，从选用机制、竞争机制、利益机制和学术创新机制等方面建立起适合高校青年教师成长的环境，使青年教师的专业化得到更好的发展。③ 周敏强调以校本培训的模式来实现高校青年教师专业化，把高校教师所在学校作为其专业发展的重要基地，强调在教学研一体化中教师的主动参与和反思探究，提出了高校青年教师校本培训的主要内容和途径④。

4. 对高校青年教师激励的研究

激励是直接决定高校青年教师发展的动力所在，要研究青年教师发展问题，绝对不能忽视激励的作用。目前，对高校青年教师激励的

---

① 叶澜等：《教师角色与教师发展新探》，教育科学出版社2001年版，第208页。
② 吕春座：《高校青年教师专业发展问题研究》，硕士学位论文，厦门大学，2008年。
③ 高宏：《高校青年教师专业化发展策略》，《理工高教研究》2007年第2期。
④ 周敏、熊仕勇：《校本培训模式与高校青年教师的专业化》，《中国青年研究》2008年第8期。

研究较多，这些研究中有对高校青年教师激励中的问题进行探析、有对激励的制度设计、有对激励机制的研究、有基于某一理论下对高校青年教师激励策略的研究，还有对于高校青年教师激励与发展的思考。

王玉琼在分析了高校青年教师的心理与行为特点、需求特征后，提出要建立与高校青年教师需求特征相匹配的三个激励机制，即物质激励、成长激励和情感激励[①]。卢艳认为，在高校管理青年教师的过程中，应以更加人性化、长远化的制度和措施来激励和培养青年教师，提高他们的教学、学术水平和未来的竞争能力[②]。广西大学刘辉借鉴现代企业激励理论的思想和原理，在具体薪酬制度设计模型中借鉴西方国家著名高校以及发达地区部分高校的成功经验，提出在欠发达地区高校每个学院推行以集合受益权计划为核心的青年教师薪酬激励制度的设想，并以此为突破口带动学校工作环境、绩效考核制度、福利制度和人事制度的改进[③]。

5. 对高校青年教师心理的研究

从自身接受的教育和职业发展看，高校青年教师处在高竞争群体中，多是博士毕业、博士后出站、海归等高学历、高科技人才，不论是自身的努力成本还是相对付出的经济成本都要比从事其他职业的同龄人多一些。由于这些付出所期望获得的回报、外界所赋予他们的高期望，还有自身对高目标的追求都无形中带来了巨大的压力，高校青年教师猝死或自杀的现象屡见不鲜。因此，学术界对高校青年教师心理方面的研究非常重视。

王海翔对宁波大学青年教师心理压力的情况进行调查，他认为高校青年教师的压力来源于社会、工作、生活三个方面，并从社会、学

---

① 王玉琼：《高校青年教师激励的制度设计》，《中国高校师资研究》2008年第2期。

② 卢艳：《高校青年教师激励与发展的思考》，《科教文汇》（上旬刊）2009年第1期。

③ 刘辉：《欠发达地区高校青年教师的激励机制研究》，硕士学位论文，广西大学，2008年。

校和个人的角度，提出调适高校青年教师心理压力的对策①。中山大学朱新秤通过对广州市 45 岁以下的高校青年教师做职业满意度调查，调查结果显示，职业爱好和专业兴趣、专业发展、社会认同、经济收入等是影响高校青年教师职业满意度的重要因素②。苏善生从提升高校青年教师幸福感的角度出发，认为目前影响高校青年教师幸福感最主要的因素包括：自我定位、社会导向和人格因素。高校青年教师幸福感的产生来自物质生活的不断满足、精神文化生活上的收获和享受、获得教学成功时得到的成就感和个人荣誉、社会认同等③。侯永轶从需要的角度来研究青年教师，他运用实证研究的方法，以青年教师的需要为核心，对青年教师这一特殊群体的需要以及群体内部不同需要的差异进行深入细致的研究，重点分析了不同类型青年教师的需要差异④。

6. 对高校青年教师的其他方面研究

有学者对地方高校青年教师的发展做了专门的研究，汪萍认为，随着我国高等教育大众化的不断推进，地方高校所吸收的青年教师比例越来越大，加强对青年教师的培养是地方高校教师队伍建设的重点⑤。还有学者把发展性教师评价与高校青年教师发展联系在一起进行研究，如叶建鸣认为发展性评价与以往的终结性评价最大的不同是，它着眼于全面认识的发展活动，该评价体系具有可行性、实用性和客观性，把它运用于高校青年教师评价中，有助于青年教师的成长和队

---

① 王海翔：《高校青年教师心理压力的调查分析及对策》，《宁波大学学报》（教育科学版）2004 年第 2 期。
② 朱新秤、卓义周：《高校青年教师职业满意度调查：分析与对策》，《高等教育研究》2005 年第 5 期。
③ 苏善生：《高校青年教师幸福感培养初探》，《宁波教育学院学报》2009 年第 4 期。
④ 侯永轶：《青年教师需要的研究》，硕士学位论文，华东师范大学，2006 年。
⑤ 汪萍：《浅谈地方高校青年教师培养——以地方大学为例》，《中国电力教育》2012 年第 1 期。

伍建设与科学管理[①]。还有学者针对高校青年教师的职业倦怠问题进行研究，如南京信息工程大学史金联从社会、学校、学生、个体四个方面分析高校青年教师产生职业倦怠的原因，并从主、客观两个方面提出了相应的对策[②]。

关于高校教师发展主要模式，在英、美是院系主导模式，日本是个人主导模式，中国则是领导主导模式。高校青年教师是知识分子精神的传承者，他们的发展决定了中国高等教育未来的二十年。近年来，我国学术界和行政部门对高校青年教师发展现状的问题比较关注，学术成果日益增多，实证和调研的力作不少，知识界对此领域也有很多感性和个别的议论和报道，但总体较零散，主要问题集中表现在以下三个方面：

1. 一些基本问题缺位。由于国内对高校教师发展的研究起步较晚，学界对于一些基本问题的研究几乎还是空白，比如说高校青年教师发展的理论基础等普遍借鉴的是国外的理论方法，适合中国特色社会主义高校教师发展的理论体系尚未建立。

2. 研究不够系统。目前的研究主要侧重于对现状、内容和对策的研究，对于高校青年教师发展的原则、机制等研究较少，对于高校青年教师发展的系统研究也较少，没有形成一个有机的逻辑系统，没有涵盖高校青年教师发展的所有实践存在。

3. 研究不够深入。现有的对我国高校青年教师发展的研究尚处于感性的"提出问题"层面，而对当前新形势下高校青年教师发展如何适应面临的新问题、新要求的研究深度还不够。

（二）高校青年教师思想政治教育研究现状

学术界对高校青年教师思想政治教育的研究日益重视，专家学者

---

① 叶建鸣：《高校青年教师发展性评价的核心模块与结构框架设计》，《福建师范大学学报》（哲学社会科学版）2007年第5期。

② 史金联：《高校青年教师职业倦怠探析》，《重庆工学院学报》（社会科学版）2009年第6期。

们纷纷从理论与现实的角度对高校青年教师思想政治教育进行了较为系统的研究，对高校青年教师思想政治教育的原理和方法进行了积极的探讨。

振兴民族的希望在教育，振兴教育的希望在教师，高校青年教师的发展是学校和社会的未来。建设一支具有良好政治业务素质、结构合理、相对稳定的青年教师队伍，是高等教育改革和发展的根本大计。改革开放以来，国家对高校青年教师的发展，尤其是高校青年教师思想政治教育方面非常重视，不仅从国家意志的层面制定颁布了一系列的教育法律法规，在法律轨道上保障高校青年教师的发展权益，并加强对他们进行及时有效的思想政治教育。如高树源从政策战略的角度认为，加强高校青年教师的思想政治工作，是落实《中国教育改革和发展纲要》提出的"建设一支具有良好政治业务素质、结构合理、相对稳定的教师队伍"的一项重要课题[1]。同时学术界也对高校青年教师思想政治教育的问题日益关注，产生了许多研究成果。研究领域集中在高校青年教师思想政治教育的现状和对策、高校青年教师的师德、高校青年教师的入党问题、高校青年教师的价值观和信仰、高校青年教师思想政治教育实效性和评估、不同视域下的高校青年教师思想政治教育、从多学科角度运用某一理论对高校青年教师思想政治教育进行研究等，具体观点分列如下：

1. 对高校青年教师思想政治教育的现状和对策研究

目前，从已掌握的材料来看，关于高校青年教师思想政治教育的博士论文没有，关于高校教师思想政治教育的博士论文有：西南大学博士生张艳《高校教师思想政治教育研究》（2013）、哈尔滨师范大学博士生郝文斌《高校教师思想政治工作实证分析——以黑龙江75所高校为例》（2010）。

关于高校青年教师思想政治教育的现状，学术界有许多这方面的

---

[1] 高树源、王树基：《新时期高校青年教师思想政治工作的思考》，《黑龙江高教研究》1995年第1期。

研究。余志红认为，社会主义初期的高校青年教师思想呈现出一系列新的矛盾特征：社会责任感与政治淡漠感的矛盾、思想敏锐性与思维偏激性的矛盾、高质量教学与师资队伍质量下降的矛盾[①]。北京师范大学思想政治教育专业齐红的硕士学位论文《北京高校青年教师思想问题及对策研究》是以学位论文的形式研究高校青年教师思想问题。全文通过对当前北京市高校青年教师思想状况的了解，重点分析了青年教师在思想政治方面所存在的问题和原因，对高校青年教师思想政治教育工作方法作了一些探讨。华中师范大学欧巧云在其硕士学位论文中提出，高校青年教师应具备的思想道德素质有：坚定正确的政治方向，正确的人生观、世界观、价值观，良好的职业道德，优秀的科学道德和精神，强烈的民主法制观念[②]。为全面了解浙江省高校青年教师的思想政治教育现状，浙江理工大学成立了"凝聚力工程"课题组对浙江省高校35岁以下的青年教师的思想政治状况进行了抽样调查。通过调查，他们发现高校青年教师思想政治状况的主流积极向上，对党和国家的基本方针高度认同，人生观、价值观的主流积极健康，但是也存在着一些不可忽视的问题：漠视理论学习，政治意识缺乏；思想理论认识模糊，对改革发展缺乏信心等[③]。伍玉林通过调查发现，高校青年教师对私有化问题分歧较大，在这一问题上反对、赞同和说不清的各占三分之一[④]。王忠认为当前高校青年教师思想政治教育面临着的困境有：理想与现实的困境、奉

---

① 余志红、帅维：《加强和改进高校青年教师思想政治工作》，《思想教育研究》1994年第3期。

② 欧巧云：《高校青年教师思想道德素质存在的问题分析和对策思考》，硕士学位论文，华中师范大学，2003年。

③ 胡琦：《高校青年教师思想政治状况调查与思考》，《国家教育行政学院学报》2009年第8期。

④ 伍玉林、高军：《高校青年教师思想政治倾向的分析及对策》，《思想政治教育研究》2006年第1期。

献与索取之间的矛盾、简单说教多于情感沟通①。张宏洪则认为青年教师的智能素质的形成与发展同思想素质具有密切关系,一方面,世界观对智能素质具有制约作用;另一方面,思想素质对于智能素质具有完善和发展的内动力②。张东等人在"中国梦"的引领下对高校青年教师思想政治工作进行了研究③,提升了高校青年教师思想政治工作的理论深度。

关于高校青年教师思想政治教育的对策方面,曹景文认为,辩证地看待青年教师的优点和不足,是做好青年教师思想政治工作的依据④。郭凤林认为,在新形势下,高校青年教师思想政治工作面临着新情况,目前存在着心理失衡、政治淡漠、思想偏激、理想困惑的问题⑤。周钟铭等人针对市场经济下高校青年教师的思想政治状况进行调查研究,从思想活跃的程度、奉献精神、信仰、爱国主义精神、道德情操、对自我教育的认识这几个方面获得了一系列的一手资料,并提出了相关对策⑥。蒋爱林提出以"三个代表"重要思想指导高校青年教师思想政治教育⑦;刘玉提出:以保护"先进生产力"为着眼点、以高校党建工作为支点、以"以人为本"的创新思路为原则、以加强

---

① 王忠:《困境与出路——对高校青年教师思想政治教育的思考》,《三峡大学学报》(人文社会科学版)2011年第9期。

② 张宏洪:《论高校青年教师思想素质的培养》,《宁波大学学报》(教育科学版)2001年第12期。

③ 张东、杜军:《"中国梦"引领下的高校青年教师思想政治工作探析》,《理论观察》2015年第1期。

④ 曹景文等:《注重高校青年教师的思想政治工作》,《黑龙江高教研究》1991年第1期。

⑤ 郭凤林、王全:《在当前形势下对加强和改进高校青年教师思想政治工作的思考》,《思想政治教育研究》1996年第2期。

⑥ 周钟铭、马怀歧:《略论市场经济条件下高校教师的思想状况及对策》,《思想政治教育研究》1997年第1期。

⑦ 蒋爱林、赵艳芹、李小梅:《谈高校青年教师思想政治工作中存在的问题及其解决办法》,《高教论坛》2003年第4期。

高校教师队伍建设为抓手、以解决青年教师实际问题为落脚点[①]。这五个方面根据不断变化发展的形势，从青年教师的思想、生活和工作等方面存在的实际问题出发，提出进一步改进思想政治教育的方法，为切实做好高校青年教师思想政治教育工作提供了重要的借鉴意义。叶绍灿从高校工会的角度研究加强高校青年教师思想政治教育的对策[②]；谢斌斌针对高校青年教师目前存在思想素质方面不足的现象，提出用勒温的"心理场"理论来分析高校青年教师群体的行为动力[③]。这在理论的运用上体现了创新。翁穗平探讨了将微博引入高校青年教师思想政治教育的可行性[④]。王国荣对高校教师思想政治教育的内容和途径提出了自己的看法，其中途径中最具有创新性的一点是他提出对高校教师进行思想政治教育较佳的途径和方法是要加强学习法律[⑤]。对于他的这一观点，笔者深表认同，因为当代中国的社会主义法律体现着马克思学说的基本理论和基本观点，社会主义伦理道德的主要内涵都蕴含在法律当中。因此，从某种意义上来说，当代中国的社会主义法律本身就是思想政治教育的基本内容。

2. 高校青年教师师德研究现状

当前我国高校青年教师师德师风整体情况是好的，但也存在着一些问题，影响了我国高等教育的发展，这些现象引起了学者们的注意。

近年来关于师德问题的研究较多，出版了一些学术专著，如《师德言行集》（张庆远主编，四川教育出版社1989年版）、《师德

[①] 刘玉：《高校青年教师思想问题及对策研究》，《江南大学学报》（人文社会科学版）2004年第6期。

[②] 叶绍灿、蒋传东：《高校工会应加强青年教师的思想政治工作》，《合肥工业大学学报》2005年第2期。

[③] 谢斌斌：《当前高校青年教师思想政治教育现状及对策分析》，《辽宁行政学院学报》2009年第11期。

[④] 翁穗平：《微博引入高校青年教师思想政治教育途径浅谈》，《福州大学学报》（哲学社会科学版）2014年第4期。

[⑤] 王国荣：《试论新时期高校教师的思想政治教育》，《宁波大学学报》（教育科学版）1999年第4期。

概论》（任顺元著，杭州大学出版社1995年版）、《师德新论》（申建军主编，北京航空航天大学出版社1998年版）、《师德通览》（林崇德主编，山东教育出版2000年版）、《教师道德建设》（陈静著，华中师范大学出版社2006年版）、《师德心语：教师发展之魂》（申继亮著，北京师范大学出版社2006年版）、《走向新师德》（檀传宝著，北京师范大学出版社2009年版）等。这些著作在一定程度上对高校教师师德问题均有所涉及。

通过CNKI对论文进行搜索后发现，关于高校青年教师师德方面的论文数量比较多，这说明学界对这方面进行了广泛的关注，但这些文章绝大多数都是遵循从现象到对策的路径进行论述，因此，本书在此仅选择几个不同研究视角的论文进行综述：有学者从宏观、整体上对高校青年教师师德师风状况进行分析，如赵金瑞等对高校青年教师师德建设进行了总体的探究[1]，对促进高校青年教师师德师风建设具有重要意义；魏影从人的全面发展角度来审视高校青年教师师德问题[2]；谢丽娴从社会主义核心价值体系的角度，研究了对高校青年教师师德师风建设的价值引导[3]；霍军亮则从多元文化视域下对高校青年教师师德建设进行了研究，他认为多元文化拓展了高校青年教师师德建设的空间、丰富了其内容、拓宽了建设的思路[4]；佟书华则以个案研究的方法，以武汉大学实际案例为例，在分析高校青年教师师德建设现状及原因的基础上，提出了具体的对策和方法[5]。

---

[1] 赵金瑞、李大伟：《高校青年教师师德建设探究》，《思想教育研究》2012年第5期。

[2] 魏影：《人的全面发展与高校青年教师师德研究》，硕士学位论文，苏州大学，2007年。

[3] 谢丽娴：《论社会主义核心价值体系对高校青年教师师德师风建设的价值引导》，《高教探索》2011年第4期。

[4] 霍军亮：《多元文化视域下高校青年教师师德建设探究》，《湖北社会科学》2014年第7期。

[5] 佟书华、郑晗：《新时期加强高校青年教师师德师风建设的思考》，《学校党建与思想教育》2013年第11期。

这些研究表明，学者们对我国高校青年教师师德师风进行的研究，大多属于宏观层面的定性研究，论述较为笼统，缺乏深入细致的调查研究，缺乏具体的数据和案例，这样提出来的对策缺乏生动性，缺乏一定的可操作性。

3. 高校青年教师的政治观和价值观教育研究现状

第一，高校青年教师政治观问题研究。

目前，我国高校青年教师中党员比例偏低，许多青年教师把主要精力集中在攻读学位、评职称、搞科研、出成果上，无暇顾及政治上的追求。针对这一现象，对高校青年教师入党的问题的研究已经引起越来越多的重视。何嘉昆的硕士学位论文则以马克思主义政治观为理论基础，运用实证调查和理论分析相结合的方法，对高校青年教师的政治观现状和对策进行了探讨[1]。陈年强认为高校青年知识分子的入党问题主要存在着认识方面的偏差，要解决他们的认识问题，必须以理想信念教育为核心，进行马克思主义世界观、人生观和价值观的教育；增强阶级意识教育，增进青年知识分子对中国共产党的阶级感情；加强党的建设，提高党在青年知识分子中的威信；引导青年知识分子成为又红又专的人才[2]。余展洪认为当前高校青年教师入党思想存在的问题主要有三种：以个人利益、家庭利益为抉择依据，以人身自由、信仰自由为依据，个人对党的认识不足[3]。陈华通过对广东省内16所高校的调查，深入分析了高校青年教师的政治态度现状及影响因素[4]。

---

[1] 何嘉昆：《高校青年教师政治观现状及教育对策研究》，硕士学位论文，西南师范大学，2004年。

[2] 陈年强：《关于吸收高校青年知识分子入党的再思考》，《中国高教研究》2005年第10期。

[3] 余展洪：《高校青年教师入党思想存在的问题及对策》，《学校党建与思想教育》2010年第4期。

[4] 陈华：《高校青年教师政治态度现状及影响因素分析》，《高教探索》2014年第2期。

第二,高校青年教师的价值观问题研究。

随着理论界对价值观问题研究的全面展开,高校青年教师在价值观上呈现出的一些问题日益凸显,目前当代高校青年教师价值观教育问题已经引起了社会和学校的重视,不少学者和教育工作者也对其进行了研究。丁桂莲于1999年通过对内蒙古12所高校青年教师的职业价值观进行抽样调查,结果显示,内蒙古高校青年教师职业价值观总体发展健康,但认识偏离者为数不少。青年教师职业稳定意向差,愿意献身内蒙古教育事业的人数寥寥①。武汉大学硕士蒋瑛以价值观为视角,立足辩证唯物主义和历史唯物主义立场,对转型时期的高校青年教师道德价值观及其建设进行了较系统的探讨②。

4. 高校青年教师思想政治教育实效性和评估

车京辉认为加强高校青年教师的思想政治教育的实效性不能再简单地以提高高校青年教师的思想政治素质为目的,而必须要着眼于促进其思想认识水平、科研能力、教学水平、创新能力等综合素质的全面发展③。尹喜等从增强高校青年教师思想政治教育工作实效性的角度,提出了一些具有整体性、建设性的意见④。鲜路就如何科学地构建高校青年教师思想政治教育绩效评估体系做了一定的思考。她提倡以人的主体建构为核心,设置评估目标体系;以多角度为切入点,优化评估内容体系;以多样性、综合性为特征,丰富思想政治教育体系;以自我评估为重点,构建评估反馈体系⑤。

---

① 丁桂莲:《内蒙古高校青年教师职业价值观的调查与思考》,《科学管理研究》1999年第12期。

② 蒋瑛:《社会转型期高校青年教师道德价值观及其建设研究》,硕士学位论文,武汉大学,2005年。

③ 车京辉:《高校青年教师思想政治教育的实效性研究》,硕士学位论文,天津医科大学,2011年。

④ 尹喜、韩弘峰:《增强高校青年教师思想政治教育工作的实效性探析》,《思想教育研究》2013年第11期。

⑤ 鲜路:《高校青年教师思想政治教育绩效评估体系建构的思考》,《社科纵横》2012年第9期。

5. 不同视域下的高校青年教师思想政治教育

随着研究的不断深入，学者们开始尝试从不同的视域对高校青年教师进行思想政治教育的研究：姚亚平认为要用邓小平理论武装高校青年教师头脑，把邓小平理论化为跨世纪青年教师思想政治建设的伟大实践[①]。陈潮光认为社会转型时期，高校教师思想政治状况的显著特点是教师的发展利益问题，因此，正确地从利益的视域分析转型时期高校教师的思想政治状况，是当前加强和改进教师思想政治工作的有效途径[②]。江文从多元文化的视域下分析了高校青年教师思想政治工作新机制的建设问题[③]。尤玉军从中国特色社会主义认同视域的角度，论述了高校青年教师思想政治工作的创新[④]。还有学者开始运用多学科研究的方法，借鉴其他学科如管理学、行为科学、心理学、系统科学、教育学、民族学等，对高校青年教师思想政治教育进行深入细致的研究，提出一些具体的对策。这些研究进一步细化，有效地拓展了高校青年教师思想政治教育领域，为加强高校青年教师思想政治教育做出了巨大的理论贡献。

二　国外研究现状

（一）高校青年教师发展研究现状

国外对于高校青年教师发展非常重视，认为高校青年教师发展是增强高等教育活力必不可少的策略和手段，世界发达国家如美国、英国等在 20 世纪中期就已经设立了高等学校教师发展中心，高等教育学

[①] 姚亚平、胡伯项：《把邓小平理论化为跨世纪青年教师思想政治建设的伟大实践》，《南昌大学学报》（哲学社会科学版）1998 年第 1 期。

[②] 陈潮光：《利益视角下高校教师思想政治工作途径的选择》，《湖北社会科学》2007 年第 8 期。

[③] 江文：《多元文化视野下高校青年教师思想政治教育工作新机制建设问题的思考》，《成都中医药大学学报》（教育科学版）2012 年第 3 期。

[④] 尤玉军：《中国特色社会主义认同视域中的高校青年教师思想政治教育工作创新》，《思想教育研究》2013 年第 11 期。

界也产生了许多相关的研究成果。

美国高校教师发展的历史经历了学者时代、教学者时代、开发者时代、学习者时代和网络时代[1]。1962年,密歇根大学设立学习和教学研究中心(Center for Research on Learning and Teaching)是全美最早设立的高校教师发展机构,该中心的设立,旨在支持和改善包括青年教师在内的学习和教学[2]。美国大学发展中心特别重视青年教师的发展和提升,培训中心为青年教师教学和科研能力的提高提供了实际的帮助,在提高青年教师工作能力中起到了至关重要的作用。此外,很多高校还积极参与对新进青年教师的培训工作。早在1994年哈佛大学就颁布了培训新教师的政策,要求所有的学院和教学项目必须开发培训计划,对新教师的教学技能进行专项培训,耶鲁大学则根据新教师的专业进行不同的培训[3]。

20世纪70年代,大学教师发展开始作为一项运动在美国蓬勃发展,在这之后涌现出了一大批有关高校教师发展的理论。研究高校教师发展的资深学者盖夫(Jerry Gaff)定义"教师发展"是一个"提高能力、扩展兴趣、胜任工作,从而促进教师专业发展和个人发展的过程"[4]。1986年,埃里克森(Erickson)代表高等教育专业与组织发展协会做了一项高校教师发展实践的调查,通过对16000所大学和四年制学院的学术管理人员进行调查,收到了来自630名高校教师发展协调者、主任、委员会主席以及管理者的反馈。调查结果显示:63%的被调查学校开展了有关组织的高校教师发展项目和活动,设有专门的机构和配备专职人员负责开展青年教师活动的高校占所有被调查学校

---

[1] 王晓松:《美国高校教师发展历史演进初探》,《经济师》2010年第8期。

[2] 徐延宇:《美国高校教师发展浅析》,《比较教育研究》2011年第11期。

[3] 刘肖芹:《国外高校青年教师教学能力培养模式的特点》,《四川职业技术学院学报》2010年第8期。

[4] Jerry G. Gaff, *Toward Faculty Renewal: Advances in Faculty, Instructional, and Organizational Development*, New York: Jossey-Bass Publishers, 1975, p. 14.

的53%,这表明青年教师发展活动在80年代的美国高校越来越普遍①。20世纪80年代末,担任助教的研究生群体在"教师中心"的专业培训下,获得博士学位后,进入大学校园成为青年教师,很快能胜任教学工作,为美国大学教学质量的提高贡献了力量。1991年美国教育联合会(NEA)发表《大学教师发展:国力的提升》报告,认为教师发展基本围绕四个目标进行,即个人发展、专业发展、组织发展和教学发展②,这个界定被美国学界、高校和学者们广为接受。

1991—1993年,在"高等教育结构和功能的巨大变化已经影响了学术工作的本质,经济问题对学术产生了巨大影响"的背景下,由欧内西斯·博耶和菲利普·G.阿特巴赫先后主持的国家调查研究对14个国家和地区的学术职业进行调查,通过同一问卷对被调查国家进行分层抽样,考察的主题包括各国规范、影响教授职位的体制环境、高等教育入学机会、专业行为、教师工作条件、学者的治理、高等教育和社会、学术生活等③,采集各个国家的数据,然后对这些数据进行统计、描述和分析,以揭示各个国家学术职业的基本状况、共同面临的问题及其差异。调查结果最后以《学术职业:国际的视野》《国际学术职业:14国简介》分别出版。从2003年开始,哈佛大学教育学院主持了一项针对高校新学者的研究——The Study of New Scholars,其主旨就在于评价青年教师对他们所在大学/机构的满意度,该项目选择了12个被试点院校的全职终身教职方向的初级教师(full-time tenure-track junior faculty),通过调查问卷、个别访谈、相关政策分析的方式,调查新教师对专业发展、期望度、生活质量、平等、公平感以及所在机构的氛围等看法,研究者在比较各机构的政策和实践的基础上,

---

① 王晓松:《美国高校教师发展历史演进初探》,《经济师》2010年第8期。
② 钟秉林、刘丽:《我国大学教师发展的现状、困境及对策》,《国家教育行政学院学报》2012年第9期。
③ Erneat L. Boyer, Philip G. Altabach, Mary Jean Whitelew, *The Academic Profession*: *An International Perspective*, The Carnegie Foundation for the Advancement of Teaching, 1994.

评价和总结出新教师对所在工作机构的满意度以及最满意工作机构和个人具备的特征。美国纽约州立大学教授罗伯特·博伊斯（Robert Boice）所著的《给大学新教员的建议》一书是享有盛誉的大学青年教师职业发展指南，是献给刚刚开始职业生涯的青年教师的建议。该书基于真实材料的实证研究，总结出十条实用的、具有参考价值的职业发展建议，这些建议得到了数百位大学新教员的成功经验的验证——他们都获得了长足的发展，包括最终获得终身教职[①]。曾获得多项全美教学奖，被誉为"美国最好的老师"之一的肯·贝恩（Ken Bain）所著的《如何成为卓越的大学教师》，一经出版便在国际教育界引起了广泛关注。作者强调：卓越的大学教师是可以通过学习养成的。因此，这本书被奉为青年教师增长见识和激发灵感的"葵花宝典"[②]。美国当代教育家乔纳森·考泽尔到波士顿一所高校听课一年多，与一名叫弗朗西斯卡的青年女教师成了莫逆之交。《给青年教师的15封信：教育家对话新任教师》收录了考泽尔写给弗朗西斯卡的15封信，解答了女教师求教他的教育教学问题，谈到了她初为人师的紧张和幸福，讨论了教育工作中的问题与挑战，也探讨了美国高等教育中存在的一些问题[③]。从乔纳森·考泽尔的建议中，可以看到他作为教育家的睿智、果敢和清醒，他不加粉饰地讲述着自己的故事，字里行间充满着一代教育家对青年教师的关爱，体现出与青年教师共建高等教育新世界的愉悦和信心。

20世纪60年代，英国高校教师发展在理论研究上开始出现，随后在研究中越来越受到重视和关注。早在1944年，英国政府通过调查发表了题为《教师和青年工作者》的报告，呼吁为在职教师，尤其是

[①] [美] 罗伯特·博伊斯：《给大学新教员的建议》，李思凡译，北京大学出版社2007年版，第4—6页。

[②] [美] 肯·贝恩：《如何成为卓越的大学教师》，明廷雄、彭汉良译，北京大学出版社2007年版，第4—8页。

[③] [美] 乔纳森·考泽尔：《给青年教师的15封信：教育家对话新任教师》，史亚娟译，华东师范大学出版社2010年版，第5—12页。

刚工作不久的青年教师提供"充电课程";1972年的《詹姆斯报告》建议每所学校都设有一名专业指导教师负责规划和启动在职培训和支持新教师计划,成为学校和其他合作机构之间的纽带,以此促进青年教师的发展[①]。英国学者杰罗恩惠斯曼(Jeroen Huisman)与来自新西兰的埃格伯特·德·韦特(Egbert De Weert)和荷兰的杰隆·巴特斯(Jeroen Bartelse)特别关注高校青年教师的发展,他们曾经合撰文章关注青年教师在获取长期性学术研究人员资格时所面临的严峻趋势。1988年颁布的《教育改革法案》,取消了新教师终身制,教学和科研人员的职前培训和职业发展也关系着高校的教学和科研质量,高校青年教师发展更加迫切。英国伯明翰大学的校园网站上有针对新教师岗前培养的网页,内容丰富,材料翔实,涉及岗前培养的活动安排、课程设置、培训考核等多方面[②]。此外,英国各高校的委员会要求新教师必须通过三年试用期,边工作边参加有关教师培训课程的学习。

20世纪90年代,日本高校教师发展不仅停留在学术界,而且渗透到了高等教育的管理和政策方面,高校教师发展步入了第一个制度化阶段。1998年,大学委员会提出把高校教师发展作为高校改革的关键内容,规定了包括青年教师在内的高校教师发展是每所大学的义务,各高校开始重视并积极实践。日本有本章教授在其2005年出版的《大学教职与FD——美国和日本》一书中详细地列出了广岛大学高等教育研究开发中心有关高校教师发展的日语单著本(包括著书、译著和报告),发现2000年以后出版的文献剧增,约占历年文献总数的六成。而在各类文献中,又以各高校推出的有关教学改善、高校教师发展调研等反映高校自身实践的报告书为多[③]。日本高校教师发展制度

---

① 刘肖芹:《国外高校青年教师教学能力培养模式的特点》,《四川职业技术学院学报》2010年第8期。
② 同上。
③ [日]有本章、丁妍:《教师发展(FD)的课题——日本的视角》,《复旦教育论坛》2006年第6期。

最主要的特点是倡导教学的各项改善，教师教学能力的提升除了教师自己的努力之外，高校组织机构也应该实施有组织的研究、进修活动。其核心是提高高校对教师教学能力的关注度，树立教师增强自身专业成长意识，并通过相关计划来建立促进高校教师专业发展的共同体。

综上所述，西方国家高校教师发展的研究呈现出以下特点：一是理论发展时间较早，理论较为系统。从综述中我们不难看出，美国的高校教师发展中心于20世纪60年代建立，至今已经历了半个多世纪的发展，因而发展较为成熟，这些国家普遍都有适合自己国情和发展的理论。二是具有较强的现实性和可操作性。西方国家的高校教师发展理论，注重教师实际发展中存在的问题研究，把教师发展与高等教育发展结合在一起，认为只有解决好高校教师发展问题，才能实现高等教育的良好发展。因而对于我们国内高校教师发展具有很好的借鉴意义，为后面学者的研究奠定了丰富的理论基础。但是，从研究的范围来看，西方发达国家研究的范围主要是关注高校教师对于高等教育的发展，对于高校青年教师这个群体发展的理论研究较少，当然，有些学校也开始在进行这方面的实践调研，如哈佛大学。在进行高校青年教师发展的规划及实施时，要考虑到青年教师的特点，不仅限于职前和职后的培训，而要将他们的个人发展与所在的组织结构和制度环境结合起来考虑，要创造适合青年教师发展的环境，同时在过程、结构和态度三个层次作出相应的规划。当然，这也是本人在日后的研究中将有待完善的地方。

（二）高校青年教师思想政治教育研究现状

国外教师思想政治教育主要集中在教师道德教育研究或渗透到教师职业道德方面。苏霍姆林斯基在其《给教师的一百条建议》中这样告诫教师：要记住，你不仅是教课的老师，也是学生的教育者、生活的导师和道德的引路人[①]。为加强包括高校青年教师在内的美国教师

---

① ［苏］苏霍姆林斯基：《给教师的一百条建议》，天津人民出版社1981年版，第100页。

的专业道德建设,早在1929年,美国全国教育协会(NEA)就制定了《教学专业道德规范》,规范经过多次修订,渐趋完善,成为美国教师专业道德的核心纲领。此外,《教授职业道德声明》也为高校青年教师形成正确的专业道德提供可参考的标准。美国教育界的理论工作者,把对教师人格问题的研究与教育学、心理学等联系起来,试图为培养教师理想的职业道德提供具体的理论方法。其中,杜威在构建实用主义道德的基础上,认为教师的道德对学生起着指引作用。科宙尔在《当一名教师》一书中,认为"如果作为一名教师,能在世界上对正当、公正和均衡的要求中起积极作用,那么我们就不能同意把我们的学生教育成美好、勇敢,但对社会的变化无所作为的战士"。[①]特勒佛斯和狄龙从专注于教师职业道德品质的训练和培训的角度撰写的《一个教师的诞生——一个关于专业自我发展的计划》认为,教师应该在紧张的场景中构建自己的职业品德,教师具备优秀的职业道德是有效教学的必要条件,并且认为教师的职业道德是比其他品质更重要的品质。当前美国对教师的道德教育非常严格,对教师有明确的道德要求。美国职业道德教育的做法是作为教师教育的一部分将教师的道德教育渗透于学校的日常道德教育过程中,在职前教育中加入对"美国精神""公民道德"的教育。

日本当代著名教育家小原国芳撰写的《师道》一书,对教师道德的本质、内容、发展的条件做了探讨,强调教师应当有独立、自尊、自信、自恃的伟大精神,应具有强烈的自豪感,努力在真、善、美、体、劳等方面完善自己,成为"完人式的理想教师"[②]。另外,日本教育家陈至道在《人类教师与国民教师》一书中分析了教师提高职业伦理素养的必要性,认为"教师的专业性与它的伦理性有深刻的关系",他认为,教师要不断反省自己的道德、知识,才能看到自己的不足之

---

① 黄蓉生:《教师职业道德修养》,西南师范大学出版社2001年版,第105页。
② 转引自陈静《教师道德建设》,华中师范大学出版社2006年版,第164页。

处，不断地磨炼自己才能胜任教师的工作①。

1966年，联合国教育科学及文化组织和国际劳工组织通过的《关于教师地位的建议》提出了教师道德理想，此后国外发达国家以"将对学生的教育损失减少到最低限度"为指导原则，研究教师应具备的素质、教师培养和教师评价问题，其中包含了如何建立健全并落实教师、教育法律法规，对师德失范及其处理进行详尽规定，"瑞典、爱沙尼亚和拉脱维亚三国规定，如果存在疏忽大意、行为举止粗俗以及不履行工作责任等，教师将有可能被解雇"②。

英国的高校教师虽然在职前培训中没有明确的道德教育内容，但却通过法律明文规定教师的权利和义务，对教师道德要求的目标从未改变。

总结国外教师道德教育的理论研究和实践改革的共同之处，不难发现具有以下几个方面的特点：第一，注重汲取一般道德教育思想，"理论建构模式、体谅模式、评价过程和澄清模式、价值分析模式、认知的道德模式、社会行动模式等当代西方道德教育理论模式，在职业伦理教育领域中得到了广泛的推广与应用"③。第二，注重以人为本，尊重教师自我的发展和道德意识的提高，注重在实践层面上培养教师的道德养成。第三，在教育内容上，西方各个国家表现不同，有的强调职业道德教育，有的强调公民道德培养等，但对于教师道德的目标和价值却是共通的。正义、平等、合作、诚信、仁爱、宽容等思想是西方各国共同的教师理想道德。第四，由于各国的历史文化、政治制度的不同，各国教师道德教育中体现出来的阶级立场明显不同。例如，美国强调个人主义和英雄主义的道德

---

① 转引自陈静《教师道德建设》，华中师范大学出版社2006年版，第164页。
② 李晓强：《欧盟成员国中小学教师开除与解雇制度研究》，《比较教育研究》2008年第6期。
③ 何光辉：《职业伦理教育有效模式研究》，博士学位论文，华东师范大学，2007年。

价值观、日本则提倡教师在国家地位中应尽的义务和职责、英国则把人性的基本要求作为教师道德的支点。这就需要我们在借鉴西方思想的基础上进行批判的吸收，而不是"拿来主义"式的全盘接受。

就目前掌握的资料来看，当前学术界的研究成果较为丰富，无论从理论层面还是实践层面都为本书的研究奠定了良好的基础。总体来看，国外对于高校青年教师思想政治教育的研究较少，相对而言，我国国内的研究成果较多，具有很强的政策导向性，通过对中华人民共和国成立以来我国高校青年教师思想政治教育研究成果的梳理，不难发现，每次学术界兴起对高校青年教师思想政治教育的研究无不与中央出台这方面的政策有关。这些研究成果主要集中在对高校青年教师思想政治教育的现状和对策领域，这部分研究中有许多学者通过实地调研，取得了宝贵的第一手资料，为准确地把握高校青年教师思想动态，科学地加强高校青年教师思想政治教育起到了积极的作用。从目前的研究方法来看，学者们开始尝试运用实证研究进行调查，运用SPSS软件对结果进行科学分析，并尝试运用多学科的方法对高校青年教师思想政治教育进行多角度研究。这些研究方法的运用极大地促进了高校青年教师思想政治教育的发展，但与此同时，我们也应该看到，研究成果过于集中在现状和对策方面，有些学者对现状的研究并没有经过实地的调研，也没有在管理岗位上工作，写出来的论文仅仅是人云亦云，提出来的对策也是空洞说教，缺乏一定说服力。同时，从高校青年教师发展视域下来研究高校青年教师思想政治教育的研究成果匮乏。

第四节 研究的基本思路、方法及创新点

一 研究的基本思路

本书以高校青年教师发展为逻辑起点，以高校青年教师思想政治

教育研究为主线，围绕高校青年教师发展视域下的思想政治教育概述、高校青年教师发展视域下的思想政治教育理论基础、改革开放以来高校青年教师发展视域下的思想政治教育实践反思、高校青年教师思想状况与思想政治教育、高校青年教师工作状况与思想政治教育、高校青年教师生活状况与思想政治教育进行多视角、多层面的研究，力图揭示高校青年教师发展视域下思想政治教育形成发展的规律，为新时期高校青年教师思想政治教育创新提供理论参考。

本书分为七个部分：第一章为绪论部分，概要介绍本书研究的由来、研究意义、研究现状、相关概念的界定和基本的研究方法；第二章为高校青年教师发展视域下的思想政治教育概述，主要对高校青年教师、高校青年教师发展和高校青年教师思想政治教育的相关概念进行了界定；第三章为高校青年教师发展视域下的思想政治教育理论基础，对马克思主义经典作家、中国古代相关理论、西方相关理论进行了深入的论述；第四章为改革开放以来高校青年教师发展视域下的思想政治教育实践反思，对改革开放以来高校青年教师思想政治教育进行了历史性回顾，并在总结经验和教训的基础上进行反思，总结了存在的问题并做了相应的原因分析；第五章为高校青年教师思想发展状况与思想政治教育，包括高校青年教师思想发展状况、影响因素分析，贴近思想发展状况提出思想政治教育的对策；第六章为高校青年教师工作发展状况与思想政治教育，在对高校青年教师工作发展状况进行分析的基础上，针对工作中存在的问题进行原因分析，贴近工作发展状况提出思想政治教育的对策；第七章为高校青年教师生活发展状况与思想政治教育，在分析高校青年教师生活发展状况的基础上，针对其生活中存在的各种问题进行原因分析，贴近生活发展状况提出思想政治教育的对策。

二 研究的基本方法

从高校青年教师发展视域进行思想政治教育研究是一个多学科探

究的问题，需要运用多种方法来开展研究。本书主要运用下列方法进行研究：

（一）文献研究方法

本书通过多种途径查阅并购买高校青年教师发展视域下的思想政治教育领域的研究成果，对所获文献的可靠性、可信性和准确性进行分析，然后根据本研究的需要进行加工分类，在此基础上筛选出有用的资料、观点、方法。

（二）调查研究方法

通过对湖北省共39所高校进行抽样调查，包括中央部委属高校8所、省属本科高校31所。采取问卷调查、个别访谈、座谈会等调查方式，共发放问卷3800份，回收有效问卷3586份，回收率94.4%，问卷运用SPSS 19.0软件进行数据分析；个别访谈对象18人，在不同高校随机抽取，访谈采用非结构性的开放式访谈，访谈内容围绕高校青年教师发展状况，根据个人情况灵活进行；召开座谈会10次，与会的有湖北省教育工会的领导和各高校党委、工会、行政、人事、科研等相关部门负责同志以及一定男女比例、不同专业、不同留学背景的青年教师代表等，其中青年教师代表共计136人，座谈会采取领导汇报总体情况与高校青年教师自我讲述相结合的方式。

（三）历史与逻辑相统一研究方法

高校青年教师发展视域下的思想政治教育作为常论常新的议题，对它的研究不仅要寻根溯源，进行历史的梳理，而且也涉及对高校青年教师发展问题、高校青年教师思想政治教育具体内容、要素的横向分析。高校青年教师发展视域下的思想政治教育研究既是一个历史继承过程，也是遵循其内在逻辑发展的过程，对此的研究必然要遵循历史与逻辑相统一的方法。

（四）多学科整合研究方法

高校青年教师发展视域下的思想政治教育不仅要研究思想政治教育方面的研究成果，还要借鉴吸收教育学、心理学、社会学、政治学、历史学、管理学、哲学等学科的相关研究成果。在整合多学科知识和思想的基础上，才能拓宽高校青年教师思想政治教育的视域，透彻地阐明本书观点。

三 创新点

第一，研究视角有所创新。综观相关研究成果，都是从高校青年教师发展和高校青年教师思想政治教育两个方面分别进行研究。本书将二者结合起来，把高校青年教师发展和高校青年教师思想政治教育作为一个整体进行研究，从高校青年教师发展视域，紧紧扣住高校青年教师思想发展、工作发展、生活发展三个重要方面展开高校青年教师思想政治教育研究，力求使高校青年教师思想政治教育贴近思想发展实际、工作发展实际和生活发展实际，增强高校青年教师思想政治教育的针对性和实效性。这种整体性的研究视角具有一定的创新性。

第二，研究内容有所创新。高校青年教师思想政治教育理论基础的扩展和丰富，以往仅把思想政治教育理论作为理论依据，本书将突破这一局限，从高校青年教师思想、工作、生活中实际所涉及的多学科内容出发，探寻、提出并阐述了与高校青年教师思想政治教育紧密关联的其他诸多理论依据；对高校青年教师发展现状进行了具体的反思，提出了具有实效性的对策。其中有些论述内容是以往学术研究中相对薄弱的部分，如高校青年教师思想政治教育应注重他们的发展实际，提高高校青年教师的发展水平有助于增强思想政治教育的实效性等。

第二章 高校青年教师发展视域下的思想政治教育概述

研究高校青年教师发展视域下的思想政治教育，首先必须剖析与高校青年教师发展视域下的思想政治教育相关的基本范畴和概念，从而把握高校青年教师发展视域下的思想政治教育的本质。本章按照"高校青年教师—高校青年教师发展—高校青年教师思想政治教育"的逻辑思路，分别对高校青年教师的概念、高校青年教师发展的概念、高校青年教师思想政治教育的概念进行剖析；对高校青年教师发展的内容和特点以及高校青年教师思想政治教育的内容和特点进行了深入探讨，力图把握高校青年教师发展视域下的思想政治教育实质。

第一节 高校青年教师概述

高校教师是我国高等教育的主体，这个群体通常具有深厚的专业知识、精湛的教学能力和开阔的学术视野。高校青年教师是我国高校教师队伍的主力军，对高校青年教师队伍内涵、类型、时代特征的正确认识和分析，是进行高校青年教师发展视域下的思想政治教育研究的基本起点。

一 高校青年教师的内涵

(一) 高校的内涵和分类

1. 高校的内涵

《现代汉语词典》中对于"高校"的解释是"高校即高等学校的简称,指大学、专门学院和高等专科学校的统称"[①];对于"大学"的定义是"实施高等教育的学校的一种,在我国一般指综合型大学"[②]。从定义中,我们不难看出,大学是高校的一种,它们之间是包含与被包含的关系,因此,"高校"与"大学"是两个不能混淆的概念,更不能等同,对其进行的学理研究更需要区别对待。《中华人民共和国高等教育法》第六十八条中所称高等学校是指大学、独立设置的学院和高等专科学校,其中包括高等职业学校和成人高等学校。由此可见,《高等教育法》对我国"高等学校"作出了非常具体的解释,从法律的层面明确了"高等学校"的具体指象,因此,本书将采用《高等教育法》中的定义,将高校界定为"大学、专门学院和高等专科学校的统称"。

2. 高校的分类

当前,国际上关于高等学校分类的标准普遍遵照联合国教科文组织于 1997 年修订的《国际教育标准分类法》。美国卡内基促进教学基金会于 2005 年公布了最新修订的美国高校标准体系,这个体系主要从五个方面进行分类:学士及以下学位课程计划、硕士及其以上学位课程计划、高校学生注册情况、学士及以下学位授予院校学生情况、高校规模和学生就读方式[③]。按照这个新的标准,美国的高校可以分为六种类型:授予博士学位的大学、授予硕士学位的大学、本科学院、

---

① 中国社会科学院语言研究所词典编辑室编:《现代汉语词典》(修订本),商务印书馆 2000 年版,第 415 页。

② 同上书,第 237 页。

③ 郭洁:《2005 版卡内基高校分类标准》,《教育发展研究》2006 年第 5 期。

大专学院、专业学院、部落学院①。

我国比较权威的分类标准是厦门大学潘懋元先生参照国际教育标准作为依据，结合我国高等教育的实际情况进行的分类，他认为我国高等学校可分为三种基本类型：学术型大学，即所谓的研究型大学，在国内主要是以"985 工程"大学和部分"211 工程"大学为主体；应用型本科院校，包括部分"211 工程"大学、一般部委属院校、地方高校、民办本科院校以及独立学院；职业技术高校，主要指高职高专②。

此外，武汉大学刘道玉教授从高校功能的角度，把高校分为研究型大学、教学与研究型大学、教学型大学、高等专科学校、民办职业教育学院五类③。

笔者比较赞同潘懋元先生的观点，即将高校分为学术型大学、应用型本科院校、职业技术高校三种基本类型。

（二）青年教师的内涵

《中华人民共和国高等教育法》第四十六条规定："高等学校实行教师资格制度。中国公民凡遵守宪法和法律，热爱教育事业，具有良好的思想品德，具备研究生或者大学本科毕业学历，有相应的教育教学能力，经认定合格，可以取得高等学校教师资格。"④ 因此，本书将"高校教师"界定为：具有高等学校教师资格，专门从事教学与科研工作的专任教师（包括"双肩挑"教师）。行政管理人员、教学辅助人员及其他专业技术人员均不在本研究范围之内。

那么，究竟多大的年龄界限才算得上是"青年教师"？因此，十分有必要对高校青年教师的年龄有个明确的界定。

---

① 刘道玉：《中国高校功能定位刻不容缓》，《高教探索》2007 年第 1 期。

② 潘懋元、董立平：《关于高等学校分类、定位、特色发展的探讨》，《教育研究》2009 年第 2 期。

③ 刘道玉：《中国高校功能定位刻不容缓》，《高教探索》2007 年第 1 期。

④ 参见《中华人民共和国高等教育法》。

目前，各组织对青年年龄的界定尚未统一，与高校教师职业特点直接相关的各级科研项目申报中，青年项目一般都有明确的年龄限制。如，国家社科基金青年项目申请人和课题组成员年龄均不超过35周岁；国家自然科学基金青年项目的申报中，规定男性年龄不得超过35周岁，女性不超过40周岁；教育部青年项目年龄不得超过40周岁；霍英东教育基金会高等院校青年教师基金及青年教师奖的申报中，年龄限制在35周岁以下；教育部设立的"高校青年教师奖"自启动评选以来，获奖者的平均年龄为38.3岁；湖北省自然科学基金青年基金项目中，申报者年龄必须在35周岁以下，"杰出青年人才"评选中，男性年龄不得超过40周岁，女性可放宽至42周岁；湖北省教育厅人文社会科学研究青年项目，要求申报者年龄在40周岁以下；湖北省教育厅科研计划青年人才项目的年龄要求在35周岁以下。由此可以看出，这些与青年教师学术职业生涯密切相关的科研项目的申报要求中，对青年教师的年龄限制均在40周岁左右，或者说非常接近40周岁。

青年学理论认为，青年是一个人从少年期到中年期的过渡阶段。青年学是运用多学科知识对青年作整体研究的科学，因此青年学对青年的年龄界限，是综合其各个侧面从整体上界定为14周岁至30周岁[1]。然而，高校青年教师这个群体不同于一般的青年群体，它需要有长期的知识储备，一般需要有普遍的硕士甚至博士学位。按照我国的入学年龄，从6岁开始入学算起，青年教师若大学毕业后直接读研，硕士毕业的年龄最少为25周岁左右，如果中间没有间隔直接攻读博士学位，博士毕业时年龄最少为28周岁左右。所以，本书只对高校青年教师的年龄上限进行界定。

国际学术界将结束学业和获得职业（经济上独立），结婚（心理上的成人感），成立家庭（有单独的住所，脱离对父母的依赖），列为

---

[1] 黄志坚：《谁是青年？——关于青年年龄界定的研究报告》，《中国青年研究》2003年第11期。

社会成熟的三大主要标准，并以此界定青年年龄的上限[①]。从这个角度来讲，高校青年教师取得博士学位并进入高校教师行列的平均年龄在 28 周岁到 32 周岁，目前高校青年教师结婚的年龄在 28 周岁到 35 周岁。在现代社会经济高房价的时代，很少有青年教师入职三五年内就能买得起商品房，绝大多数青年教师都是住在由高校提供的周转房，或者由父母出钱购买的商品房中。社会学认为，青年期的结束并迈入成年期（或称中年期）的主要标志是已经摆脱依赖性，担负起职业和家庭的责任，在社会生活中具有独立的地位[②]。古人云"三十而立，四十不惑"，高校青年教师 30 岁时普遍刚开始职业生涯，到 40 岁以上普遍已经拥有自己的家庭，经过长时间的奋斗，拥有一定的经济基础和事业，这时可以摆脱青涩的青年阶段，步入人生的成熟期。因此，对高校青年教师的年龄上限就界定在 40 周岁（含 40 周岁）以下比较适合。

综上所述，高校青年教师是指具有高等学校教师资格证书，在高等学校内专门从事教学与科研工作的，年龄在 40 周岁（含 40 周岁）以下的专任教师。

二　高校青年教师的类型

高校青年教师类型的划分，按照性别可分为青年男教师和青年女教师；按照学习环境的背景不同可以划分为有国外学习生活经历和无国外学习生活经历两种。高校青年教师这个群体属于高知识群体，由于学习发展的需要，许多青年教师都有海外学习生活的经历，他们对中西方高等教育有最直观的感知，对中西方的不同教育模式、思维培养模式、系统的学术训练方式都有最切肤的感受，俗称"海龟"。但同时也有一部分青年教师没有国外学习生活的经历，从大学到硕士博

[①] 黄志坚：《谁是青年？——关于青年年龄界定的研究报告》，《中国青年研究》2003 年第 11 期。

[②] 同上。

士都在国内读，他们从小到大接受的都是中国的传统教育模式，俗称"土鳖"。

根据对专业研究对象的不同，可以将高校青年教师划分为自然科学青年教师和人文社科青年教师。众所周知，按不同的专业，有哲、经、法、教、文、史、理、工、农、军、医、管十二个学科门类，自然科学青年教师主要是以理、工、农、军、医、管六个门类为主，研究中主要以实验的、量化的、实证的、情感中立的方法观察研究对象；人文社科类的主要以哲、经、法、教、文、史六个门类为主，研究中主要以文献、经验、历史、情感介入的方法观察对象。大部分的自然科学青年教师以自然界、科技界为研究对象，大部分的人文社科青年教师以人类社会为研究对象。

根据目前高校对教师身份的分类管理，可以将高校青年教师划分为教学型青年教师、教学与科研型青年教师、科研型青年教师。教学型青年教师的工作以教学为主，职称的评定主要看教学成果；教学与科研型青年教师兼顾教学与科研，教学与科研成果都纳入职称评定的要求，目前我国高校内绝大多数青年教师都属于这一类；科研型青年教师主要以科研为主，职称的评定主要看科研成果。

根据高校青年教师的内在属性不同，可以将青年教师划分为传授与应用型青年教师、创造型青年教师、批判型青年教师。传授与应用型青年教师以传播、加工和应用现有知识为主，最大限度地让自己的学生学习到更多的知识；创造型青年教师在学术上不循规蹈矩，具有强烈的创新意识，不一定能对新知识的产生做出突出的贡献，但是一直以学术前沿作为指导，希望能有所突破；批判型青年教师对社会和生活有一个自己的期望和理想，并希望大家朝着那个理想前进，善于用这些理想来批判、针砭、矫正眼前不合理的地方。

根据高校青年教师与社会现实关系的不同，把青年教师分为传统的青年教师与有机的青年教师。传统的青年教师是以"传道""授业""解惑"为主，传播、加工和应用现有的知识，重视课堂的教学，认为教师的天职就是教好学生，以学生最大限度地超越老师为荣；有机的青年教师是指，随着社会的进步和知识分工的越来越细，这些青年教师越来越趋向于专业化和有机化，他们认为自己的重要责任就应该"为天地立命"，积极为国家、社会的发展建言献策，在校园内做好本职工作的同时，积极服务于社会的发展。

三　高校青年教师的特点

（一）时代性

现在的高校青年教师具有鲜明的时代特征，他们出生于改革开放初期，成长于国家大力发展市场经济时期，吃着洋快餐，看着米老鼠、唐老鸭长大，触摸着唾手可得的改革成果和家庭宠爱，在成长过程中面临着升学和就业的竞争，进入职业后，没赶上福利分房的脚步，经济上承受着市场经济带来的高房价和物质主义的冲击。随着知识经济时代的到来，崇尚知识、崇尚人才的社会环境给高校青年教师带来了前所未有的机遇与挑战，使他们胸怀对国家昌盛、民族富强的使命感和责任感，实现知识报国和个人价值的有机统一。但同时，随着整个社会知识水平的提高，时代也不再赋予高校青年教师这个职业像以前那么光鲜亮丽，在指挥棒的引导下，教学与科研被量化成一个个可度量的指标，这无形之中给初入职场的青年教师带来了巨大的压力。近年来，在利益主体多元化和经济行为自由、开放等市场经济因素的影响下，拜金主义、享乐主义、功利主义和个人主义的不良思想无不强烈地冲击着高校青年教师的传统价值观。

（二）高知性

高校教师本来就是受过专门训练的，掌握专门知识，懂得使用象征符号来解释宇宙和人生的群体，他们实现自身价值和影响社会的途径是脑力劳动。随着社会经济的发展、生产力的极大提高，在党和政府对高等教育的重视下，高校青年教师比老一辈具有更良好的学习环境，接受了全面系统连续的学术训练，掌握着较为系统的学科专业知识和文化知识,注重学术研究的科学性、逻辑性,还有相当一部分人拥有在海外学习生活的经历,他们接受过良好的中西方教育,这些知识的专业性和全面性,为他们深入地进行科学研究打下了良好的学术基础。在2000年以前,我国高校专任教师大部分为本科或者硕士学历。然而,根据教育部权威网站发布的数据,截至2012年年底,高校专任教师中拥有硕士以上学历者为768192人,占总数的53.3%,其中拥有博士学历者为254399人,占总数的17.7%[①]。这说明,在我国市场经济繁荣发展的十多年间,我国高校教师的受教育程度和学历水平有了明显提高。

(三) 新锐性

"新"指创新,接收各种新鲜的事物;"锐"指锐意进取、积极向上的精神。一方面,高校青年教师年龄在40岁以下,大多处于"三十而立"的意气风发时期,精力充沛,具有敏捷的思维能力和较强的现代意识。他们初入职场,刚实现由学生向教师角色的转换,正如初升的太阳,对工作充满热情,富有激情,思路开阔,容易接受新的事物,不拘泥陈规,敢于创新,勇于探索,在创造欲望与创造成就方面青年教师要比中老年教师占优势。另一方面,强烈的进取心使他们不断攀爬学术的高峰,许多青年教师积极充电,选择进一步深造。调查显示,绝大多数的青年教师都有攻读博士学位、进行博士后研究以及出国深造的学习经历,国家社会科学基金、国家自然科学基金、各项省部级科研项目的申请者中,青年教师的比例处于连年上升的趋势。

(四) 批判性

高校青年教师一走上工作岗位即意味着跨入了社会的门槛,长期以来,学校的教育把社会描述得尽善尽美,然而,现实的社会却与心中的理想模式大相径庭。在实现中华民族伟大复兴的中国梦的康庄大道上,高校青年教师既是这一伟大历史进程中的见证者,又是社会发

---

① 此数据来源于教育部官方网站 http://www.moe.gov.cn/publicfiles/business/htmlfiles/moe/s75671/201308/156576.html。

展进步的参与者。随着自我意识的发展和"主人翁"意识的萌发,高校青年教师的社会责任感尤为强烈,"家事、国事、天下事,事事关心"的传统士大夫情怀让他们对社会现实常持批判主义态度,对社会未来常怀理想主义情怀。他们具有自觉的民主意识,对社会现实有切肤的感受,对当前我国的政治、经济变革中存在的推力与阻力有自己的思考,作为高级知识分子中的一员,他们有足够的自信对当今社会、国家问题作出自己的观察与认知。

(五) 自我性

当今的高校青年教师绝大部分都是计划生育政策下的独生子女,他们从小就享受着父辈们的关爱和呵护,成长于祖国繁荣富强的大好时光。一方面他们追求实用的知识技能,敢于挑战自我,实现自我,具有强烈的好胜心和竞争意识,具有自我意识和要求民主;另一方面又很关注自我,谋求"工具合理性"人才,追求更为实用的能力和关系,多数人考取了不止一个资格认证书,社会关系相对简单,对于自己不关心的人和事表现得相对冷漠,关注着自己工资表上的数目,围绕着个人职称的晋升做努力,在工作和生活中表现得我行我素。他们不再是老一辈那种理想奉献型的群体主义者,而是务实的、功利型的个人理想主义者。

第二节 高校青年教师发展概述

一 高校青年教师发展的内涵

"发展"一词在《现代汉语词典》中的释义是:"事物由小到大、由简单到复杂、由低级到高级的变化。"① 在英文中,"development"是指人或事物的一种变化过程,是向着更强大、更高水平、更为成功

---

① 中国社会科学院语言研究所词典编辑室编:《现代汉语词典》(修订本),商务印书馆2000年版,第340页。

的方向的变化过程,有"成长""发展""发达"等含义①。从这个意义上来说,高校教师发展(faculty development)就是促进高校教师自身能力不断增强、不断完善、生活更加美满和幸福的过程②。"高校教师发展"的概念源起于 1810 年美国哈佛大学的学术休假制度,是一个涵盖了各个理论、实践与目标的术语。它作为高等学校一项重要专业性服务工作和高等教育研究的新兴领域,发端于 20 世纪 60 年代的美国,兴盛于 20 世纪 90 年代,并扩展到世界许多国家和地区。广义的教师发展既包括教师个体的发展,也包括组织发展。在《教育研究百科全书》中,克劳德(Claude)认为,高校教师发展是指那些为保持和促进高校教师个人专业能力发展,使他们在特定的院校中完成各种任务的项目、活动、实践和策略,教师发展关注的项目包括教师所在的科研与学术活动以及正式的课堂教学和个人职业生涯的非正式的管理③。研究高校教师发展的资深学者盖夫(Jerry Gaff)认为,"教师发展"是一个"提高能力、扩展兴趣、胜任工作,从而促进教师专业发展和个人发展的过程"④。潘懋元先生根据中国当前高等教育的发展水平和程度,认为高校教师发展的内涵应当包括学术水平的提高、教师职业知识技能的提高和师德的提升三个方面⑤。

高校青年教师发展的内涵并不是固定不变的,它从高校教师发展的概念中延伸出来,在不同的时期、不同的国家和地区,它因社会的发展变化而不同。美国初期的新教师发展,主要指教师在其专业领域

---

① 霍恩比:《牛津高阶英汉双解词典第四版增补本》,商务印书馆 2002 年版,第 393 页。

② 徐延宇:《高校教师发展——基于美国高等教育的经验》,教育科学出版社 2009 年版,第 216 页。

③ Menges R. J., Mathis B. C., *Key Resources on Teaching, Learning, Curriculum, and Faculty Development: A Guide to the Higher Education Literature*, San Francisco: Jossey-Bass, 1988, p.254.

④ Gaff, J. G., *Toward Faculty Renewal: Advances in Faculty, institutional, and Organizational Development*, San Francisco: Jossey-Bass, 1975, p.14.

⑤ 潘懋元、罗丹:《高校教师发展简论》,《中国大学教学》2007 年第 1 期。

上的提高，后来在这个基础上又增加了教学能力，随着高等教育的发展和时代的变化，到了20世纪七八十年代末又开始增加了职业发展、组织发展和个体发展等内容①，就整体而言，它的内涵是不断扩大的，逐渐朝着人的终生成长的方向发展。在马克思看来，"在现实的社会生活中，只要每个人都能够按照自己的愿望，为实现自己的追求，按照自己在社会交往和社会生活中形成的个性和特长，去自由地发展自己的个性和实现自己的价值，就可以毫无疑问地说他们是得到全面发展了"②。高校青年教师发展随着高等教育水平的提高而不断改进，逐渐朝着青年教师终生成长的方向完善，通过各种发展项目，使青年教师得到思想水平的提高，工作能力的提高和生活幸福指数的提升等。而这些无疑是处于高校生态圈底层的青年教师个人所迫切希望发展的那些个性和素质，因此就他们本身的愿望来说，高校青年教师因为有了发展上的自由，而使自己的潜能得到淋漓尽致的发展，这无疑能促进高校青年教师自由而全面的发展。此外，马克思主义认为，人的类的全面发展，是以每个人个体的全面发展为基础和条件的，也就是说，人类的全面发展，是由人的个体的全面发展组成的③。高校青年教师发展为保持和促进青年教师个人发展，使他们有机会在高校内实践各种任务的项目，参加各种活动，提高参与的策略等。这种高度重视每个青年教师个体的发展的做法，无疑将会使高校青年教师群体得到自由而全面的发展。因此，本书中所指的"高校青年教师发展"，是倾向于高校青年教师作为自由个体的全面发展。

---

① 林杰：《大学教师专业发展的内涵与策略》，《大学教育科学》2006年第1期。

② 杨鲜兰：《经济全球化条件下人的发展问题研究》，中国社会科学出版社2006年版，第74页。

③ 同上书，第72页。

二 高校青年教师发展的内容

从美国高校新教师发展的内容来看，它包含了新教师环境和角色适应指导、新教师教学、科研发展指导、新教师学术交流和人际交往指导[①]。在美国，高校教师发展项目及组织机构兴起并盛行，当前有75%的大学和学院设置了高校教师发展项目及组织机构[②]。这些机构中有专门针对年轻教师的发展项目，这些项目帮助新教师迅速适应新的工作岗位、校园文化和教育制度，顺利地投入到工作中，支持年轻教师的教学指导项目、科研资助项目等。同时安排老教师对新教师进行传帮带，通过老教师与年轻教师之间的交流，发挥老教师经验丰富的优势对年轻教师进行指导，使之获得工作上的满意感。强调青年教师在教学能力上的提升，主要工作包括大学范围内的各种指导项目（包括在校研究生的教学发展）、大学范围内的讲习班、大学范围内的研讨会、单独咨询的机会、教学发展、对团队和个人的拨款、提供网上资源、提供各种印刷品资源、领导层的发展、制度发展或组织结构的发展等。通过这些发展项目的拓展和专业培训，许多青年教师将自身视为终身学习者和科学研究者，强调以学习为中心，强调促进个人与专业提升的过程。

同样地，英国为应对高等教育面临的挑战，也采取了一些相关措施提升高等教育的教学质量：（1）国家设立教学品质提升基金，资助范围用于高教机构开发与教学提升，用来建立高等教育学会的学科中心、建立大学的教学卓越中心、奖励教学方面的优秀个人等。（2）很多高校都安排了灵活、持续的教师专业学习计划，帮助青年教师更好

[①] 吴庆华：《地方高校青年教师发展研究》，硕士学位论文，华中科技大学，2013年。

[②] 林杰：《美国大学教师发展的组织化历程及机构》，《清华大学教育研究》2010年第2期。

地提升专业水平和教学能力,如周末学习计划①。(3)成立全国范围内的专业发展协会,包括1990年成立的教师与教育发展协会(SEDA, Staff and Educational Development Association),1999年成立的学与教协会(ILT, Institute for Learning and Teaching),2004年成立的高等教育学会(HEA, Higher Education Academy)。(4)颁布高等教育教学与专业标准框架(简称UKPSF)。这些措施鼓励高校青年教师致力于教学工作,极大地促进了英国高校青年教师教学能力的发展。

日本为了让更多的高校青年教师实现在职接受再教育过程,在采取了定期进修、休假进修、资助进修、远程教育等形式,把授课时间安排在教师的工作之余,充分利用在职教师的闲暇时间,为青年教师提供一边工作一边学习的机会,提升高校教师的教学能力,提升他们的学业成绩,支持教师的自我发展,支持师生的网络活动②。

新加坡、德国、比利时、法国、瑞典等国家也同样重视实践层面的青年教师发展问题。新加坡政府颁布《教学和学习:专业发展战略》的文件;2001年6月,瑞典国会通过并实施新的教师教育政策法案等。这些国家重视实施观摩教学、课例讨论、示范课评说、课后研究组活动和暑假班课程学习活动等。

我国台湾地区高等教育在面临"重科研,轻教学"的现状,高校规模急剧扩张而教学质量难以保证,高校不断受到社会各界挑战时,实行了"奖励大学教学卓越计划",成立专门的教师发展机构等措施③。

目前我国高校青年教师发展的主要内容有对初任高校教师进行教育学、心理学课程培训,依托条件较好的高校以及各地师范学院办教

---

① 董玉琦、刘益春等:《协调发展,共同成长——2011高校教师发展国际研讨会会议综述》,《中国大学教学》2012年第5期。

② 祝怀新:《封闭与开放——教师教育政策研究》,浙江教育出版社2007年版,第13页。

③ 董玉琦等:《协同发展,共同成长——2011高校教师发展国际研讨会会议综述》,《中国大学教学》2012年第5期。

育硕士课程班或助教培训班、派教师攻读在职国内研究生学历、选派科研能力强的教师出国进修深造、鼓励教师参加各种国内外学术交流会议、撰写发表各种学术论文、鼓励申报各类科研项目等。同时也在探索建立高校教师发展基地,为高校青年教师的发展搭建良好的平台:如2011年11月23日,北京市教委决定在清华大学、北京大学、北京师范大学、中国人民大学和北京外国语大学5所高校建立"北京市属高校教师发展基地",计划每年从市属高校选派100名具有较大发展潜力的优秀青年教师到"教师发展基地"进行为期一年的研修学习,目前已经选派了三批青年教师。2011年,由教育部、财政部联合发布的《教育部、财政部关于"十二五"期间实施高等学校本科教学质量与教学改革工程意见》(简称"本科教学工程"的意见),明确提出要"引导高等学校建立适合本校特色的教师教学发展中心,积极开展教师培训、教学改革、研究交流、质量评估、咨询服务等各项工作,提高本校中青年教师教学能力,满足教师个性化专业发展和人才培养特色的需要,重点建设一批高等学校教师教学发展示范中心,承担教师教学发展中心建设实践研究"。这种以政府出面整合各高校之间的优秀资源建立发展基地的方式,极大地促进北京市高校青年教师的发展,同时也为我国其他省市建立"高校教师发展基地"树立了成功的典范。

以上是各国关于高校青年教师发展工作的具体做法,学术界也有一些关于高校教师发展内容的研究。

1. 图姆斯认为,高校教师发展是一个包括了多维度的大框架,包括三个方面:专业发展、课程发展和组织发展[1]。

2. 伯奎斯特和菲利普斯在《有效的大学教师发展项目的组成部分》一文中,认为高校教师发展的内容有:教学发展、组织发展和个

---

[1] Toombs W., A Three-dimensional View of Faculty Development, *The Journal of Higher Education*, Vol. 46, No. 6, 1975.

人发展①。

3. 美国教育联合会于 1991 年发布《大学教师发展：国力的提升》报告书，其中对高校教师发展的内容作出了界定：教学发展、组织发展、专业发展和个人发展②。这是目前我国学术界广泛采用的一种。

鉴于以上各国关于高校青年教师发展工作的具体内容，参照学术界的观点，目前高校教师发展的内容主要集中在工作方面，如教学发展、专业发展和课程发展等，而对与其息息相关的思想变化和生活现状关注得相对较少。在目前我国的高等教育发展的背景下，社会环境和职业环境都在发生着日新月异的变化，这些变化对于身处其中的高校青年教师来说，都会深刻地影响着他们的价值观念和行为，因而高校青年教师的发展不应仅仅只限定在工作方面，研究的视角可以打开一些，与其相关的其他方面都可以纳入发展的视域中来。众所周知，"发展"是一个比较宽泛的概念，其涵盖的具体内容可以很多，马克思主义理论中的"发展"是指全面而自由的发展。但由于研究的篇幅所限，本书提到的发展内容将主要集中在高校青年教师的思想、工作和生活三个方面，其他方面的发展问题以期在今后的研究中有所深入。

思想发展分别从思想状况、政治状况、道德状况这三个维度展开，分别针对高校青年教师的世界观、人生观、价值观、政治立场、政治参与程度、政治参与方法、师德师风、学术道德进行研究。工作发展是针对高校青年教师的职业特点，主要从教学发展、科研发展和服务社会三个方面进行论述。教学是高校青年教师的中心工作，科研是高校青年教师的主要任务，服务社会与高校青年教师专业发展密不可分。生活发展根据当前高校青年教师生活现状分为生活质量、薪资待遇、婚姻情感和身心健康四个方面。在当前物质社会的条件下，房子和车

---

① Bergquist W. H. & S. R. Philips, Components of an Effective Faculty Development Program, *The Journal of Higher Education*, Vol. 46, No. 2, 1975.

② 钟秉林、刘丽：《我国大学教师发展的现状、困境及对策》，《国家教育行政学院学报》2012 年第 9 期。

子是衡量家庭生活质量的重要砝码；薪资待遇直接体现了高校青年教师的家庭生活水平；婚姻情感问题引起了有关部门的重视；"身体是革命的本钱"，近年来高校青年教师心理问题凸显，身心健康已然成为影响高校青年教师发展的重要方面。

三 高校青年教师发展的特点

高校青年教师发展倾向于青年教师作为个体自由而全面的发展。高校青年教师发展从高校教师发展的概念中延伸出来，是一个内涵丰富、不断发展的历史范畴。它在不同的时期、不同的国家和地区，也随着社会的发展变化而有所区别。目前中国高校青年教师发展内容主要局限在工作方面，思想和生活方面涉及得相对较少。当前高校青年教师发展主要体现出项目多样化、投入多元化、注重专业发展等特征。

（一）项目多样化

高校青年教师走上工作岗位时间不长，还未完全实现从学生向教师角色的转变，工作中面临着教学经验不足、学术研究不够的问题，生活上个人情感和家庭问题较多、身心压力较大。因此目前各高校针对青年教师的发展项目多样化，涉及青年教师的教学、科研、行政管理等工作内容，包括个人发展、组织发展、教学发展和专业发展，同时也涵盖促进青年教师身心健康、生活幸福和思想政治发展的各个方面。

工作方面，为使青年教师真正具备工作中所必需的知识和能力，各高校开展了多种多样的培训实践活动。这些培训形式有针对新进教师的岗前培训、有针对具有博士学位的青年教师的高级研讨班、有为促进校际间学术交流的国内访问学者项目、有针对具有两年以上教学经历的年轻讲师的骨干教师进修班、鼓励青年教师出国进修、选派青年教师进一步攻读学位、作博士后研究、参加讲学或学术会议等。

生活方面，高校组织人事部门、工会部门、后勤集团等定期对青年教师进行身体检查，工会部门组织各种体育活动、心理健康知识讲座以培养青年教师良好的身心素质。为解决青年教师的单身问题，进行婚恋搭桥等工作。

思想政治方面，充分运用高校学科和人才优势，加强青年教师政治理论学习，坚持长期而有效的学习方式，健全政治学习制度，利用互联网建设信息化学习平台，增强政治理论学习的吸引力，努力将思想政治工作做到内心深处，能够使人产生情感共鸣。

（二）投入多元化

近年来，有关部门对高校青年教师发展日益重视，无论是从国家层面，还是高校层面，都有意识地增大对高校青年教师的投入，这些投入具体体现在经费、人员和服务方面。

国家层面，从"十一五"规划以来，党和政府加大了对高校青年教师发展的经费投入，以国家自然科学基金青年科学基金项目的资助为例：2010年国家自然科学基金青年科学基金项目的资助项目共有8350项，总金额为164600万元，单项平均资助金额为19.71万元，平均资助率为23.02%。2013年，国家自然科学基金青年科学基金项目共资助15367项，资助经费总计370000万元，单项平均资助金额为24.08万元，平均资助率为25.2%[①]。从这些数据可以算出，仅三年的时间，2013年比2010年资助项目总计增加了7017项，增长率为84%；资助总额增长了205400万元，增长率为124.79%；平均资助率增长了近2.2%。

高校层面，对于引进的青年教师，在安家费、科研启动费、住房、配偶工作安排方面给予了不同的优惠政策，在这些方面加大经费投入，帮助青年教师解决实际困难。以湖北省一重点高校为例，2008年年底，学校出台了《"学术新人奖"试行办法》，加强对青年教师培养、奖励和支持在教学科研一线做出突出贡献的优秀青年学者，截至2013年年底，已有28位青年教师获得了"学术新人奖"，仅这一项学校就

---

① 此数据来源于国家自然科学基金官方网站：http://www.nsfc.gov.cn。

共提供资助经费600余万元，发放奖金共19万元，针对奖项的获得者每年给予6万元的岗位津贴，引导青年教师潜心教学科研。同时还加大在青年教师专业发展、岗位培训和生活等方面的资助，努力改善青年教师的工作和生活条件，对特别优秀的青年教师给予最高500万元科研平台建设经费，对3年内新进的青年教师按月增发300—500元专项补贴，为引进的世界知名大学博士提供住房补贴10万—50万元，优先解决周转住房，提供子女入学入托等便利。

（三）注重专业发展

1998年《中华人民共和国高等教育法》第五十一条规定，"高等学校应当为教师参加培训、开展科学研究和进行学术交流提供条件"。这是我国为高校教师专业发展以法律的形式提供的制度性保障。在我国高校青年教师已有的专业发展项目中，主要针对提高青年教师科研能力和教学水平而设计。许多高校现行的教师职务聘任制度中，教学和科研能力是考核体系中最重要的部分，对教学的课时数、发表论文的刊物级别、篇数，以及各种级别的课题都有明确的规定。根据美国高校教师发展专家伯利纳对教学专长发展阶段的划分，将高校教师划分为新手教师、熟练新手教师、胜任型教师、业务精干型教师和专家型教师五个阶段[1]，他认为，所有的高校教师都是从新手阶段起步的，高校青年教师由于刚入职，往往缺乏教学经验，科研能力有待提高。因此，在这个阶段特别需要获得专业方面的发展。

教学方面，针对新入职的教师以集中授课的形式进行岗前培训，加强对其进行基本教学技能培训，设立听课制度，注重老教师的"传、帮、带"作用，建立健全促进青年教师教学能力提升的长效机制，以提高青年教师的教学质量。如清华大学于1998年成立了"教学研究与培训中心（Center for Teaching Excellence, CTE）"，该中心主要服务全校的本科和研究生教学，教务处负责协调和联系日常工

---

[1] 朱旭东：《教师专业发展理论研究》，北京师范大学出版社2011年版，第136页。

作，为保证教学质量提高教师的教学服务水平，这是内地高校第一个成立的关于教学质量管理和教师发展的专职机构。随后，首都经贸大学于2006年成立了教学促进中心（Office of Teacher Advancement，OTA），中国海洋大学于2007年成立教学支持中心，北京大学建立了教学促进中心，负责为教师提供免费的培训课程，组织相关的研讨会，出版各类宣传品等①。

科研方面，高校青年教师在职攻读学位是以帮助青年教师获得高一级学位为目标，高级研讨班、访问学者、骨干教师进修班、助教进修班等，或是为教师提供某些研究生学位课程，或是以提高青年教师的科研能力、更新教师学科知识为目标，鼓励青年教师积极申报各项课题和对外进行学术交流活动。如中山大学就形成了一整套针对不同年龄阶段、不同学科青年教师的培养制度体系，通过各类培养计划，例如，有"青年教师起步资助计划""青年教师出国研修计划""青年教师培育计划"和"青年教师重点培育计划"等对青年教师的科研工作进行较大额度的资助。在这种高校重视科研发展的条件下，一大批三十来岁，或者不到30岁的教授、副教授迅速成长，一些由年轻人组成的学术团队在国际国内学术界大放异彩。

第三节　高校青年教师思想政治教育概述

高校青年教师既是教育的主体，也是教育的客体。高校青年教师在教书育人的同时，也要注重自身专业修养和道德素质的提高，这就要求高校青年教师思想政治教育具有更高的起点和平台，他们具有与时俱进的思想和行为动态，能够更好地服务于高校，促进高等教育的内涵式发展。当前高校青年教师思想政治教育主要体现出教育目标的高层次性，教育方法的交互性，教育效果的渐进性等特征。高校青年

---

① 施晓光：《高校教师发展：政府与高校共同的责任》，《长春工业大学学报》（高教研究版）2012年第1期。

教师思想政治教育的内容包括思想教育、政治教育、道德教育和心理健康教育四个方面。

一 高校青年教师思想政治教育的内涵

思想政治教育是指一定的阶级、政党、社会群体遵循人们的思想品德形成发展规律，用一定的思想观念、政治观点、道德规范，对其成员施加有目的、有计划、有组织的影响，使他们形成符合一定社会、一定阶级所需要的思想品德的社会实践活动[①]。实践是人存在的基本方式，思想政治教育作为一种社会实践活动，它不仅生成了人的对象化世界，而且还形成了主体间的联系，而在传统的思想政治教育概念中，我们经常看到对于工具价值的重视，忽视了思想政治教育的介体是由主体和客体交互作用而形成，从而导致了思想政治教育中对于客体的"人"的主动性以及主客体之间互动性的漠视，因此，思想政治教育实践内涵的发展，首要的就是要体现在活动实践中"人"的情怀。它既与人的思想、行为和人的发展有着直接的关系，又与整个社会的政治、经济、文化发展有着广泛的联系。

高校青年教师思想政治教育是针对高校青年教师进行的思想政治教育活动，它是通过运用一定的思想政治教育方法使高校青年教师形成符合特定社会、时代和自身发展要求的思想政治教育实践活动。这其中存在着一定的"理想"与"现实"的差别，即高校青年教师的思想道德修养可能并没有达到社会对这个群体要求的标准，于是要对他们进行思想政治教育使他们把这些要求内化为自己的精神追求，外化为自觉的行动，从而实现其自由而全面的发展。在这个概念中，我们强调思想政治教育的对象是"高校青年教师"这一群体，而不是"大学生"或者"农民工"等其他社会群体。这个群体在所有的思想政治教育对象中有自己的特征。因而，它与其他群体的思想政治教育活动，

[①] 张耀灿、郑永廷等主编：《现代思想政治教育学》，人民出版社2006年版，第50页。

既有普遍的共性，又有独特的个性，要提高高校青年教师思想政治教育的实效性，就要立足于时代主题转换和思想政治教育发展的要求，研究高校青年教师思想政治教育的目标、内容、环境、载体、介体，探索并创新与之相适应的思想政治教育方法。

因此，高校青年教师思想政治教育的概念表明：

1. 高校青年教师思想政治教育仅针对"高校青年教师"这一群体进行的思想政治教育实践活动，因而，它具有区别于其他教育客体群体的基本特征和价值。

2. 高校青年教师思想政治教育是在高校青年教师的职业生涯中进行的，职业道德教育是其中的重要组成部分。

3. 高校青年教师思想政治教育要促进高校青年教师全面发展，不能空喊口号，而要根据他们的年龄特征，从现实入手，把解决他们的现实问题与解决思想问题相结合，才能取得实效。

二　高校青年教师思想政治教育的特点

（一）教育目标的高层次性

思想政治教育目标是指通过思想政治教育活动，期望思想政治教育对象的思想政治教育水平、行为准则等所能达到的境界或预期结果。思想政治教育目标的层次性原则是指"思想政治教育要从教育对象的特点出发，根据思想政治教育对象的不同思想状况和发展需要，因材施教，因人利导，分层次设计思想政治教育的目标内容与方法，分层次进行教育的原则"[①]。俄国教育家加里宁曾说过：加强对培养人的人的培养比直接培养人更重要。因此，针对高校青年教师的教育目标必须坚持高层次性的原则，以高标准要求青年教师。

高等学校的任务是为了培养德、智、体全面发展的社会主义建设者和接班人，作为培养人才的中坚力量，高校青年教师的思想政治观

---

① 张轩：《论思想政治教育目标的层次性》，《思想政治教育研究》2009年第4期。

点、教学治学态度、教学内容甚至其自身的言行都将对大学生的成长产生潜移默化的影响。从当今青年教师承担的社会责任来看，高校青年教师不仅应该是身处教学、科研第一线的复合型人才，更应该兼具学者、专家、创造型人才的独立人格，青年教师只有自身思想政治素质过硬，才能担负起立德树人的重任。同时，高校青年教师与一般社会青年相比，他们是青年群体中最有知识的群体，长期接受党和国家的教育和培养，引领未来社会的风气之先，因此，他们的思想觉悟和道德素质，都应走在社会的前列。

（二）教育方法的交互性

高校青年教师由于刚走上工作岗位，他们面临的实际生活、工作问题要比老教师们多得多，与老教师们相比，高校青年教师对物质生活有较高的追求，缺乏老一辈那样安于清贫、克己奉公的静气；虽然有朝气，但也相对比较浮躁，大多数不能沉下心甘于坐"冷板凳"。但他们接受了系统的学术训练，其中很多还不乏接受过西方先进教育的青年才俊，具备扎实的基础理论功底，具备缜密的逻辑思维能力和较强的分析问题的能力，加上当今日益发达的互联网技术，使得知识获取和知识更新的速度前所未有。因而，他们面对当前国际国内形势，不迷信领导，也不迷信权威，有自己的主见。如果一味地强制灌输理论，只会引起青年教师的反感。

中老年教师大多经历了较长的人生历程，在事业上已处于高峰时期，有丰富的工作经验和人生阅历，形成了稳定的世界观、人生观和价值观，能够按照自己的观念体系去指导行为，已经磨炼了坚强的意志，心理承受能力较强。因而，高校要采取与中老年教师区别对待的思想政治教育方法，针对青年教师思想政治教育，在方法的选择和运用上不能再沿袭传统的从"思想"到"思想教育"的方法，而应着眼于促进其思想认识水平、科研能力、教学水平等综合素质的全面发展，注重在思想政治教育过程中的自我教育和自我管理，注重把解决青年教师的实际问题与思想问题结合起来，实现高校青年教师由传统人格向现代人格的转换。因此，这需要思想政治教育者在方法的运用上更加灵活，在方法的运用和情境的开发上要坚持主体性、时代性、多变性和丰富性的特点，必须充分尊重教育对象的主体性地位，促进作为教育者和教育对象主体间性的良性互动，进而达到调动高校青年教师积极性，增强思想政治教育实效性的目的。

（三）教育效果的渐进性

尽管高校青年教师作为年轻人，容易接受新事物，思想行为的变化比较迅速，但是青年教师接受了多年的高等教育，对于事物的发展有自己的看法，形成了比较稳定的世界观、人生观、价值观，对于"三观"的接受和改变，仍然需要一个长期的过程。作为一名新进入教师群体中的青年学子，对他们进行思想政治教育除了要严格要求以外，还要给予更多的关爱和指导，不能用一把尺子来衡量青年教师和中老年教师。青年教师刚实现由学生角色向教师角色的转换，正处于工作、婚姻、生活中需求最旺盛的时期。"万事开头难，头三脚更难踢"，许多青年教师刚上岗就要承担大量的教学科研工作，有的还承担班主任工作；家庭生活中进入结婚生子的人生阶段，面临着买房无望、养家糊口、孩子入托入园的困境，在工作和生活中需要投入大量的时间和精力，许多青年教师疲于奔命，根本无暇顾及自身思想政治水平的提高。加上高校青年教师思想政治教育是在实践中总结出来的经验和规律，需要在现实中将理论运用于实践，正所谓"十年树木，百年树人"，要想青年教师思想政治教育水平有明显的提高，进而转化为良好的行为取向需要一个适应发展的过程。

三 高校青年教师思想政治教育的内容

高校青年教师思想政治教育的内容，是思想政治教育系统的一个子系统，是高校青年教师思想政治教育的具体化。这些内容极其丰富，必须根据高校青年教师思想政治教育的目的和任务以及教育对象的实际情况进行筛选、整合，建构出一个富有逻辑性的内容结构。然而，关于高校青年教师思想政治教育的内容，学界有不同的声音，有的认为应包括马克思主义信仰教育、理想信念教育、执业道德教育、心理健康教育、诚信教育、人文精神教育和社会主义荣辱观教育等[①]。有的认为高校青年教师思想政治教育的内容要围绕青年教师的思想政治、业务知识、职业情感及教学技能"四大结构要素"进行同步培养[②]。本书认为，高校青年教师思想政治教育作为思想政治教育学科中的分支，对其内容的界定应遵循基本的思想政治教育原理。现代思想政治教育学中，陈万柏从思想政治教育系统的角度把内容划分为世界观教育、政治观教育、人生观教育、法制观教育、道德观教育[③]。张耀灿从思想政治教育的目标结构入手，认为其内容应划分为思想教育、政治教育、道德教育、心理教育四个方面[④]。从发展的视域下进行高校青年教师思想政治教育的研究，目的就是要提高高校青年教师思想政治素质，促进他们适应社会主义高等教育的全面发展，而高校青年教师发展视域下的思想政治教育的目标又是建立在青年教师个人思想道德基础之上的。所以，从本书的研究角度来看，采用张耀灿老师的内容分类更符合高校青年教师思想政治素质的一般规律。因此，高校青年教师思想政治教育的内容从横向的角度具体可以分为以下几个方面：思想教育、政治教育、道德教育和心理健康教育。

（一）思想教育

思想教育主要指对高校青年教师进行世界观、人生观、价值观

[①] 车京辉：《高校青年教师思想政治教育实效性探究》，硕士学位论文，天津医科大学，2011年。

[②] 胡蓉、朱志航：《新时期高校青年教师思想政治教育内容的创新》，《吉林省教育学院学报》2013年第5期。

[③] 陈万柏、张耀灿等主编：《思想政治教育学原理》，高等教育出版社2007年版，第180页。

[④] 张耀灿、郑永廷等主编：《现代思想政治教育学》，人民出版社2006年版，第261页。

教育。世界观是人们对整个世界的总的看法和根本观点[1]；马克思主义世界观教育主要是指对高校青年教师进行辩证唯物主义教育和历史唯物主义教育；人生观教育主要倾向于高校青年教师对于人生的态度和看法，包括幸福观、义利观、生死观等，正确的人生观能够形成积极的人生态度，激励青年教师不断进取，勇于攀登事业的高峰；价值观是高校青年教师形成的对于价值的观点，价值取向的不同决定了青年教师的思想方向。武汉大学骆郁廷教授认为，思想教育具有特有的质的规定性，因为"思想教育的先导性特点决定了其为政治教育和道德教育提供了重要前提"[2]，如果没有思想教育的正确引导，政治教育的方向性和道德教育的约束性是无法控制的。因此，对青年教师进行思想教育关键是要用马列主义思想和发展着的中国特色社会主义思想武装头脑，指导他们运用唯物辩证法的方法论看待问题和解决问题，着重解放思想、转变观念，致力于解决其工作和生活中出现的各类问题，使主观与客观相符合，进而指导和推动青年教师的工作和生活，促进他们的全面发展。

（二）政治教育

政治观特指人们对党和国家的路线、方针、政策所持的根本立场、根本态度和根本方法[3]。政治教育是高校青年教师思想政治教育的重要内容，政治教育作为思想政治教育的核心，有助于高校青年教师更好地理解和认同党在社会主义初级阶段的路线、方针和政策，保持坚定正确的政治方向。正如列宁在《无产阶级在我国革命中的任务》中所指出的那样："一切真正的革命其科学的和实际政治的主要标志之一，就是积极、自动和有效地参加政治生活。参加国家制度建设的

---

[1] 陈万柏、张耀灿等主编：《思想政治教育学原理》，高等教育出版社2007年版，第180页。

[2] 骆郁廷、张莉：《思想教育、政治教育、道德教育的性质与特点辨析》，《武汉大学学报》（社会科学版）2002年第7期。

[3] 陈万柏、张耀灿等主编：《思想政治教育学原理》，高等教育出版社2007年版，第182页。

'普通人'非常迅速地、急剧地增加起来。"①

对高校青年教师进行政治教育,首先要加强基本国情教育。所谓基本国情,是指"一国相对稳定的总体的客观实际情况,即那些对社会和经济发展起决定性作用的最基本的、最主要的发展因素和限制因素,它常常决定着该国长远发展的基本特点和大致轮廓"②。我国人口众多,文化历史悠久,人口平均资源匮乏,社会主义建设已取得了很好的成就,正昂首阔步在中华民族伟大复兴的"中国梦"的征程上。毛泽东曾指出:"认清中国的国情,乃是认清一切革命问题的基本依据。"③ 因此,加强高校青年教师国情教育,有助于高校青年教师深刻领会进行中国特色社会主义建设事业是一项伟大而又艰巨的任务,是曲折性与前进性的统一,引导他们从基本国情出发想问题办事情,有助于解决深层次的思想认识问题,正确处理好国家利益和个人利益的问题,从而提高思想政治素质。

其次,要加强党的基本路线教育。党的十三大提出了社会主义初级阶段的基本路线:领导和团结全国各族人民,以经济建设为中心,坚持四项基本原则,坚持改革开放,自力更生,艰苦创业,为把我国建设成为富强、民主、文明的社会主义现代化国家而奋斗。不仅使高校青年教师正确理解和认识"一个中心,两个基本点"的基本路线内涵,还要让他们明白理论提出的历史背景与现实意义,只有把对基本路线的教育置于历史与现实的维度中,才能让青年教师有感同身受的情感认同。同时,还要坚定高校青年教师对中国共产党的领导信心,虽然目前党内确实存在着一些腐败现象,但主流还是积极向上、健康发展的,要看到中央政府铁腕治腐的信心和勇气,要充分认识到马列主义、毛泽东思想、中国特色社会主义理论体系是中国社会主义革命

---

① 《列宁选集》第3卷,人民出版社1995年版,第41页。
② 陈万柏、张耀灿主编:《思想政治教育原理》,高等教育出版社2007年版,第182页。
③ 《毛泽东选集》第二卷,人民出版社1991年版,第633页。

最后,要加强爱国主义教育,"爱国主义是长期生活在一定疆域里的人民在历史上逐渐形成的对自己祖国的一种深厚的感情"[①]。爱国主义是一个历史范畴,在不同的历史时期不同的国家里,它有着不同的具体内容。在我国现阶段,高校青年教师的爱国主义就应该体现为热爱社会主义祖国,要充分认识到个人发展是以祖国的繁荣富强为支撑,只有以高度的爱国情怀,积极投身于中国特色社会主义高等教育建设事业,争做践行社会主义核心价值观的表率,才能为早日实现"中国梦"添砖加瓦。

此外,要加强形势政策教育。形势政策教育是高校青年教师思想政治教育工作的主要形式。长期以来,高校采取各种易于接受的教育方式定期组织对青年教师的形势政策教育活动,定期向青年教师宣讲党的路线、方针、政策,组织专家分析国际国内形势的发展和变化。通过对形势政策的正确分析,使高校青年教师对国内外形势有一个总体把握,明确前进的方向,提高他们对中国特色社会主义建设事业的认同感,使他们积极投身于我国的高等教育事业中。

(三) 道德教育

一般来说,道德教育应包括社会公德教育、职业道德教育、家庭美德教育[②]。本书中高校青年教师思想政治教育强调的是在其职业生涯中进行的活动,因此限于篇幅,只着重于职业道德教育方面的论述。

在高校青年教师队伍中,有的青年教师不负责任,对教学工作投入的时间和精力明显不足,教学不认真,治学不严谨,对于自己在课堂上讲授的课程内容并没有认真钻研;有的青年教师只记得"授业"之职,而忘记了自己对于学生的"传道"之责,他们上课即来,下课

[①] 陈万柏、张耀灿主编:《思想政治教育原理》,高等教育出版社2007年版,第186页。

[②] 张耀灿、郑永廷等主编:《现代思想政治教育学》,人民出版社2006年版,第262页。

即走,对于学生的思想道德状况漠不关心;有的青年教师受拜金主义和功利主义的影响,为了获取更多的报酬,忙于"副业",而无暇顾及教学和科研;个别高校青年教师思想比较激进,对于社会上的阴暗面愤愤不平,公开在课堂上发表过激的言论,严重损害了高校青年教师的形象。

习近平总书记在北京大学师生座谈会上的讲话中指出:"教师要时刻铭记教书育人的使命,甘当人梯,甘当铺路石,以人格魅力引导学生心灵,以学术造诣开启学生的智慧之门。"[1] 加大对高校青年教师的职业道德教育,就要用《中华人民共和国教育法》《中华人民共和国教师法》《中华人民共和国高等教育法》和《高等学校教师职业道德规范》的内容与要求来教育、引导青年教师,不断提高高校青年教师的职业道德修养,坚定青年教师的职业信念,让他们正确对待自己、他人和社会,正确对待职业和金钱问题,自觉应对各种复杂形势的挑战和考验,不为各种偏见所左右,不为各种诱惑而迷茫,始终保持身为人师的自豪感和荣誉感,始终保持对教育的热爱和忠诚,真正做到"静下心来教书,潜下心来育人"。

(四) 心理健康教育

一直以来,学界对心理健康教育应不应该纳入思想政治教育体系中颇有争议。支持者认为心理健康教育问题随着物质财富的极大丰富而越来越严重,心理健康问题与思想政治教育的效果存在一定的关联度,所以心理健康教育问题应该是思想政治教育的一部分;反对者则认为,思想政治教育学科在创立之初就具有综合性的特点,学科发展30年来,吸收和借鉴了诸如社会学、管理学、教育学、哲学、伦理学等学科的相关知识,本身的理论体系尚处于极不稳定、缺乏弹性的状态,这也是目前学界有人不承认思想政治教育是一门学科的主要原因。思想政治教育好像什么都研究,但好像又什么都没研究出来,因此,

---

[1] 习近平:《青年要自觉践行社会主义核心价值观》,《人民日报》2014年5月5日第1版。

不建议再把心理健康教育纳入思想政治教育之中。但是，随着高等教育事业的飞速发展，高等教育竞争日趋激烈，近年来高校青年教师的心理健康问题日渐凸显，当今社会经济条件和环境发展日新月异，在生活的压力下，部分青年教师甚至出现了心理危机。如果高校青年教师长期处于"亚健康"状态，势必会因其思想动态产生波动而影响其工作和生活。良好的心理健康素质，有利于高校青年教师形成良好的个性、健全的人格、坚强的意志等，使高校青年教师能够在高校生态系统中勇于进取，敢于拼搏。因此，本书认为，心理健康教育应作为青年教师思想政治教育内容的一个基本方面。

综上所述，高校青年教师思想政治教育的内容是一个复杂的整体，思想、政治、道德和心理健康四个方面互相影响，互相促进，缺一不可。同时，对高校青年教师思想政治教育内容的合理界定，也为后面的研究确立了逻辑框架，奠定了理论基础。

第三章 高校青年教师发展视域下的思想政治教育理论基础

马克思指出："批判的武器当然不能代替武器的批判，物质力量只能用物质力量来摧毁，但是理论一经掌握群众，也会变成物质力量。理论只要说服人，就能掌握群众；而理论只要彻底，就能说服人。"① 恩格斯也指出："一个民族要想登上科学的高峰，究竟是不能离开理论思维的。"② 理论是实践的精髓，是行动的先导和指南。含糊不清、模棱两可的理论势必会使行动陷入迷茫和偏误之中，最终必然导致行动的失败。任何一门学科都有坚实的理论基础。高校青年教师发展视域下的思想政治教育理论基础是支撑高校青年教师思想政治教育发展的基点，它推动高校青年教师思想政治教育向前发展。

本章主要以马克思主义经典作家关于高校青年教师发展视域下的思想政治教育理论为指导，在吸收中国古代相关理论的基础上，借鉴西方的优秀理论，力图夯实高校青年教师发展视域下的思想政治教育理论基础。

---

① 《马克思恩格斯选集》第1卷，人民出版社1995年版，第9页。
② 《马克思恩格斯选集》第4卷，人民出版社1995年版，第285页。

第一节　马克思主义经典作家相关理论

高校青年教师思想政治教育既是一个具有厚重现实意义的实践命题，也是一个学理色彩浓郁的理论命题。要用马克思主义指导高校青年教师思想政治教育的发展，一方面，要完整准确地理解、把握"人的主体性理论""人的需要理论""人的全面发展理论"等马克思主义人学理论并深刻领会其真正的精神实质，坚持以马克思主义人学理论为高校青年教师发展视域下的思想政治教育研究奠定了基础；另一方面，要把中国共产党领导人关于重视教师思想政治教育、重视高校青年教师思想政治教育等重要思想理论融入当代高校青年教师思想政治教育的发展之中，使高校青年教师思想政治教育发展与马克思主义中国化的新发展紧密结合、一脉相承、与时俱进，为促进高校青年教师的全面发展提供坚不可摧的理论堡垒。

一　马克思恩格斯的相关理论

马克思恩格斯的理论焦点关注的是对资本主义制度的分析与批判，主要强调无产阶级与资产阶级两大对立阶级之间的关系。其目的是要超越资本主义，建立一个人的自由而全面发展的社会。因此，他们不仅重视人的发展，而且非常重视教育对人的素质提升的重要作用，在教师师德方面也有一定的论述。这些论述为高校青年教师发展视域下的思想政治教育研究奠定了坚实的理论基础。

（一）"人的主体性"理论

"从前的一切唯物主义——包括费尔巴哈的唯物主义——的主要缺点是，对对象、现实、感性，只是从客体的或者直观的形式去理解，而不是把它们当作人的感性活动；当作实践去理解，不是从主体方面去理解。因此，结果竟是这样，和唯物主义相反，唯心主义却发展了能动的方面，但只是抽象地发展了，因为唯心主义当然是不知道现实的、感性的活动本身的。"① 马克思在这里批判了唯心主义的主体性是某种"精神"的主体性,他认为旧唯物主义对人的主体性是一种漠视,只看到了环境来改变人的方面,而看不到人是活动的主体,忽视了人的主观能动性。人通过生产劳动来改造自然界、社会和人自身,关键在于人具有自主性、自觉性、能动性和创造性等内在的本质属性,即主体性。"劳动这种生命活动、这种生产生活本身对人说来不过是满足他的需要即维持肉体生存的需要的手段。而生产生活本来就是类生活。这是产生生命的生活。一个种的全部特性、种的类特性就在于生命活动的性质,而人的类特性恰恰就是自由的自觉的活动。"② 人的主体性是人作为活动主体的质的规定性,是在与客体的相互作用过程中得到充分发展,它是人性中最集中地体现人的本质的部分。

高校青年教师作为社会上的高知识群体,有着强烈的自主意识,因此,在当前的高校体制下,实现高校青年教师由传统人格向现代人格的转换,发展高校青年教师的主体性,充分激发高校青年教师的主体性,是高校青年教师思想政治教育的重要内容,它对提高高校青年教师思想政治教育的实效性具有显著的作用。一方面,高校青年教师思想政治教育的理论与实践运用,必须立足于"现实的人",充分发挥他们作为受教育者自身的客体性,把握住他们的本质特征,按照党和国家的高等教育方针,不断推进被教育者思想政治道德素质的全面提高;另一方面,在高校青年教师思想政治教育过程中,思想政治教育实践运用的具体对象是拥有高学历且主体性非常强的青年教师,其中很多还是接受过西方教育的青年才俊。因而,必须尊重教育对象的主体性地位,促进作为教育者和被教育者主体间性的良性互动,充分提升高校青年教师的主体性,启发高校青年教师的自觉性,调动高校青年教师的积极性,激发高校青年教师的创造性。

---

① 《马克思恩格斯文集》第 1 卷,人民出版社 2009 年版,第 503 页。
② 同上书,第 162 页。

（二）人的需要理论

在马克思主义人的本质理论中，关于人的需要思想占有重要地位。马克思从 1843 年《论犹太人问题》起直到《资本论》止，几乎所有的重要著作都涉及需要问题，并且常常是把人的需要同人的本性联系在一起进行考察的①。马克思认为，"人类的第一个历史活动就是生产满足这些需要的资料，即生产物质生活本身"②。在《德意志意识形态》这部著作中，马克思、恩格斯不仅揭示了需要的客观实质，而且科学评价了需要在促进社会发展中的作用。"因此我们首先应当确定一切人类生存的第一个前提，也就是一切历史的第一个前提，这个前提是：人们为了能够创造历史，必须能够生活。但是为了生活，首先就需要吃、喝、住、穿以及其他一些东西。因此第一个历史活动就是生产满足这些需要的资料，即生产物质生活本身"③。他们从人类最基本的物质生产活动出发，发现了人类的物质需要，总结出了人类历史的发展规律，认为生产与需要、需要与生产的相互作用共同推动了人类社会进步，形成历史发展，同时需要是不断发展变化的。第二个事实是，"已经得到满足的第一个需要本身，满足需要的活动和已经获得了为满足需要用的工具又引起了新的需要"④。马克思和恩格斯认为人的需要是一种主观感受，但满足需要的物质和条件却是客观的。需要是人对物质生活条件和精神生活条件依赖关系的自觉反映，那么从这个角度来讲，人的需要并不是无源之水，它是一种有意识的、能动的需要。高校青年教师的需要具有多样性、迫切性等特点，这就决定了对这个群体进行思想政治教育，在方法的运用和情境的开发上要坚持主体性、时代性、多变性和丰富性等基本原则，尊重并满足他们的

---

① 潘玉腾：《论思想政治教育的马克思人学基础》，博士学位论文，福建师范大学，2008 年。
② 《马克思恩格斯文集》第 1 卷，人民出版社 2009 年版，第 531 页。
③ 同上。
④ 同上。

需要，这也是高校青年教师思想政治教育发展的内驱力。高校青年教师的物质与精神需要对思想政治教育过程具有直接的影响，它关乎思想政治教育成果是否科学有效。在马克思看来，生产力的发展可以为人的发展打下坚实的物质基础，人的全面发展首先要摆脱贫困状态，要满足人的基本生存需要，这样才能去追求享受和发展的需要。"当人们还不能使自己的吃喝住穿在质和量方面得到充分供应的时候，人们就根本不能获得解放。"[①] 只有重视高校青年教师的物质和精神需要，高校青年教师思想政治教育才能做到贴近思想、贴近工作、贴近生活，思想政治教育的效果才能真正做到入耳、入脑、入心。

（三）人的全面发展理论

马克思初步提出人的全面发展理论是在《1844年经济学哲学手稿》中，他认为人的全面发展是"人以一种全面的方式，也就是说，作为一个完整的人，占有自己的全面的本质"[②]，因此，人的全面发展即人的本质发展。在《德意志意识形态》中第一次正式使用"个人的全面发展"这一概念，明确地提出人的全面发展的思想。马克思关于人的全面发展理论是多维性的，具体体现在以下几个方面：首先，人的能力的全面发展。人的能力多种多样，主要包括人的自然能力、社会能力和思维能力。人的自然能力是全部能力的基础，社会能力是人成其为"人"所必须具备的交往能力，思维能力是人对这个世界的认知和改造能力；其次，人的全面发展是人的社会关系的丰富和全面发展。马克思说："社会关系实际上决定着一个人能够发展到什么程度。"[③] 从这个角度讲，人的全面发展即包括了社会关系的不断和谐。人的社会关系不仅包括经济关系、政治关系、法律关系、伦理关系、宗教关系和文化关系，也包括人们在物质和精神的转换过程中存在的交往关系，如家庭、单位、学校、各种社会团体等，还包括人们在自

---

① 《马克思恩格斯文集》第1卷，人民出版社2009年版，第527页。
② 同上书，第189页。
③ 《马克思恩格斯全集》第3卷，人民出版社1960年版，第295页。

由联合体中对社会关系的共同占有和全面控制;最后,人的个性的发展。人的自由个性是随着活动的多样化和社会关系的全面丰富而发展起来的。人的素质的提高,表现为作为整体和个体的人的生理、心理、思想素质和科学文化素质的全面、均衡、协调的发展。人的自由个性的发展则表现为人的本质力量的不断完善和个性的不断彰显。高校青年教师思想政治教育只有以马克思人的全面发展理论为指导,才能促进他们的全面发展。

(四) 关于教育和师德理论

马克思、恩格斯在指导工人运动的过程中,从工人阶级的利益出发,论述了关于教育、教师素质重要性和师德方面的问题。为适应工人阶级不断斗争的需要,马克思专门论述了教育的重要性,他指出:"为改变一般的人的本性,使它获得一定劳动部门的技能和技巧,成为发达的和专门的劳动力,就要有一定的教育或训练。"[1] 他认为教育直接决定了工人阶级的未来,"最先进的工人完全了解,他们阶级的未来,从而也是人类的未来,完全取决于正在成长的工人一代的教育"[2]。恩格斯在马克思论述的基础上进一步指出,工人阶级上升为统治阶级后,"不仅要掌管政治机器,而且要掌管全部社会生产,而在这里需要的绝不是响亮的词句,而是扎实的知识"[3]。由此可见,马克思和恩格斯这两位无产阶级革命导师,已经意识到教育和教师在工人运动中具有越来越重要的地位和作用。从实现人的全面发展的角度来看,社会主义国家应尽力实施全面发展的教育,提高工人阶级的能力,为适应整个工人阶级和社会发展的需要,教师首先自身要努力成为具有高尚道德、知识丰富的人。

马克思从当时占主导地位的资本主义生产关系的历史条件下,对教师的阶级属性进行了专门分析,认为知识分子是工人阶级的一部分。

---

[1] 《马克思恩格斯文集》第5卷,人民出版社2009年版,第200页。
[2] 《马克思恩格斯全集》第16卷,人民出版社2007年版,第217页。
[3] 《马克思恩格斯文集》第4卷,人民出版社2009年版,第446页。

因为"在学校中，教师对于学校老板，可以是纯粹的雇用劳动者，这种教育工厂在英国数量多，这些教师对学生来说虽然不是生产工人，但是对雇用他们的老板来说却是生产工人。老板用他的资本交换教师的劳动能力，通过这个过程使自己发财"[1]。在这种情况下，教师与医生、律师等其他职业一样，都变成了资产阶级的雇用劳动者，同样受资产阶级的剥削和压迫。同时，马克思又看到教师作为知识分子依附于资产阶级而存在，但是资产阶级知识分子在资产阶级的压迫下又兼具有革命性，所以，马克思认为，随着资本主义矛盾的发展，这些具有革命性的知识分子必然会脱离资产阶级而站到无产阶级的立场上来。

马克思认为，教师应当不断地更新自己的科学知识，根据社会生产的需要不断发展科学，再生产出新的科学，通过教育活动的传授可以大大缩短工人生产劳动的必要劳动时间。作为教师自身，必须直面提升自我知识水平带来的困难，要有战胜困难的勇气和信心。"在科学的入口处，正像在地狱的入口处一样，必须提出这样的要求：'这里必须根绝一切犹豫，这里任何怯懦都无济于事。'"[2] 恩格斯也指出，教师不断提升自我，为真理而斗争，是高尚师德的表现。"在科学上没有平坦的大道，只有不畏劳苦沿着陡峭山路攀登的人，才有希望达到光辉的顶点。"[3]

马克思恩格斯的相关理论是高校青年教师发展视域下的思想政治教育的重要理论基础。在当下的社会环境中，对于加强高校校园意识形态的建设，高校青年教师积极弘扬社会主义核心价值观，坚定理想信念，加强师德师风建设，为促进高校青年教师的全面发展提供了坚实的理论堡垒。

---

[1] 《马克思恩格斯文集》第8卷，人民出版社2009年版，第417页。
[2] 《马克思恩格斯文集》第2卷，人民出版社2009年版，第594页。
[3] 《马克思恩格斯文集》第5卷，人民出版社2009年版，第24页。

二 中国共产党的领导人相关理论

中国共产党领导人根据时代的变化和发展，在继承马克思主义相关理论的基础上，结合中国特色社会主义的国情，进行了创造性的发展。这些理论综合起来，可以概括为以下几个方面。

（一）树立科学发展观的指导思想

发展是硬道理，我们的国家解决一切问题的关键在于发展。这个问题党的领导人从一开始就非常重视。

中华人民共和国成立之初，面对着底子薄、人口多、一穷二白的新中国，以毛泽东为中心的第一代中央领导集体苦苦探索社会主义发展的道路，"我国是一个六亿人口的大国，要建成一个伟大的社会主义大国，需要多久的时间"①？面对来自国际和苏联的封锁，毛泽东确立了以自力更生为主，争取外援为辅的国家发展道路。毛泽东在《论十大关系》中确立了一个重要的发展思想，即化一切消极因素为积极因素。在社会主义建设走了"人有多大胆，地有多大产"的弯路后，党的领导集体认识到经济发展要与社会发展相协调，经济建设要遵从自然规律的客观性。

改革开放后邓小平确立了改革为主的发展观，强调"发展是第一要务"，但认为不能搞脱离实际的发展，"社会主义本身是共产主义的初级阶段，而我们中国又处于这个社会主义的初级阶段，就是不发达的阶段。一切都要从这个实际出发，根据这个实际来制订计划"②。同时，强调改革要以人为本，不断追求经济发展、社会发展与人的发展的协调统一。邓小平同志指出："群众是我们力量的源泉，群众路线和群众观点是我们的传家宝。"③ 江泽民同志强调："在任何时候、任何情况下，与人民群众同呼吸共命运的立场不能变，全心全意为人民

---

① 《建国以来毛泽东文稿》第4册，中央文献出版社1990年版，第505页。
② 《邓小平文选》第三卷，人民出版社1993年版，第252页。
③ 《邓小平文选》第二卷，人民出版社1994年版，第368页。

服务的宗旨不能忘,坚信群众是真正英雄的历史唯物主义观点不能丢。"[1]江泽民非常重视人的全面发展问题,他认为推动人的全面发展与经济、文化的发展和改善人民物质文化生活,互为前提和基础。

科学发展观是在马克思主义发展观的基础上,结合我国的具体国情提出。科学发展观是坚持以人为本,全面、协调、可持续的发展观,"第一要义是发展,核心是以人为本,基本要求是全面协调可持续,根本方法是统筹兼顾"[2]。党的十七大报告对科学发展观的科学内涵、精神实质和根本保证作了经典阐述。"第一要义"是以经济建设为中心,聚精会神搞建设,一心一意谋发展,要不断提高发展质量,不能搞唯GDP主义,经济发展不能以牺牲环境为代价,要实现经济又好又快的发展。"以人为本"是要充分尊重人民群众的主体性地位,胡锦涛同志明确提出,"相信谁、依靠谁、为了谁,是否始终站在最广大人民的立场上,是区分唯物史观和唯心史观的分水岭,也是判断马克思主义政党的试金石",[3]要做到发展是为了人民,发展的成果为人民所共享。

党的十八大以来,习近平同志指出,科学发展观是实现中华民族伟大复兴的保证,要求大力推进生态文明建设,他在谈到环境保护问题时指出:"我们既要绿水青山,也要金山银山。宁要绿水青山,不要金山银山,而且绿水青山就是金山银山。"[4]同时,他高度重视以人为本的思想,重视人民群众的作用,重视群众工作,他认为密切联系群众是我们党的优良作风和优秀传统,认为"人民是历史的创造者,

---

[1]《江泽民文选》第三卷,人民出版社2006年版,第271页。
[2]《中共中央关于完善市场经济体制若干问题的决定》,《人民日报》2003年12月22日第1版。
[3]《十六大以来重要文献选编》(上),中央文献出版社2005年版,第369页。
[4] 中共中央宣传部:《习近平总书记系列重要讲话读本》,学习出版社2014年版,第120页。

群众是真正的英雄。人民群众是我们力量的源泉"[①]。他从政党兴亡的角度，论述了与人民群众保持血肉联系的重要性，"一个政党，一个政权，其前途和命运最终取决于人心向背。如果我们脱离群众、失去人民拥护和支持，最终也会走向失败"[②]。

科学发展观的思想强调全面协调的发展，强调以人为本的发展理念，为高校青年教师发展视域下的思想政治教育提供了具体的理论指导。

（二）高度重视高校青年教师思想政治教育

毛泽东非常重视教师思想政治教育工作的重要性，他认为，"我们要在党内外五百万知识分子和各级干部中，宣传并使他们获得辩证唯物论，反对唯心论，我们将会组成一支强大的理论队伍，而这是我们极为需要的，这又是一件大好事"[③]。邓小平认为一个学校是否能为社会主义建设培养合格人才，关键在教师，曾多次指示要提高教师的水平，包括政治思想水平、业务工作能力以及改进作风等，以适应培养现代化建设人才的需要。他曾高度评价教师的重要性，指出"人民教师是培养革命后代的园丁"[④]。为了保证教师队伍的思想素质，他曾反复强调要提高人民教师的政治地位和社会地位，要在全社会大力提倡尊师重教的氛围，大力表彰和奖励优秀教师。

江泽民作为我国第三代领导集体的核心，高度重视高校青年教师思想政治教育在建设有中国特色社会主义伟大事业进程中发挥的重要作用，他认为，高校青年教师是我国高等教育事业的重要力量，高校青年教师思想政治水平的高低事关我国高等教育事业能否坚持社会主义的办学方向。在清华大学建校90周年大会上，他热情洋溢地指出：

---

① 《习近平在十八届中央政治局常委与中外记者见面会上的讲话》，《人民日报》2012年11月15日第1版。

② 习近平：《紧紧围绕坚持和发展中国特色社会主义学习宣传贯彻党的十八大精神》，《求是》2012年第23期。

③ 《毛泽东文集》第六卷，人民出版社1999年版，第395页。

④ 《邓小平文选》第二卷，人民出版社1994年版，第95页。

"应努力建设一支高素质、高水平的教师队伍,为国家和民族的兴旺发达做出贡献。"[①] 以胡锦涛为核心的中央领导始终坚持教育大计、教师为本的方针,认为广大教师和教育工作者是推动教育事业科学发展的生力军,多次在公开场合强调高校教师师德的重要性,"广大高校教师要切实肩负起立德树人、教书育人的光荣职责,关爱学生,严谨笃学,淡泊名利,自尊自律,加强师德建设,弘扬优良教风,提高业务水平,以高尚师德、人格魅力、学识风范教育感染学生,做学生健康成长的指导者和领路人"[②]。

习近平总书记非常重视高校青年教师思想政治教育的作用,他在北大考察时指出:"教师承担着最庄严、最神圣的使命。梅贻琦先生说:所谓大学者,非谓有大楼之谓也,有大师之谓也。'我体会,这样的大师,既是学问之师,又是品行之师,教师要时刻铭记教书育人的使命,甘当人梯,甘当铺路石,以人格魅力引导学生心灵,以学术造诣开启学生的智慧之门。"[③] 习近平总书记强调一个人只有明大德、守公德、严私德,才能用得其所。道德之于个人,之于社会,都有基础性意义。因此,对高校青年教师思想政治教育思想主要体现在核心价值观教育方面。"核心价值观,其实就是一种德,既是个人的德,也是一种大德,就是国家的德、社会的德。"[④] 习总书记曾经热情洋溢地回答了为什么要对青年讲核心价值观的问题,"是因为青年的价值取向决定了未来整个社会的价值取向,而青年又处在价值观形成和确立的时期,抓好这一时期的价值观养成十分重要。这就像穿衣服扣扣子一样,如果第一粒扣了扣错了,剩余的扣子都会扣错,人生的扣子

---

① 《十四大以来重要文献选编》(下),人民出版社2003年版,第1821页。
② 胡锦涛:《在庆祝清华大学建校100周年大会上的讲话》,人民出版社2011年版,第12页。
③ 习近平:《青年要自觉践行社会主义核心价值观》,《人民日报》2014年5月5日第1版。
④ 同上。

从一开始就要扣好"①。

(三) 牢牢把握正确的政治方向

毛泽东在教育思想中一贯强调教师自身的思想改造,只有教师自己树立了无产阶级的世界观,才能转变学生思想,实现学生世界观的根本转变。毛泽东把青年学生比喻成"早上六点钟的太阳"②,认为青年学生是未来建设社会主义的重要力量,教师不能把主要精力都放在学生成绩的提高上,这种片面培养学生的方法,只会产出不少有德无才、有才无力的"豆芽菜"形状的人才,因此他多次向教育部建议要全面培养学生,教育青年德、智、体全面发展。邓小平同志曾一针见血地指出:"为什么我们过去能在非常困难的情况下奋斗出来,战胜千难万险使革命胜利呢?就是因为我们有理想,有马克思主义信念,有共产主义信念。我们干的是社会主义事业,最终目的是实现共产主义。"③ 作为人民教师,提高思想政治素质是基点,只有自身政治素质过硬,才能培养出社会主义合格的接班人。同时,邓小平同志还要求各级党组织要关心和帮助青年教师思想政治上的进步,要组织教师认真学习马列主义、毛泽东思想,不断加强世界观的改造,树立共产主义的远大理想,党的各级组织要积极创造条件,将优秀教师吸收到党组织队伍中来。针对教师培养学生方面,邓小平还指出要建立社会主义学校的新型师生关系,形成尊师重教的校园环境,培育出教学相长的教育模式。

江泽民把对高校青年教师思想政治教育当成战略任务来抓,非常强调对青年知识分子思想方面的积极引导,一直以来,鼓励他们按照祖国的需要考虑个人的发展,强调激励他们把个人的聪明才智汇入人民的历史创造活动,通过勤奋的努力实现远大的理想,"要积极创造

---

① 习近平:《青年要自觉践行社会主义核心价值观》,《人民日报》2014年5月5日第1版。

② 《毛泽东文集》第七卷,人民出版社1999年版,第327页。

③ 《邓小平文选》第三卷,人民出版社1993年版,第110页。

条件，把广大青年知识分子培养成为又红又专的社会主义事业接班人"①。胡锦涛在许多重大的场合对青年教师思想政治教育有过专门的论断，他提出要从理论和实践的结合上帮助青年教师认清社会发展的客观规律，使他们牢固树立爱国主义、集体主义的思想，树立正确的世界观、人生观、价值观，进一步坚定对马克思主义的信仰、对建设有中国特色社会主义道路的信念、对改革开放和现代化建设的信心。"各级团组织要坚持原则，把握方向，旗帜鲜明地反对政治方向，政治原则问题上的错误观点，帮助青年澄清模糊认识，分清原则是非，绝不能给错误言论提供传播阵地。"②

习近平对广大青年坚持正确的政治取向提出了殷切期望："坚定理想信念，练就过硬本领，勇于创新创造，矢志艰苦奋斗，锤炼高尚品德。"③ 从百年教育、教师为本的战略高度，号召全国广大教师要做"有理想信念、有道德情操、有扎实知识、有仁爱之心"④的"四有"好老师。这些为在当前复杂的国际国内形势下，高校青年教师在实现我国高等教育的"教育梦"征程中始终保持坚定的政治方向指明了方向。

（四）明确不断发展自我的任务

教师要根据变化了的实际不断提高自身素质，这是毛泽东教育思想中的精华部分。他曾指出："我们的报纸每天都在教育人民。我们的文学艺术家，我们的科学技术人员，我们的教授、教员，都在教人民，教学生。因为他们是教育者，是当先生的，他们就有一个先受教

---

① 《江泽民文选》第一卷，人民出版社2006年版，第129页。
② 胡锦涛：《在共青团十四届四中全会上的讲话》（节选），《中国青年报》2004年5月4日第1版。
③ 李源潮：《肩负起全团为实现中国梦而奋斗的时代重任》，《中国青年报》2013年6月24日第6版。
④ 《习近平号召全国广大教师：做"四有"好老师》，《中国教育报》2014年9月9日第1版。

育的任务。这个社会制度大变动的时期，尤其要先受教育。"① 在社会主义改造的时期，针对知识分子中思想政治有所放松的现象，毛泽东一针见血地指出："在知识分子和青年学生中间，最近一个时期，思想政治工作减弱了，出现了一些偏向。在一些人的眼中，好像什么政治，什么祖国的前途，人类的理想，都没有关心的必要。好像马克思主义行时了一阵，现在就不那么行时了。针对这种情况，现在需要加强思想政治工作，不论是知识分子，还是青年学生，都应该努力学习。除了学习专业之外，在思想上要有所进步，政治上也要有所进步，这就需要学习马克思主义，学习时事政治。"② 作为教师，承担着教育好下一代的重任，如果不能脚踏实地地根据变化了的实际改进自己的观点，不能及时地吸收新的知识，进行深入细致的研究，则会严重影响社会主义教育事业的正常发展。邓小平同志高度重视教师自身思想和业务素质的提高，邓小平曾指出："我们希望广大教师努力在政治上、业务上不断提高，沿着又红又专的道路前进。"③ 正是在这种又红又专思想的指引下，我国建立了完整的培养教师的师范教育体系，举办了各种以提高教师业务能力为主的培训班等，通过一系列的措施，使我国的师资队伍有了很大的质量提高。

江泽民在同高校青年学生和青年知识分子的座谈时指出，在知识更新速度飞快的时代，仅靠在学校里学到的专业知识是远远不够的，因此，要在工作中加强学习，使自己更快地成熟和提高，"一定要加强业务学习，不断用新的科学文化知识武装自己，不断提高自己的工作本领和工作水平。在加强业务学习的同时，还要重视和加强马克思主义理论学习。"④ 胡锦涛在北京大学要求高校教师要"不断更新教学

---

① 《毛泽东文集》第七卷，人民出版社1999年版，第270页。
② 同上书，第226页。
③ 《邓小平文选》第二卷，人民出版社1994年版，第110页。
④ 《毛泽东邓小平江泽民论教育》，中央文献出版社2002年版，第230页。

理念，丰富教学内涵，改进教学方法，提高教学质量"①。

习近平总书记在当前国内社会主义改革发展正处于关键时期，社会利益关系错综复杂，国际上资本主义加紧对我国青年意识形态的渗透和文化输出的背景下，认为教师思想素质和业务能力的提高直接关系到我国社会主义教育事业的兴衰成败。因此，在教师节前夕寄语广大教师要牢固树立终身学习理念，加强学习，拓宽视野，更新知识，不断提高业务能力和教育教学质量，努力成为业务精湛、学生喜爱的高素质教师；牢固树立改革创新意识，踊跃投身教育创新实践，为发展具有中国特色、世界水平的现代教育做出贡献。

中国共产党领导人的相关理论为高校青年教师发展视域下的思想政治教育这一问题的探讨，确立了基本理论依据。党的几代领导人分别从不同的角度对高校青年教师发展视域下的思想政治教育作出了基本的论断，为本书的研究提供了独特的视角。

第二节 中国古代相关理论

中华历史文化上下五千年，源远流长，博大精深，古代关于教师思想政治教育理论主要体现在师德方面。司马迁说："经师易遇，人师难遭"。早在春秋时期，大教育家孔子就很注重倡导师德，他创立了许多有关师德方面的理论，在《论语》一书中反映了其丰富的师德思想。中国古代教师道德理论的发展和继承经历了漫长的历史过程，它对于指导我国古代教师的言行、调节师生之间的关系，起着十分关键的作用。这些丰富的古代师德遗产和师德传统造就了一代又一代的中国知识分子，对形成和发展社会主义高校青年教师思想政治教育理论发挥了巨大的促进作用。由于文章篇幅的限制，本书将主要集中在师德目标、师德准则和师德内容三个方面进行论述和借鉴。

---

① 《胡锦涛在北京大学师生代表座谈会上的讲话》，《光明日报》2008年5月4日第1版。

一　培养德高为师的师德目标

中国古代的教育思想家们非常重视教师的作用，认为教师的道德素养不仅关系到学生的成长，还直接关系到国家的兴衰，因此他们对教师的道德目标提出了较高的要求。

中国最早提出对教师的要求是"师也者，教之以事而喻诸德者也。保也者，慎其身以辅翼之而归诸道者也"①。这里对于教师的阐述是用具体事例教导并用它说明各种德行的人，它对教师提出了道德的化身的要求，要求教师不仅是道德的布道者，而且应该是施道者，这是中国古代最早提出的对教师的道德要求。孟子作为继孔子之后的儒家集大成者，他特别强调教师要以身作则，以高标准严格要求自己，认为"教者必以正"②，孟子还特别重视教师在教育和培养人才方面的重大作用，"得天下英才而育之"是作为一名教师最大的快乐。荀子把教师与国家的命运相连，他认为只有教师拥有高尚道德并传递给学生，国家才会兴旺发达，因此他对教师提出了近乎严苛的要求，"尊严而惮，可以为师；耆艾而信，可以为师；诵说而不陵不犯，可以为师；知微而论，可以为师"③，千百年来传诵至今。《学记》是我国教育学方面最早的一本专著，书中对教师道德有许多精辟的论断，"记问之学，不足以为人师"④，认为教师光有丰富的学识还不够，还要具备高尚的道德情操；"善教者，使人继其志"⑤，这对教师提出了更进一步的要求，即教师要能够使学生继承自己的意愿。

西汉教育家韩婴认为，"智如泉涌，行可以为表仪者，人师也，一智可以砥砺，行可以为辅弼者，人友也"⑥，不仅对教师提出了智慧

---

①　陈才俊：《礼记精辟》，海潮出版社2012年版，第114页。
②　孟子：《孟子集注》，中华书局1960年版，第179页。
③　梁启雄：《荀子简释》，中华书局1983年版，第187页。
④　陈才俊：《礼记精辟》，海潮出版社2012年版，第209页。
⑤　同上书，第207页。
⑥　韩婴：《韩诗外传》，中华书局2005年版，第27页。

方面的要求,认为教师在道德方面也应该成为人模、表率。董仲舒对教师的言行举止、道德品质做了明确的要求,认为教师应该具备高尚的道德,应该在品行方面自觉成为学生的模范。唐代韩愈在《师说》中第一句就明确了教师的任务是"传道授业解惑"[1],可见他是把"传道"放在第一位的。宋代大教育家朱熹在许多著作中都对教师道德提出了明确的要求,他亲自躬身示范,要求教师要身心集中,经常不断反省,朱熹在江西白鹿洞书院讲学时,曾亲笔题写《白鹿洞书院教条》作为师生共勉的道德要求。明末清初的大思想家王夫之曾明确提出教师应具有爱国主义情怀,教师应"恒其教事",要求教师为国家担纲,为民族振兴培养英才。

二 树立以身作则的师德准则

传统的教师道德,强调"正人必先正己",认为教师必须首先具备高尚的品德,注重身教,才能使学生从内心中自觉地接受教育。大教育家孔子被誉为教师界的鼻祖,他不仅自身"师范端严,学明德尊",要求教师以身作则,他强调身教重于言教的作用,"其身正,不令而行;其身不正,虽令不从"[2]。这是孔子一贯的教育主张,同时也是他躬身自省的写照,他自己说错了话,做错了事,从不端架子,能立刻在学生面前承认错误,"丘也幸,苟有过,人必知之"[3]。正是他在教育过程中为人师表的躬身实践,造就了"弟子三千,贤人七十二"的佳话。他认为,如果"不能正其身,如正人何"?[4] 墨子认为只有躬身实践,表里如一,才能成为学生的表率,教师的言论才能使学生心悦诚服。北宋教育家张载认为"言有教,动有法"[5],教师的一言

---

[1] 韩愈:《韩昌黎文集校注》,上海古籍出版社1987年版,第42页。
[2] 朱熹:《四书集注》,中华书局2011年版,第135页。
[3] 同上书,第97页。
[4] 同上书,第136页。
[5] 王夫之:《张子正蒙注》,中华书局1956年版,第4页。

一行都对学生有教育意义。胡瑗能够坚持在教育过程中以身传教，使学生自然受其感化。

中国古代教师的表率作用，还表现为言行一致，表里如一。"言必信，行必果"是中国古代教师恪守的人格修养之一。孔子对他的学生说："始吾于人也，听其言而信其行；今吾人也，听其言而观其行。"① 意思是说，起初我相信一个人，听了他的话就相信他的行动；现在我对一个人，听了他说的话还要观察他的实际行动。言下之意是告诫他的学生们不要使用虚假的言辞去蒙蔽别人，而要做一个言行一致的人。孔子是这样教育学生，也是这么要求自己的，他认为君子必须言行一致，表里如一，即"君子欲讷于言，而敏于行"②"先行其言而后从之"③。

三 丰富了师德的内容

（一）热爱学生

学生是教育的对象，也是教育的主体，热爱学生、关心学生是良好师生关系的基础，也是中国古代师德观的重要内容。大教育家孔子从政治思想、品德作风、学业才能以及日常生活等方面，对学生的关怀无微不至。孔子提出"有教无类"④的思想，主张教育不分贫富贵贱，所有的教育者都应接受平等的教育，他"弟子三千，贤人七十二"，其中有出身鲁国巨室的孟懿子，也有出身鲁国贵族的子张，有"家累千金"的子贡，也有一贫如洗的颜渊，孔子从不因学生的出身而厚此薄彼，也不因学生的智商高低而有所嫌爱。颜渊聪颖过人，固然受到孔子的偏爱，但高柴愚笨，也不受孔子歧视，孔子在生活上还十分关心学生，他的弟子伯牛得了重病，孔子前去慰问，握着伯牛的手

---

① 朱熹：《四书集注》，中华书局 2011 年版，第 28 页。
② 同上书，第 73 页。
③ 同上书，第 58 页。
④ 同上书，第 157 页。

连连哀叹,"斯人也而有疾也!"①当得知颜回去世的消息时,孔子悲恸万分伤心大哭,连呼"天丧予"。宋代胡瑗对学生有浓烈的爱,将所有的学生都视为自己的弟子,对其学生付出如兄长般的热爱。南宋教育家朱熹居建阳,和学生共食宿,据他的学生黄勉斋回忆,即使朱熹生病期间,只要有学生前去咨询问题,他便会浑身精神抖擞,如果一天不讲学,就会感觉浑身不舒服。

古代教育家们认为,爱学生就要严格要求学生。古人云,"教不严,师之惰"。荀子强调如果教师出于对学生的真诚关心,学生就会感到教师的严格要求正是对自己高度负责的表现,当学生学有所成时,便会由衷地感谢自己的老师,他指出,"水深而回,树落而粪本,弟子通利则思师"②。《学记》记载,"凡学之道,严师为难。师严然后道尊,道尊然后民知敬学"。韩愈也提到,学生容易"业精于勤,荒于嬉;行成于思,毁于随"③。所以,为师应对学生严格要求。明代王守仁要求学生做学问时必须全神贯注,勇往直前,因为他认为如果学习不勤奋的话,必然不可能在学业上取得成就。

(二)诲人不倦

中国古代教育家不仅热爱学生,潜心教学,还具有诲人不倦的精神。"学不厌,教不倦"是孔子一生教育成功的要素。孔子认为教师对学生常应想到"爱之能勿劳乎?忠焉能勿诲乎?"④宋代王安石认为只有做教师的不厌其烦地教学,学生才会学有所得,因此他主张教师对学生要"问其口""传以心""听以耳""受以意"。南宋教育家朱熹每遇学生"问有未切"时,他都是"反复戒之,而未尝隐"。他教育学生常常能够引经据典,学贯古今,常常不知不觉讲课到半夜。他在岳麓书院讲学时,晚上与学生探讨问题,非常耐心,丝毫没有倦色。

---

① 朱熹:《四书集注》,中华书局2011年版,第84页。
② 梁启雄:《荀子简释》,中华书局1983年版,第188页。
③ 韩愈:《韩昌黎文集校注》,上海古籍出版社1987年版,第43页。
④ 朱熹:《四书集注》,中华书局2011年版,第141页。

宋元之际从事教育工作六十余载的吴澄，居草屋，每天清晨"燃烛堂上"，逐个给学生讲授学问，冒着严寒酷暑，经常给学生讲课到半夜。热爱学生，诲人不倦，可谓是古代教育家们的高尚品德和优良传统，至今犹可借鉴。

（三）学而不厌

我国古代的教育家们尽管观点各异，出身不同，但都有学而不厌的精神。孔子认为他的学问完全是在刻苦钻研中求得的，他曾毫不谦虚地说："十室之邑，必有忠信如丘者焉，不如丘之好学也。"[①] 西汉教育家董仲舒认为学而不厌是潜心学问的基本品质，他潜心钻研《春秋》《公羊》，以至于三年不窥园。晋朝杜夷，博览群书，潜心研究，能够做到坚持十年不出门。后世记载宋代张载是位勤劳治学的楷模，常常达到废寝忘食的境界。开创了程朱理学的大学问家朱熹认为教师必须博学多能，才能成为令弟子信服的师长。黄宗羲自幼勤奋好学，几十年如一日，广泛涉猎多方面的知识，阅读了大量的古籍，能够精通上下古今，掌握天宫、地志、九流百家之教。

作为一名合格的教师，只有拥有广博而丰富的知识，在教学过程中才能做到举重若轻，融会贯通。在中国古代，孔子是一个博学多能的典范，礼、乐、射、御、书、数都在他学习的范围之内。张载的主要著作《正蒙》，内容涉及天文、哲学、生物和教育等方面，他年轻时爱好兵法，后来又研究哲学，先后大量阅读过佛、道、儒家的许多经典著作。颜元一生从事教学，他的教学内容包罗万象，所创办的漳南书院分设"文事斋""武备斋""经史斋""艺能斋"，可以想象，如此多的课程任务，教师自身得具备多么完备的知识储备才能完成。

思想政治教育活动具有鲜明的政治指向性，关于师德的思想也毫不例外，历代思想家们因所处的年代不同，种种关于师德方面的思想也因所处阶级社会的不同而表现出明显的差异。这就决定了古代众多

[①] 朱熹：《四书集注》，中华书局2011年版，第81页。

思想家留给我们的遗产，需要结合研究的需要做好去糟取精的工作，以便从这些思想的精华中汲取丰富的养料。

第三节 国外相关理论

西方发达国家非常重视高校教师的发展，在高校教师思想教育发展和管理方面有着丰富的经验，不少优秀的成果值得我们认真学习、研究、吸收和借鉴。这有利于夯实高校青年教师发展视域下的思想政治教育的理论基础，有利于推动我国高校青年教师思想政治教育理论的创新。

一 高校青年教师发展理论

国外发达国家非常重视高校教师发展和教师教育活动，通过发展高校教师发展项目和活动来培养高水平教师是国外世界名校闻名于世的重要经验之一。"高校教师发展"一词源起于1810年美国哈佛大学的学术休假制度，美国高校从20世纪60年代以来逐步探索并形成了促进高校教师发展的一套比较成功的模式和经验，先后经历了学者时期、教学者时期、开发者时期、学习者时期、网络时期五个时期。因此，本书主要选择了美国高校教师发展的理论进行借鉴。

（一）成人发展理论

高校青年教师的发展发生在成人阶段，因此成人发展理论是高校青年教师发展的重要理论基础。早期的成人发展理论是从心理学的角度，对成人的年龄阶段进行划分，对每个年龄阶段出现的各种危机进行分析。莱文森在之前的研究基础上作出了改进，在她的研究结论中，发展的阶段普遍存在，而且与年龄密切相关，发展过程中遇到的需要和危机引起新的发展，她将成人发展分为三个阶段即成人早期、成人中期和成人晚期，尤其关注处于两个相对稳定阶段交界区域的中年转型期①。她认为，成人中期的主要矛盾是成长和停滞，在中年转型时期出现的危机和痛苦都是正常的，正是这些危机和变化带来人生新的发展。莱文森的理论对于高校教师发展提供了指导，有利于探索高校教师职后的发展，以及针对他们每个不同的年龄发展阶段提供适合的发展项目。

（二）学习型组织理论

学习型组织理论最先是被广泛地应用于企业中，取得了良好的效果引起广泛的关注，后来被应用于教师发展过程之中，被证明效果不错。美国管理学大师圣吉认为学习型组织的战略目标应是提高成员的创造性思维，提高他们学习的速度和能力，从而改变他们的思维模式。因此，他提出要建立学习型组织的"五项修炼"模型，即自我超越、改善心智模式、建立共同愿景、团队学习和系统思考②。高校青年教师肩负着教学和科研的多重任务，在知识更新速度日新月异的今天，通过培养弥漫于整个高校校园的学习氛围，才能使高校青年教师保持学习的能力，不断突破组织成长的局限，在这种充满了人性和扁平的组织中得到自由而持续的学习，实现其工作愿景。

（三）职业生涯管理理论

我们所强调的高校青年教师发展主要指其在职业生涯中获得的发展，众所周知，高校青年教师正处于职业生涯的初期阶段，因而职业生涯管理理论对于指导其进行规划、学习、取舍特别重要。有学者对高校教师的职业生涯阶段进行了划分，弗里德曼按照高校教师职业的特点将其划分为五个阶段：第一个阶段为简单适应/学科关注期，这一时期教师对自身的角色有了肤浅的认识，开始关注所在的学科领域；第二个阶段为从学科关注到关注教学方法的转

---

① 徐延宇：《高校教师发展——基于美国高等教育的经验》，教育科学出版社2009年版，第48页。

② ［美］彼得·圣吉：《第五项修炼——学习型组织的艺术与实务》，郭进隆译，生活·读书·新知三联书店2001年版，第245页。

变期；第三个阶段是针对自己工作中出现的不足进行的反思阶段；第四个阶段是思维和行动的选择模式阶段；第五个阶段为个人自主，努力成为其他教师指导者的角色阶段[①]。

二 高校青年教师思想政治教育理论

思想政治教育是人类阶级社会中一项普遍的实践活动。思想政治教育活动的进行是世界各个国家都非常重视的问题，当前各个国家尽管不一定存在思想政治教育之名，却不约而同地在诸如公民教育、法律教育、民族振兴教育、道德教育、历史地理教育等各种教育活动中贯彻思想政治教育的实质。国外高校青年教师思想政治教育作为思想政治教育学科中的一个分支，自然需要借鉴思想政治教育理论体系中的精华部分才能有源源不断的发展动力。本书中主要能用到的理论有如下几个方面：

（一）实用主义相关理论

杜威的实用主义道德理论可以用"教育即生活""教育即生长""教育即经验的改造"这三个方面来表述。杜威曾指出："所谓德行，就是说一个人能够通过人生一切职务中和别人的交往，使自己充分地、适当地成为他所能形成的人。"[②] 杜威认为如何协调个人与社会的关系是道德教育中最重要的问题，因为个体是不断在参加社会活动。从这个角度来讲，高校青年教师思想政治教育便是通过各种教育活动施加对青年教师的影响，对青年教师最好的道德训练，恰恰是在工作和思想的统一中与同事、朋友、社会进行交往发生适当的关系得来。按照杜威的观点，保持问题探究的心态，在被教育者的道德实践中注重道德观念的形成和道德行为的养成，是最理性的道德培养方式。因此，

---

① Freedman M., *Academic Culture and Faculty Development*, Berkeley. CA: Montaigne, Inc. 1979, p.266.

② ［美］杜威：《民主主义与教育》，王承绪译，人民教育出版社1990年版，第24页。

高校青年教师思想政治教育应与青年教师的工作生活相联系,在其社会实践中使用有针对性的思想政治教育方法来达到提高高校青年教师思想政治教育的目的。

(二) 人本主义相关理论

西方人本主义德育理论的主要代表人物是罗杰斯、马斯洛等人。他们的德育思想提倡"以人为中心"的教育理念。主张施行自我教育为主的"非指导性教学",强调教育对象的主体性地位,主张改革平时思想政治教育以正面灌输为主的方法,力求形成一种良好的教育关系,促进教育者与教育对象形成和谐交融的教育氛围。他们认为"人"都有自我学习的趋向。人本主义理论反对填鸭式的教学方法,抛弃了传统的权威式教育,要求充分尊重教育对象的主体性地位,倡导教师应扮演促进者的角色。人本主义的相关理论运用于高校青年教师思想政治教育活动中,有利于尊重高校青年教师的需要,充分发挥青年教师的积极性和自主性,提升他们的兴趣,激发他们进行自我道德教育,促进高校青年教师思想政治教育水平的提高。

(三) 价值澄清相关理论

20世纪60年代,美国的拉思斯·哈明和西蒙等人提出了价值澄清理论。他们认为,树立榜样、说服劝告、选择激励、制定规章、诉诸良心等传统的教育方法的效果并不好,是因为这些方法从来都只告诉人们如何接受"正确的"价值,含有说服的意思,带有从外面灌输的性质,缺乏自由探究、审慎思考的能力。价值澄清方法重视价值观在个人内部的形成机制,引导个人对自身价值观的选择,提高个人的道德评价能力,并设计出多种评价方法,它强调四个方法因素:一是要以生活为中心,主要解决生活中的问题;二是要接受现实,即原原本本地接受他人,不必对他人的言行进行评价;三是要求进一步思考、反省,并作出多种选择;四是培养个人深思熟虑地进行自我指导的能力[①]。

---

① 陈华洲:《思想政治教育方法论》,华中师范大学出版社2010年版,第45页。

这种理论的借鉴并不是为了向高校青年教师传授特定的价值观体系，而是帮助他们自己掌握价值澄清的过程、方法和技巧，以便形成具有自我指导能力的个人价值观。

（四）全人教育相关理论

日本近现代著名的教育家小原国芳是全人教育流派的代表之一。他著有《道德教育论》《思想的学校》等书，提出了"全人"即完整人格的教育培养目标，即真（学问）、善（道德）、美（艺术）、圣（宗教）、健（身体）、富（生活）[①]这六方面达到和谐的发展。他认为教师应当以身作则，以严格的道德标准要求自己，教师的主要任务应是教育学生如何做人。从他的理论体系中可以得出，高校青年教师思想政治教育要从尊重其主体性教育地位，通过对个人的精神、情感熏陶，进行尊重个性的教育、自我约束力的教育、工作教育，促进高校青年教师思想、工作、生活方面的全面发展。

综上所述，马克思主义为高校青年教师发展视域下的思想政治教育明确了理论方向，中国古代相关理论为高校青年教师发展视域下的思想政治教育提供了理论源泉，西方的相关理论为高校青年教师发展视域下的思想政治教育提供了借鉴。这三者为本书的研究具有科学的形态奠定了坚实的理论基础，并为结合新的历史条件深入探讨高校青年教师发展视域下的思想政治教育问题提供了正确的方法论原则。

[①] 祖嘉合：《思想政治教育方法教程》，北京大学出版社2003年版，第104页。

第四章　改革开放以来高校青年教师发展视域下的思想政治教育实践反思

所谓治学先治史，习近平总书记在学习我国历史上的国家治理时指出，"历史是最好的老师"[①]。遗忘历史就是背叛未来，只有坚持科学的唯物主义历史观，真正地了解历史，总结经验和教训，才能建立科学的理论体系。

十一届三中全会开启了中国历史发展的新篇章，高校青年教师思想政治教育工作进入了新征程，积累了众多的宝贵经验，取得了显著成绩，但同时也暴露出了不少问题，亟待改进。回顾、梳理改革开放四十年来高校青年教师发展视域下的思想政治教育发展的历史阶段，深入探析各个阶段高校青年教师思想政治工作的运行状况，总结思想政治工作的丰富经验，分析工作中存在的主要问题并挖掘其主要原因，是加强和推进思想政治教育工作的一项重要内容，有利于更好地促进思想政治教育理论的发展。

第一节　历史回顾

探析高校青年教师发展视域下的思想政治教育历史，需要同时结

[①] 《牢记历史经验历史教训历史警示，为国家治理能力现代化提供有益借鉴》，《光明日报》2014年10月14日第1版。

合思想政治教育学科的发展历程与国家对高校青年教师的政策。透过历史的维度可以看出，改革开放四十年来，思想政治教育学科取得了飞速发展，国家对高校青年教师思想政治教育高度重视。对于改革开放以来高校青年教师发展视域下的思想政治教育历史阶段的划分，本书是遵循这样的逻辑思路：

1978年，邓小平在十一届三中全会上表示，"科学技术是第一生产力"[①]，提出要恢复知识分子的地位，自此，高校青年教师迎来了发展的春天。1981年8月，教育部在北京召开全国高校思想政治教育会议，正式宣布思想政治教育是一门科学，号召广大高校教师积极投身思想政治教育学科，把这一学科建设起来。1982年9月，党的十二大提出，在建设物质文明的同时，要加强社会主义精神文明建设，同时强调了思想政治工作要在物质文明与精神文明建设中发挥巨大的作用，为高校青年教师思想政治教育明确了政治导向。因此，把这一时间节点划分在党的十二大召开比较合适。这一时期主要是国家思想政治工作的恢复时期，十一届三中全会以来，国家对高校青年教师实现了从批判到尊重的转变阶段。1987年10月，党的十三大召开，会议上确立了我国社会主义初级阶段的基本路线，明确了我国在政治、经济、文化方面的方针，被认为是继十一届三中全会以来具有深远影响的会议。因此，第二阶段的划分放在十三大的召开比较合适。这一时期，是高校思想政治教育全面改进的阶段，国家于1983年正式增设思想政治教育专业，1984年正式招收学生，思想政治教育学科开始建立[②]；1986年中央出台的《国家教委关于加强高等学校思想政治教育工作的决定》中明确指出，高等学校应该培养"有理想、有文化、有道德、有纪律"[③]的人才，这一文件被看作确立了高校思想政治教育的根本

---

① 《邓小平文选》第三卷，人民出版社1993年版，第274页。
② 杨业华、李婉芝：《思想政治教育学科设立30年来学科发展的若干思考》，《思想理论教育导刊》2014年第7期。
③ 《十三大以来重要文献选编》（下），人民出版社1993年版，第2098页。

方针，在经历了学潮风波之后，邓小平曾反思，最大的失误出在思想政治教育方面。2002年11月，党的十六大胜利召开，明确部署了国家在新世纪的发展任务，1989年6月到2002年11月，是高校青年教师发展视域下的思想政治教育全面加强阶段，这一时期，中央对高校青年教师思想政治教育非常重视。2002年11月以来，是高校青年教师发展视域下的思想政治教育着力创新阶段。这一时期，国家和高校注重从联系实际的角度加强高校青年教师思想政治教育，呈现出注重以高校青年教师为本、注重师德建设、注重政治观教育、学术界尝试从现实的角度研究的特征。

具体内容包括如下四个阶段：

一 转变阶段

1978年12月到1982年9月，是高校青年教师发展视域下的思想政治教育的转变阶段。这一时期，经历了"文化大革命"的十年，高等教育事业遭受了深重的灾难，教师的教育发展权利遭到严重破坏、学术自由受到践踏、人格受尽凌辱，知识分子被贬为"臭老九"，书籍被大量焚烧。"四人帮"把知识分子勤奋学习获得知识，与资本家为发家致富而剥削工人所获得的"资本"相提并论。许多大学教授没有教书育人的权力，被沦为阶下囚，成为红卫兵批斗的对象，被下放到偏远的农村、农场，进行劳动改造。在这样一种政治高压下，广大高校青年教师的思想按要求逐渐统一，他们放弃书本知识，积极参与到火热的政治斗争和阶级斗争中。他们帮助老教授改造灵魂，同时洗去自己头脑中的资本主义流毒，使自己尽快改造成为无产阶级的先进知识分子。这一时期，我国高等教育事业实际上处于"无法"的状态。在那个被扭曲了的政治年代，高校青年教师的主体意识被殆尽，他们别无选择，无法、无暇顾及自身的发展，只能跟着政策跑，跟着政治跑，跟着阶级斗争新动向跑，沦为"政治人"。虚幻的国家共同体和不顾一切的集体主义，在大一统的一元思想中达到了极端的异化，而个人的价值、生命、理想、追求等则被无情地消解。因此高校青年教师的个人发展被政治阻断，道德价值观遭到了严重破坏。

党的十一届三中全会以后，中国社会进入"拨乱反正"时期，不少高校教师得以平反，获得了人生第二次解放。进入新的历史时期，尊重知识、尊重人才的风气开始形成。1978年4月22日，教育部在北京召开了全国教育工作会议，邓小平在讲话时专门提出尊重教师劳动，提高教师质量的问题，他指出："一个学校能不能为社会主义建设培养合格的人才，培养德、智、体全面发展的有社会主义觉悟的有文化的劳动者，关键在教师。"[①] 高校青年教师痛感"文化大革命"十年失去的知识和青春，如饥似渴地求学，扎扎实实教书育人，"誓把失去的青春夺回来"。1982年，党中央正式提出了"政治上一视同仁、工作上放手使用，生活上关心照顾"[②] 的知识分子政策，用极大的努力改善高校教师的工作条件和提高他们的生活待遇，以解决他们的后顾之忧。在中央的鼓励下，广大高校教师积极探索，高校青年教师自身的专业知识得到了丰富，人格得到了进一步完善，生活质量得到了提高。这一时期高校青年教师开始逐渐由"文化大革命"时期的"政治人"转化为"具体人"。

随着"拨乱反正"和解放思想的深入，高校青年教师的思想观念处于矛盾之中，思想特征由劫后欣喜转入批判讨论，他们注重对逝去时代的批判、开始反思和讨论一些重大历史事件，对于只讲集体主义，而不考虑个人利益的做法开始质疑、求索：到底什么是社会主义？什么是马克思主义？社会主义是否意味着只能讲贡献，不能讲索取；资本主义和社会主义是否真的水火不容；个人是否有追求美好生活的权利等。这些问题反映出了高校青年教师思想上的混乱和迷惘，它是对"文化大革命"时期那种畸形的政治形态提出的质疑，是对过去所接

[①] 《邓小平文选》第二卷，人民出版社1994年版，第108页。
[②] 《十三大以来重要文献选编》（中），人民出版社1991年版，第1206页。

受的世界观、人生观、价值观教育的诘难,也是对全新价值体系的渴求与呼唤。

二 改进阶段

在经历了"拨乱反正",完成了由"以阶级斗争为纲"到"以经济建设为中心"的转变后,从1982年党的十二大到1987年党的十三大的召开,是我国集中精力改进高校青年教师发展视域下的思想政治教育的历史阶段。这一时期由于各种新旧观念的冲突,如何实现自我价值,如何在个人价值与集体价值中寻求平衡点,到底能不能有主观为自己、客观为别人的思想?诸如此类的观点,引发了高校青年教师关于人生观的思考。这一时期,高校青年教师经历了"文化大革命"的过程,积累了实践的经验,重新回到大学校园,普遍有一种时间的紧迫感和对文化的饥渴感,强烈地要求获得进一步发展。然而,由于受"文化大革命"的影响,知识断层、人才断层非常严重,高校青年教师缺乏丰富的精神食粮。正值此时,西方开始加紧对我国青年的思想渗透,大批西方自由主义、个人主义的书籍涌入中国,高校青年教师接触到了这些书籍,错把这些错误的思想当作救命稻草,同时,社会上出现了散布马克思主义"过时论",共产党"僵化论",社会主义"异化论"等错误思潮。受多方面因素的影响,部分青年教师共产主义信仰出现了动摇,盲目推崇"萨特说""尼采说""弗洛伊德说"等,在课堂上大肆宣扬西方思想,导致了某些高校青年教师道德价值观的迷茫。高校青年教师思想政治教育受到了严重挑战。加上这一时期,改革过程中的矛盾凸显,社会经济过热,高校青年教师由于年轻,缺乏社会经验,当看到官僚主义、投机倒把等不良社会现象时,自感维护社会正义的使命重大,但又自感言路不畅,部分青年教师在思想上产生了精神失落的状态。

高校青年教师思想政治教育在这一时期的主要任务是进行四项基本原则教育、党的基本路线教育、社会主义初级阶段的国情教育;主要内容是学习邓小平关于建设有中国特色社会主义的理论、我国在社会主义初级阶段的基本路线,国家进行高等教育改革的方针。基本要求是搞清楚什么是社会主义,怎样建设社会主义,树立适应改革开放的新思想、新观念。1985年5月27日,中共中央发布了《关于教育体制改革的决定》,明确肯定了包括高校青年教师在内的教师队伍具有良好的思想政治素质,同时要求学校的党组织要把自己的精力集中到加强党的建设和加强思想政治工作上来,要坚持用马克思主义教育广大教师,使学校真正成为抵御资本主义和其他腐朽思想的侵蚀,建设社会主义精神文明的坚强阵地。该决定确立了教师思想政治教育在发展教育事业中的关键作用,明确了如何加强教师思想政治教育的基本格局,为我国高校青年教师思想政治教育指明了方向。针对高校青年教师受西方思想影响严重的情况,党中央高度重视,于1987年5月,作出了《关于改进和加强高等学校思想政治工作的决定》,要求高校结合自身实际,在改进和加强学生思想政治工作的同时,加强政工队伍人才尤其是青年教师的培养。

三 强化阶段

从党的十三届四中全会到十六大召开,即1989年6月到2002年11月,是我国高校青年教师思想政治教育在改进中全面加强的阶段。这一时期,国际国内形势风云变幻:国际形势发生了深刻变化,东欧剧变、苏联解体,世界社会主义遭遇了严重挫折;国内方面1989年发生了波及全国的学潮风波,加上改革开放初期,各种资本主义思潮蜂拥而入,腐朽思想和自由主义严重泛滥,社会上一些人以发展商品经济为由,竭力鼓吹"一切向钱看",一些人把"唯利是图"鼓吹成"个人利益"的合理性,从根本上挑战以马克思主义为导向的社会主义集体价值观、人生观,使部分高校青年教师在思想上和认识上造成了极大的困惑。面对着风云变幻的国际政治冲击,国内市场经济条件下,面对着"脑体倒挂"的社会现实,高校里盛行"搞原子弹的不如卖茶叶蛋"的"读书无用论",部分高校青年教师不能理解社会主义初级阶段的长期性,对社会现实鸣不平,纷纷辞职下海或是出国留学。这一时期的高校青年教师思想呈现出一系列新的矛盾特征:社会责任感与政治淡漠感的矛盾、思想敏锐性与思维偏激性的矛盾、高质量教学与师资队伍质量下降的矛盾。

此时的学术界从和平演变与反和平演变、颠覆与反颠覆、争夺与反争夺的高度开始认识到加强高校青年教师思想政治教育的重要性和迫切性。例如曹景文就认为由于这段时间思想政治工作的放松,高校青年教师在政治态度、思想情感、是非标准、价值取向、行为方式等方面存在着许多不容忽视的问题,因此他建议要全面地掌握青年教师的思想状况,必须辩证地看待青年教师的优点和不足,这些是做好青年教师思想政治工作的依据[1]。

党的十四大对知识分子的社会地位和历史作用作了完整的表述:"知识分子是工人阶级中掌握科学文化知识较多的一部分,是先进生产力的开拓者,在改革开放和现代化建设中有着特殊重要的作用。能不能充分发挥广大知识分子的才能,在很大程度上决定着我们民族的兴衰和现代化建设的进程。"[2] 这说明党中央高度重视知识分子的发展。这一时期,党中央采取了一系列有效措施,注重高校青年教师个体的需求,积极营造有利于高校青年教师发展的环境,着力做好培养青年教师、用好青年教师、吸引优秀青年教师回国发展的工作,积极改善高校青年教师的工作、进修和生活问题,对有突出贡献的高校青年教师给予物质奖励。1993年2月,中共中央、国务院印发了《中国教育改革和发展纲要》,着重阐述了国家对教师思想政治教育的更高要求,认为教师是人类灵魂的工程师,各级教育部门和学校都要采取有效措施,认真加强对教师的思想政治工作,充分发挥教师中党、团

---

[1] 曹景文等:《注重高校青年教师的思想政治工作》,《黑龙江高教研究》1991年第1期。

[2] 《江泽民文选》第一卷,人民出版社2006年版,第233页。

组织和工会的作用，努力提高教师的政治思想觉悟和道德水平。1998年12月，教育部制订并颁布了《面向21世纪教育振兴行动计划》，首次对高校青年教师进行特别关注，提出争取到2000年基本解决高校青年教师住房困难问题，要把解决高校青年教师住房困难、稳定高校青年教师队伍当成一项重要任务来抓。1999年6月，中共中央国务院发布了《关于深化教育改革全面推进素质教育的决定》，明确指出处在世纪之交的高校青年教师，要以马克思主义、毛泽东思想、邓小平理论为指导，自觉地加强自身的思想道德建设，在市场经济的浪潮中成为抵御西方资本主义侵蚀的坚强堡垒，不断加强师德师风建设，为培养和造就21世纪的一代新人才做出贡献。

这一时期，党中央高度重视高校青年教师发展过程中的现实问题，在政策的制定上注重解决实际问题与思想问题相结合，提高高校教师的收入水平，花大力气解决他们的住房问题，为我国高校青年教师思想政治教育提供物质保障。高校认真落实中央精神，全面贯彻党的教育方针，深入学习邓小平理论，对青年教师思想政治教育体系和目标进行了系统规划，采取了一系列有针对性的措施，取得了新进展，高校青年教师队伍得到了发展，思想政治教育水平得到了整体提高，保证了高等学校社会主义办学的方向。

四 创新阶段

党的十六大即2002年以来，是高校青年教师发展视域下的思想政治教育着力创新阶段。这一阶段的高校青年教师思想政治教育呈现出以下几个特征：

第一，注重以高校青年教师为本。在2003年召开的全国人才工作会议上，胡锦涛强调："要牢固树立以人为本的观念。人才工作首先是做人的工作，必须把促进人才的健康成长和充分发挥人才的作用放在首要位置。要着眼于充分调动各类人才的积极性、主动性和创造性，既切实抓好教育、培养、引导人才的各项工作，又切实抓好使用、关心、激励人才的各项工作。"① 中央强调要尊重高校青年教师的需求，营造支持高校青年教师工作的环境，满足他们的物质需要，在思想政治教育工作中注重"三贴近"原则，强调高校青年教师思想政治教育要贴近实际工作、贴近生活和贴近青年教师。2013 年 5 月印发的《关于加强和改进高校青年教师思想政治工作的若干意见》中，强调要关心解决青年教师的实际困难，提出要从生活方面帮助解决他们的收入、住房、子女入托入学等实际问题，使思想政治教育在关心关爱中增强教育效果。

第二，注重师德建设。为全面加强和改进新时期师德建设工作，2005 年 1 月 13 日，教育部印发了《关于进一步加强和改进师德建设的意见》，明确指出，高校要切实把师德建设工作摆上重要议事日程，学校基层党组织、广大党员教师要充分发挥核心和先锋模范作用。2011 年教育部和中国教科文卫体工会制定的《高等学校教师职业道德规范》对包括高校青年教师在内的所有高校教师提出了职业责任、道德原则及职业行为的具体要求，对于引导广大青年教师自觉践行社会主义核心价值体系，加强自身修养，弘扬高尚师德具有重要的现实意义。这一系列国家大政方针的制定，充分说明党中央从确保党的教育事业后继有人和社会主义兴旺发达的高度，充分认识到加强和改进高校青年教师思想政治教育中师德建设的重要性，同时为高校青年教师师德建设创造了良好的制度环境，为进一步加强和改进高校青年教师师德建设明确了具体指向。

第三，注重政治观教育。我国高校青年教师中党员比例偏低，许多青年教师把主要精力放在攻读学位、评职称、搞科研、出成果上，无暇顾及政治上的追求。针对这一现象，对高校青年教师的入党问题主要以理想信念教育为核心，进行马克思主义世界观、人生观和价值观教育，加强党的自身建设，树立党在高校青年教师中的威信，并对

---

① 《十六大以来重要文献选编》（上），中央文献出版社 2005 年版，第 575 页。

高校青年教师价值观的内容、原则、方法、环境等方面做了一些有针对性的探索，并根据社会、学校和当代高校青年教师的实际情况，提出了一些切实、可行的政治观教育对策。

第四，学术界尝试从现实的角度研究。马克思认为追求利益是人类一切活动的动因，"人类奋斗所争取的一切，都同他们的利益有关"[①]。随着研究的不断深入，学者们开始从注重发展实际的角度对高校青年教师进行思想政治教育的研究，有学者分别从利益的视角、需要的视角、社会主义市场经济的视角对高校青年教师思想政治教育进行研究。还有学者开始运用多学科研究的方法，借鉴其他学科如管理学、行为科学、心理学、系统科学、教育学、民族学等，以期对新的历史发展条件下，高校青年教师思想政治教育面临的新问题进行深入细致的研究，提出一些具体的、能解决实际问题的对策。这些研究进一步细化，具有很强的创新性，有效地打开了高校青年教师思想政治教育新的视域，为加强高校青年教师思想政治教育做出了巨大的理论贡献。

第二节　基本经验

历史遗留给我们的正确经验和优秀成果值得吸收和借鉴。改革开放四十年来，高校青年教师思想政治教育工作在不断探索中蓬勃发展，积累了丰富的经验，取得了优秀成果，极大地增强了高校青年教师发展视域下的思想政治教育的针对性和时效性，广大高校教师的思想状况、政治状况、道德状况不断提升。

一　培养造就思想政治过硬的教育者

邓小平同志曾指出："一所学校能不能为社会主义培养合格人才，

---

① 《马克思恩格斯全集》第1卷，人民出版社1995年版，第187页。

培养德智体全面发展，有社会主义觉悟的、有文化的劳动者，关键在教师。"[1] 高校青年教师是学校的未来和希望，是学校向一流大学发展的生力军，也是高校可持续发展的决定因素。改革开放以来，高校青年教师思想政治教育随着思想政治教育学科的建立，不断地向前发展，培养了一大批思想政治过硬的青年教师。广大高校青年教师居于教学、科研、育人的第一线，他们与大学生年龄接近，有共同的语言和兴趣爱好，平时学习和生活中同大学生们接触较多。青年教师以坚定的政治态度、娴熟的业务水平站稳讲台，不断提升自己的思想素养和业务素养，向青年学生言传马克思主义的基本立场，垂范教书育人的典范，为我国落实科教兴国、人才强国、建设创新型国家战略，做出了不可磨灭的贡献。

培养造就思想政治过硬的高校青年教师，必然要把改进顶层制度设计与基层实践探索紧密结合，这样才能把高校青年教师发展与思想政治教育的结合落到实处。《中国教育改革和发展纲要》明确指出，建设一支具有良好政治业务素质、结构合理、相对稳定的教师队伍是教育改革和发展的根本大计。该纲要的出台，既是政府部门对高校青年教师思想政治教育工作齐抓共管的典范，又是全面系统地明确目标、解决问题的过程。正是有了制度层面出台的一系列政策，才有高校青年教师思想政治教育焕然一新的工作局面。

一直以来，为切实加强青年教师思想教育引导，各高校定期组织青年教师学习政治理论知识，努力提高青年教师的政治素养，进一步增强对中国特色社会主义的政治认同、理论认同、情感认同，争做社会主义核心价值体系的模范践行者。结合国际国内时事政策的变化，积极宣传我国社会主义事业取得的新进展新成就，努力为青年教师答疑解惑，加强对他们的正面引导，帮助青年教师正确研判形势。高校充分运用资源优势，发挥马克思主义理论研究和建设工程的作用，健

---

[1] 《邓小平文选》第二卷，人民出版社1994年版，第108页。

全青年教师政治理论学习制度，不断丰富政治理论学习方式，坚持报告会、座谈会、培训班等形式，利用校园网搭建信息化的学习平台，增强高校青年教师政治理论学习的主动性和吸引力。始终把培养造就思想政治过硬的教育者放在第一位，晋职晋级把思想政治考核放在第一条，保证了思想政治合格的教育队伍。

二 坚定不移地用发展着的马克思主义教育青年教师

马克思主义是引领我们进行社会主义建设、实现中华民族伟大复兴的"中国梦"的主旋律。然而，随着时代和社会的发展，马克思主义的科学内涵也应与时俱进，只有这样我们才能抓住时代的脉搏。恩格斯指出："我们的理论是发展着的理论，而不是背得烂熟并机械地加以重复的教条。"[①] 马列主义与毛泽东思想、邓小平理论、中国特色社会主义理论是一脉相承的，它们有着内在的必然联系，江泽民同志曾指出，要用发展着的马克思主义指导新的实践[②]。在马克思主义不断中国化的过程中，理论创新成果直接推动了高校青年教师思想政治教育的发展：一直以来，我们对高校青年教师思想政治教育的内容注重对经典马克思主义和当代马克思主义进行深入系统的学习和研究，还对意识形态领域的争论保持高度关注，许多高校对青年教师进行定期的思想政治培训，注重培训后的自我反省和深刻检讨，并不断探索用社会主义核心价值体系教育广大青年教师。这些优秀的做法充分说明了注重运用统筹兼顾的方法，促进马克思主义的整体性研究与高校青年教师发展视域下的思想政治教育，进行全面协调发展的过程。

由于现实生活中，市场经济时代多元文化思潮的影响和渗透，广大高校青年教师的人格和价值发展日益多元化，主流意识形态传承不仅面临认同程度低等形式的消极抵抗，某种情况下甚至会受到各种自由主义思潮的主动进攻和质疑。所以，在高校青年教师具体的发展过

---

① 《马克思恩格斯文集》第10卷，人民出版社2009年版，第562页。
② 《十六大以来重要文献选编》（上），中央文献出版社2005年版，第376页。

程中，必须注重用发展着的马克思主义进行理论灌输，培养其具有马克思主义理论修养和坚定的马克思主义信念，使其充分认识到用发展着的马克思主义武装头脑是自己的使命和责任。

三 探索了以师德建设为核心的教育内容

师德是教师思想政治教育活的灵魂。改革开放以来，在不断探索以师德建设为核心的教育内容过程中，正确处理了许多关系。

（一）正确发挥了师德建设的核心作用

2005年1月13日，教育部印发《关于进一步加强和改进师德建设的意见》，提出了在新的历史时期全面加强和改进师德建设工作的总体思路、主要任务、要求和措施。意见指出，师德建设要以热爱学生、教书育人为核心，以"学为人师、行为规范"为准则，以提高教师思想政治素质、职业理想和职业道德水平为重点[①]。明确提出，高校要切实把师德建设工作摆上重要议事日程，学校基层党组织、广大党员教师要充分发挥核心和先锋模范作用。学校教代会和群团组织紧密配合，学生、家长和社会积极参与，形成加强和推进师德建设的合力。为加强和改进高校师德建设，引导广大教师自觉践行社会主义核心价值体系，加强自身修养，弘扬高尚师德，深入开展社会主义荣辱观教育，全面加强学校德育体系建设，提高高等教育质量，教育部和中国教科文卫体工会于2011年制定了《高等学校教师职业道德规范》，要求全面落实师德规范要求，切实加强师德教育，改进和完善师德考核，加强师德建设的组织领导。长期以来，我们不断深入贯彻落实规范，把学习师德规范作为新教师岗前培训和在职培训的重要内容，激发青年教师树立立德树人的崇高职业理想，严守教育教学纪律和遵守学术规范。

[①]《教育部印发〈关于进一步加强和改进师德建设的意见〉》，《中国教育报》2005年1月13日第1版。

(二) 注重重大理论与现实问题的研究和解决

高校青年教师师德建设坚持以问题为导向，重视实践中提出的重大理论与现实问题的研究和解决。善于把高校青年教师队伍师德师风出现的问题作为理论研究的重点，注重实证研究，重视在实践中把握经验和教训，实现理论层面的升华，从而深刻揭示师德师风中存在的严重问题，加深对高校青年教师思想政治教育客观规律的认识和把握。例如，2015年中共中央办公厅、国务院办公厅联合印发《关于进一步加强和改进新形势下高校宣传思想工作的意见》，认为意识形态工作在现实中是党和国家一项极端重要的工作，要求高校教师要强化政治、责任、阵地和底线四个方面的意识，以立德树人为根本任务。诸如此类一系列文件的落实，推动了以师德建设为核心的教育内容的实现。

对于师德师风中的优秀事迹，定期开展教书育人楷模和师德标兵评选等活动，以选树典型的方式激励青年教师以高尚师德、人格魅力、学识风范教育感染学生。例如，北京师范大学林崇德教授是首届全国十佳师德标兵中的第一位。他把教书育人当作自己终生的奋斗目标，爱岗敬业，严谨治学，潜心教书育人，坚守三尺讲台，让学生遍布四面八方，以高尚的人格和品德影响学生。他高尚的师德精神在高校青年教师中产生了广泛的影响，为思想政治教育理论成果的发展取得了与实践相结合的新突破。

四 积极建设优秀的校园文化

思想政治教育环境是决定思想政治教育效果的关键性因素[①]。校园文化作为高校青年教师最重要的环境，对青年教师思想政治教育起着重要的影响。优秀的校园文化可以充分发挥其育人功能，在无形中增强思想政治教育的效果。

长期以来，高校致力于建设优秀的校园文化，取得了一系列基本

[①] 罗洪铁、周琪：《思想政治教育学理论的形成和发展研究》，中国文史出版社2014年版，第176页。

经验。

首先，注重发挥校园文化环境的导向功能：坚持正确的理论指导，以社会主义核心价值观引领校园文化建设，使其努力成为社会主义先进文化的重要组成部分，让青年教师在优秀的校园文化中受到熏陶和洗礼；其次，注重发挥校园文化环境的感染功能：不断完善和优化能激励青年教师共同奋进的物质环境，建设富有特色的校容校貌，引进先进的仪器设备，保持整洁有序的卫生状况等，这些朝气蓬勃的校园文化环境容易使人精神振奋，有利于青年教师形成良好的道德行为、培养高尚的精神追求、树立勇攀高峰的科学精神；最后，注重发挥校园文化环境的强化功能：注重塑造良好的校园制度文化，依法治校，科学管理，建成深厚的校风、优秀的教风和积极的学风，构建既稳定有序又充满活力、文明和谐的校园制度环境，不断激发青年教师献身教育事业的积极性和创造性。坚持培养和发展具有时代特征的校园精神，包括学校的校风、学风，学校的历史传统被全体师生员工认同的文化观念、价值观念、生活信念等意识形态的东西，它赋予了学校生命与活力，反映着学校的历史传统、校园意志、特征面貌等。这些优秀的校园文化在高校青年教师的工作生活中不断地出现，反复刺激着他们的感官，从而在青年教师的头脑中留下深刻的印象，对于培育青年教师高尚的道德情操和提高审美情趣[1]具有潜移默化的作用。

第三节 主要问题及原因分析

改革开放以来，我国高校青年教师发展视域下的思想政治教育工作在不断探索中积极发展，呈现出健康、积极、向上的发展态势。然而，随着社会主义市场经济的不断发展，高等教育改革的不断深入，高校青年教师思想政治教育工作出现了一些新情况、新问题，这些问

---

[1] 周芳：《思想政治教育审美研究》，人民出版社2012年版，第35页。

题产生的原因迫切需要我们进一步深入探讨和研究。

一 主要问题

高校青年教师发展视域下的思想政治教育是一项具体的、现实性活动，结合其发展历程来看，存在着许多方面的问题，由于篇幅的限制，不能一一在此赘述，本书主要从思想政治教育的内容、方法和过程三方面寻找问题，以期能为后文的研究奠定基础。

（一）内容缺乏针对性

思想政治教育内容的针对性主要体现在是否有利于在教育对象身上产生预期的变化，达到预期的教育效果。思想政治教育的有效性要求内容必须紧密联系教育对象的日常生活，与他们的利益和需求相挂钩，如果思想政治教育的内容是高校青年教师所经历过的，并且与他们的现实利益存在着一定联系，那么思想政治教育的效果无疑会具有强大的号召力。

马克思主义认为，现实的人是社会的人，是具体的人而不是抽象的人。现实的具体的人都是有情感的，有生理和心理上的各种欲求，情感能够增加教育对象的热情，使教育对象对思想政治教育产生深刻的内心认同，转化为外在的实践活动，日常生活为高校青年教师提供了思考问题的感性依据。然而，根据前面所述的历史进程表明，高校青年教师发展视域下的思想政治教育，内容缺乏针对性主要集中在以下几个方向：

首先，思想政治教育内容缺乏联系高校青年教师发展实际。目前，高校思想政治教育管理部门，缺乏深入了解和研究青年教师的实际需要，对于他们的实际问题缺乏关心和帮助。尽管中央的政策三令五申要求加强高校青年教师思想政治教育，要注重联系实际，要着重解决发展中存在的各种问题。但现实工作中，思想政治教育的内容"假、大、空"的现象比较普遍，与高校青年教师的工作、生活、家庭联系得不紧密，无视高校青年教师实际生活中出现的新情况、新问题，教育内容严重滞后。其次,思想政治教育内容缺乏联系高校青年教师的特点。高校青年教师思想活跃,喜欢追求各种最新的潮流资讯。然而,许多高校针对青年教师思想政治教育的内容就集中在听报告、读文件上,空洞的内容说教并不能引起青年教师们学习的兴趣,流于形式的思想政治教育内容令青年教师们觉得枯燥无比。最后,思想政治教育内容缺乏联系本单位的实际情况。一些思想政治教育管理部门把思想政治教育仅仅当作任务式的过场,根本不管本单位高校青年教师发展的实际情况,缺乏起码的调查研究,严重脱离了基层实际。

(二) 方法缺乏灵活性

思想政治教育方法是"思想政治教育者借以调动构成思想政治教育活动的其他诸要素的作用,使之进入激活状态,并最大限度地发挥各自效能,服务于思想政治教育目的实现的手段"[①]。列宁曾指出,方法是主观方面使用的手段,是主观与客观发生关系的桥梁。思想政治教育方法论是一个体系的构建,横向的内容建构方式包括政治观教育方法、人生观教育方法、道德观教育方法、职业观教育方法等;纵向的体系结构根据认识规律和运行过程分为思想政治教育认识方法、工作方法和调节评估方法等[②]。作为思想政治教育其他要素由准备状态转化为实际运作状态的中介,结合改革开放四十年来的发展历程,高校青年教师发展视域下的思想政治教育存在着教育方法缺乏灵活性的问题,这种灵活性是指辩证的、多方位的角度。具体体现在以下几个方面:

首先,缺乏理论联系实际的方法。任何事物都不可能孤立存在,高校青年教师发展视域下的思想政治教育更是如此。然而,在实际工作中,有些工作者却没有看到思想政治教育是一个诸要素相互联系的

[①] 沈壮海:《思想政治教育有效性研究》,武汉大学出版社2008年版,第92页。

[②] 陈华洲:《思想政治教育方法论》,华中师范大学出版社2009年版,第31页。

过程，一味地采取正面灌输的方式进行理论教育，尽管可以起到一定的作用，但这种理论脱离实际的教育方式，长此以往，并不能使青年教师产生共鸣，反而容易引发他们的逆反心理，使思想政治教育的效果适得其反。

其次，缺乏发展的眼光看待问题。发展的眼光看待问题，要求在思想政治教育方法的选择上，坚持动态的原则，根据变化了的实际灵活选择思想政治方法，而不是一味地停留在已有理论的说教上。反观当下高校青年教师思想政治教育的方法选择上，许多思想政治教育工作者习惯性采取常用的方法进行，思想政治教育的方法运用比较老套、陈旧，对进行思想政治教育的载体一成不变，不能与时俱进，缺乏探索高校青年教师易于接受的方法和形式。其实，我国自古以来就有重视根据不断发展的实际，灵活选择思想政治教育方法的传统。儒家为了更好地进行道德灌输，将道德规范设计成仁、义、礼、忠、恕、孝、悌、勇、恭、宽、信、敏、惠、友、敬、慈、爱、温、良、俭、让等二十多个道德条目，要求人们在道德实践中遵循。封建统治者把儒家著作奉为"经书"，要求世人诵读，还采取编写蒙书的方式向普通民众灌输，使之家喻户晓，妇孺皆知。

最后，缺乏具体问题具体分析的方法。具体问题具体分析是唯物辩证法中一个非常重要的观点，然而，针对高校青年教师思想政治教育活动特殊性的具体分析十分不够，绝大多数不能根据具体实际情况灵活选择不同的教育方法，在思想政治教育的过程中，并没有弄清楚高校青年教师思想问题产生的性质、原因，就盲目地"眉毛胡子一把抓"，严重影响了思想政治教育的实效性。例如，有的思想问题是政治立场问题，有的思想问题只是一般的认识问题，有的思想问题是带有全局性、普遍性和长期性的问题，有的思想问题只是局部的、个别的、暂时性的问题，有的思想问题是由思想认识引起的，有的思想问题是由于实际生活困难造成的等。马克思主义认为，人的思想观念是客观世界和现实生活的反映，针对这些不同的思想状况，应该采取具体问题具体分析的方法,"一把钥匙开一把锁"。然而,实际教育活动中,在具体方法的选择上,这方面明显做得不够。

(三) 过程缺乏连续性

思想政治教育过程是指教育者根据一定社会的思想政治要求和受教育者思想政治素质形成发展的规律,对受教育者施加有目的、有计划、有组织的教育影响,促使受教育者产生内在的思想矛盾运动,以形成一定社会所期望的思想政治素质的过程[①]。作为一项有目的性的活动,高校青年教师思想政治水平的形成与思想政治教育的过程有着密切的联系,但这种过程显然不是一蹴而就的,它具有明显的长期性。人的思想面貌形成,是通过环境和教育影响,并经主观努力合成的,只有量变的积累才能发生思想上的质变。高校青年教师思想政治教育也不例外,既不能企望"毕其功于一役",也不能断断续续,只有坚持不懈地进行思想政治教育,才能引导思想道德向更高的水平提升。

然而,针对高校青年教师的思想政治教育工作,高校很少坚持在日常学习和生活中对青年教师进行思想政治教育,而常常是为了贯彻某一文件的精神或者是接到上级的任务才会突然想起对青年教师进行思想教育,更谈不上在尊重思想政治教育过程规律性的基础上,认真准备每一个环节。这种东一榔头、西一棒子的做法,忽视了思想政治教育过程中的长期性,忽略了思想政治教育效果的渐进性,不仅不能入脑、入心,而且还容易引起青年教师的反感,让他们误以为思想政治教育仅仅只是政治教育,属于国家的意识形态,殊不知,思想政治教育的道德性对其成为具有高尚道德情操和树立为教育事业奋斗的精神有很大的帮助作用。同时,在现实中不难发现,由于缺乏连续的思想政治教育,不能受到长期反复的教育、熏陶和感染,缺乏对马克思主义的理论强化,少数青年教师在社会中一遇到与在校所学理论不相

---

① 张耀灿、郑永廷等:《现代思想政治教育学》,人民出版社2006年版,第324页。

符合的现象，就开始怀疑马克思主义的真理性，开始动摇共产主义的信仰。

二　原因分析

从以上分析可以看出，高校青年教师发展视域下的思想政治教育现状，存在着一系列的问题，这些问题显然已经不能适应高校青年教师思想政治教育的需要，与当前我国社会经济新形势、高校青年教师发展不合拍，因此必须针对这些问题深入剖析其原因，寻求深层次的问题归因和解决之道。通过分析，本书认为这些原因来自主、客观两方面：

(一) 主观方面

在高校青年教师发展视域下的思想政治教育过程中，产生各类问题的主观原因有很多，根据历史进程表明，在思想政治教育过程中忽视了高校青年教师的主体性地位是最主要的原因。

马克思认为人通过发挥主观能动性不断改造自然，推动社会向前发展。由此可见，人的主体性地位在社会生活方面所发挥的巨大作用。思想政治教育的主体性，一般是由思想政治教育者的主体性和受教育者的主体性和思想政治教育活动的主体有机构成的复杂整体[①]。就目前高校青年教师思想政治教育来说，作为教育对象的高校青年教师的主体性常常被忽视。高校青年教师的主体性是指青年教师认同教育目标和要求的自主调节行为，并能在实践中通过发挥能动性和创造性，完善自身道德品质。

1. 教育过程忽视平等互动

平等互动反映的是不同主体之间的自主性与独立性。与普通的思想政治教育活动不同的是，高校青年教师是具有丰富知识性的群体，他们具有高度的自主性，对于社会现象中存在的问题有自己的思路和

[①] 张耀灿、郑永廷等：《现代思想政治教育学》，人民出版社2006年版，第271页。

想法，对于工作生活中的现实状况有强烈的自我感受，他们通过已有的知识结构、运用互联网技术能够收集到最新的信息。因而，在思想政治教育的过程中，加强与高校青年教师的平等互动特别重要。然而，思想政治教育实际工作中，这方面却做得不够到位。

在思想政治教育的过程中，缺乏互动、单向灌输的方式比较普遍，只强调教育者的主体性地位，忽视了作为受教育者的积极主动性。教育者在教育过程中高高在上，忽视与青年教师的沟通交流，高校青年教师在思想政治教育的过程中出现见解难以表达，诉求无处倾诉的尴尬局面。反观历史，我国古代思想家在德育过程中，非常注重发挥受教育者的自主性和创造性。孔子特别注重学生在学习过程中的自主性地位，表达出"德之不修，学之不讲，闻义不能徙，不善不能改，是吾忧也"①的忧虑，意思是学生品德不培养，学问不讲习，听到义不迁移，有缺点不改正，这些都是孔子所忧虑的；唐代教育家韩愈非常重视学生的创造性，鼓励学生在学习过程中大胆创新，"是故弟子不必不如师，师不必贤于弟子，闻道有先后，术业有专攻，如是而已"②。

2. 教育内容忽视价值认同

价值认同是指："价值主体在社会实践中通过对话、交往、互动，不断调试自身的价值结构以顺应社会价值规范的过程，它表现为社会成员对社会共同价值规范的自觉接受。自觉遵循的态度它标志着人们在社会实践活动中能够以社会共同的价值要求作为标准来规范自己的活动，并使之内化为自己实际行为的自觉取向。"③ 思想政治教育活动是需要青年教师内心产生价值认同的过程，这种认同是一个由"外—内—外"的动态、现实的发展过程。

从心理学的角度来看，人们总是容易对与自己利益、情感和信仰

---

① 朱熹：《四书集注》，中华书局2011年版，第4页。
② 韩愈：《韩昌黎文集校注》，上海古籍出版社1987年版，第44页。
③ 唐凯麟：《把握社会主义核心价值体系的基础》，《光明日报》2007年8月14日第9版。

相一致或相近似的事物，首先产生对于价值认同的情感和认知。马克思充分肯定了人的正常需要的作用，他在《德意志意识形态》中指出："他们的需要即他们的本性。"① 因此，思想政治教育要探索符合青年教师需要的价值观，只有从高校青年教师的现实出发，对高校青年教师进行教育和引导，才能开启高校青年教师对思想政治教育的亲近感，认为思想政治教育的内容与自身精神追求目标具有较高的契合度，从而唤醒内心深处的情感共鸣。

将思想政治教育的效果内化为高校青年教师的思想观念，是一个需要"知、情、意、行"的认同过程。首先，"知"在内化过程中是基础。没有了解，就不可能实现认同，高校青年教师只有领会思想政治教育的精髓，才有可能实现进一步的内化。其次，"情"是内化过程中的桥梁。高校青年教师对于思想政治教育的感情，究竟是喜欢还是厌恶，直接决定了思想政治教育的接受程度，以情化人却是当前高校青年教师思想政治教育中做得不够的地方。再次，"意"是内化过程的根本。在思想政治教育内容的价值认同中，意志力是一种理性的思维，一种精神力量。高校青年教师对于思想政治教育内容的认知，转化成意志力才具有持久性，才会根植于头脑中，形成指导个人行为的道德准则。最后，"行"是内化到外化的表现。高校青年教师的实际行动，既受现实因素的影响，也受思维模式的影响，其中思维模式的影响具有一定的稳定性。高校青年教师是否具有较高的道德水平，主要表现在生活中的一言一行，内化过程的效果在外化的行动上表现得淋漓尽致。

由此可见，高校青年教师思想政治教育是需要通过显性的理论学习，加之内在的选择、整合，将道德准则融入个人价值观，并不断巩固、进行实践的过程。而当前高校青年教师发展视域下的思想政治教育之所以存在着一系列的问题，是与思想政治教育过程中忽视教育对

---

① 《马克思恩格斯全集》第3卷，人民出版社1960年版，第514页。

象的价值认同密切相关的。这些教育内容没有立足于高校青年教师关注的方面，教育方法的使用上忽视了高校青年教师个体特征，导致高校青年教师对思想政治教育缺乏认同感。

（二）客观方面

在高校青年教师发展视域下的思想政治教育过程中，目前存在着一系列问题，这些问题反映在客观方面，原因有很多。本书主要从社会政治经济文化的影响、高校重视不够和高校青年教师认识不清三个方面进行阐述。

1. 社会政治经济文化的影响

随着经济全球化和市场经济的发展，我国社会急剧转型，各种思想文化、意识潮流震荡交汇，冲击着传统的一元价值观念，社会价值日益呈现出多元化的趋势，物质主义、个人主义、享乐主义、性解放等不良思想伴随着新兴媒体在我国得到广泛的传播。加上当前我国改革已进入深化时期，政治上处于高压反腐的态势，"老虎和苍蝇一起打"，一大批中国共产党的"毒瘤"被连根拔起。高校青年教师学生时代大多接受理想化的社会教育，自然容易认为事物都是美好的，然而，理想与现实的差距严重冲击着高校青年教师的思想观念。在这种态势下，高校青年教师思想政治教育遇到新挑战，面临着一系列的新问题亟须解决。

2. 高校重视不够

长期以来，高校对大学生思想政治教育认识较深，工作开展得有声有色。然而，有些高校领导对青年教师思想政治教育并未引起足够的重视，高校青年教师入职的时候更多关注学历和科研条件，对于思想条件仅限于书面化的"无犯罪经历""政治合格""思想上进"等非常笼统的表述。有的领导对高校青年教师思想政治教育存在着一定的误区，片面地认为青年教师是高学历人才，思想方面自然没有问题，而没有看到高校青年教师在硕士、博士的求学过程中，思想政治教育不到位，导致有的青年教师长期没有接受思想政治教育的事实。众所周知，只有教育活动的长期性，才能保持教育水平的稳定性。高校青年教师思想政治教育同样如此。

3. 高校青年教师自身问题

部分青年教师在当下经济和社会转型时期，受到市场经济负面效应影响，过于追逐眼前实惠和个人利益，加上平时教学任务重、科研压力大的现状，只注重专业理论知识学习，追求高学历、高职称，却对政治理论学习重视不够。对于当前社会上出现的新问题、新矛盾、新情况，不能站在政治高度，用科学的方法去分析判断，仅从表面的现象或个别、局部的现象得出片面认识。有的青年教师对于思想政治教育认识不清，缺乏对思想政治教育的了解，习惯性地采用"一叶障目"的思维方式，片面认为思想政治教育等同于政治教育，拒不承认思想政治教育的科学性，对于思想政治教育活动采取刻意排斥的态度。

综上所述，经过改革开放四十年来的发展，高校青年教师发展视域下的思想政治教育的实践历程取得了一系列丰富的经验，这些优秀经验保证了一支发展良好的思想政治过硬的高校青年教师队伍，但同时由于多方面的原因，也存在着一系列问题需要在今后的理论与实践工作中加以解决。

第五章　高校青年教师思想发展状况与思想政治教育

随着世界政治经济全球化发展，各国的思想文化频繁激烈地碰撞，中国开始进入了更加开放、多元的时代。在这样的时代背景下，高校青年教师的思想日益复杂化、多元化，一系列问题随之产生。本章从高校青年教师的思想、政治、道德方面入手，力求在深入对高校青年教师思想发展状况进行调查和分析的基础上，提出加强和改进思想政治教育的对策。

第一节　高校青年教师思想发展状况

在前面的第二章中对"高校青年教师思想政治教育的内容"做出了界定，将其划分为思想教育、政治教育、道德教育和心理教育，因此，高校青年教师思想发展状况对应前面的内容，将从思想状况、政治状况、道德状况三个方面进行阐述，心理健康状况则放在后面的章节中与"身心健康状况"一起讨论。力求客观、全面地展现出湖北省高校青年教师思想发展现状，为有效贴近高校青年教师思想状况进行思想政治教育提供研究基础和理论依据。

一 思想状况

"思想"一词在《现代汉语词典》中的释义是"客观存在反映在人的意识中经过思维活动而产生的结果。思想的内容为社会制度的性质和人们的物质生活条件所决定,在阶级社会中,思想具有明显的阶级性"[1]。《现代思想政治教育学》一书中,认为"思想教育"主要是进行世界观、方法论教育,不仅解决主观与客观相符合的问题,还要解决主观与客观如何符合的问题[2]。高校青年教师思想状况体现为在当前社会经济文化环境下,青年教师是否能用马克思主义思想武装自己的头脑,能否运用辩证唯物主义和历史唯物主义的观点来看待社会现实问题,能否灵活使用唯物辩证法来解决遇到的各种问题,从这个角度来讲,高校青年教师思想状况主要体现在世界观、人生观、价值观三个方面。因此,本书将从这三个方面对高校青年教师思想发展状况进行阐述:

(一) 世界观状况

世界观是人们对整个世界的看法和根本的观点,是人们对世界本质、人与周围世界的关系、人在世界中的地位和生存价值等一系列观点的总和[3]。从定义中,我们可以看出,世界观主要涉及的是教育对象对他所处其中的世界的看法,他只有深入了解其生存的世界,才能进一步产生对周围世界成熟的看法。因此,从这个意义上讲,世界观是高校青年教师对于其自身,对于生活于其中的世界以及与这个世界关系的根本观点。

马克思认为,人类之所以区别于动物,是因为人的一切活动是由

---

[1] 中国社会科学院语言研究所词典编辑室编:《现代汉语词典》,商务印书馆2002年版,第1194页。

[2] 张耀灿、郑永廷等主编:《现代思想政治教育学》,高等教育出版社2006年版,第261页。

[3] 陈万柏、张耀灿等主编:《思想政治教育学原理》,高等教育出版社2007年版,第180页。

意识所控制的，人的意识是在一定的思维方式和思维方法中展开的。世界观在高校青年教师思维方式上主要体现在他们是否能运用科学的思维方式思考问题，在认识事物的过程中能否运用联系、全面的观点看待问题、分析问题，是否善于透过纷繁复杂的社会现象抓住事物的本质，防止思想上的片面性和绝对化。

高校青年教师年龄多在28—40岁之间，大多经历了结婚、生子等必需的生活程序，加上从小就接受世界观教育，因而在这个阶段，他们大多都形成了比较稳定的世界观。在世界观方面绝大多数能坚持辩证唯物主义的方法看待问题，主流积极健康，为青年学生树立了良好的榜样。但同时也存在着一些不容忽视的现象。在此次调查中发现，有些青年教师在工作中一遇到问题，就只看压力方面，一味地抱怨压力大，缺乏克服困难的信心和勇气，不能积极主动地解决问题，进而产生严重的心理负担，影响到正常的工作和生活，看不到问题的普遍性，对事物的认识存在一定的片面性，不能运用联系的观点来客观看待事物，没有从事物发展的角度看到困难的暂时性；有的青年教师容易产生"一叶障目"的思维方式，在现实中只看到社会中存在的阴暗面，不能透过转型时期种种复杂的社会现象看到社会发展的趋势，不能看到社会发展过程中前进性和曲折性的统一。种种现象值得高校思政工作者们高度关注。

（二）人生观状况

人生观是指人们在实践中形成的对于人生目的和意义的根本看法和总的态度，人生观决定着人生道路的选择，决定了未来人生发展的方向①。人生观的内容丰富，向度多维。通过调查，发现高校青年教师人生观具有以下几个方面的特征：

1. 进取观方面：积极进取，开拓创新

如图5.1所示，问卷调查中，博士在读586人，已经取得博士学

---

① 陈万柏、张耀灿等主编：《思想政治教育学原理》，高等教育出版社2007年版，第188页。

位 2610 人，博士后在研 221 人，出站博士后 301 人。

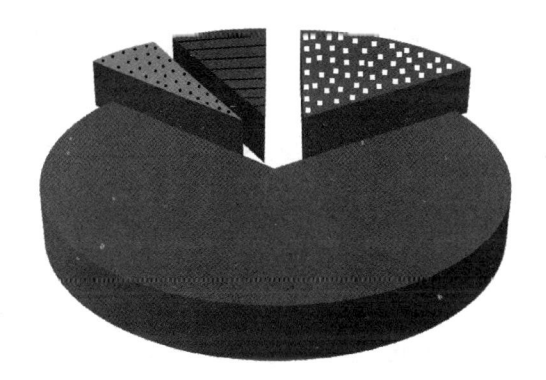

图 5.1 学历情况分布

同时，高校人事处提交的材料显示，以某"985"院校为例，该校 40 岁以下的青年教师具有博士学位的占比近 80%。另外一所"211"高校的人事处处长在座谈会上汇报称，该校专任 40 岁以下的青年教师从 2000 年的 45 名发展至 2013 年的 211 名，其中具有博士学位的青年教师占到专任教师的比例由 2000 年的 14.3% 上升到 2013 年的 38.2%。

由此可以看出，高校青年教师是青年知识层次最高的群体之一，还有相当一部分有博士后研究经历，这充分说明他们勇于攀登学术的高峰，与其自身奋发进取、积极向上的进取观密不可分。此外，一大批优秀的青年教师，不断学习探索前沿科学技能，抢占各学科领域的知识制高点，表现出极大的开拓性、创新性，已成为高校教学和科研的骨干力量。

2. 集体观方面：过度关注自我

今天的高校青年教师，大都出生于 20 世纪七八十年代，他们大都是独生子女，成长于比老一辈学者更优越的环境，看着米老鼠和唐老鸭的好莱坞大片，吃着肯德基、麦当劳等洋快餐长大，他们的思想受西方意识形态的影响比较大。同时，他们接受过科学、系统、全面的学术训练，不再是老一辈学术人那种具有理想主义情怀和奉献精神的群体本位主义者，那种知识断层的时代已经一去不复返，他们从升学到工作面临着激烈的竞争，积极追求更为实用的知识技能，如拥有多类资格能力证书，积极参加各类教学、科研竞赛活动，强烈渴望实现自我，希望得到他人与社会的认可、尊重、理解和信任。同时，他们又过度关注自我，容易以自我为中心，缺乏与人沟通和合作的能力，缺乏奉献精神。

表 5.1　　您认为高校青年教师最应加强的是（限选三项）

高校青年教师应加强的意识	频数（人）	百分比（%）
法制意识	295	3.1
效率意识	678	7.1
服务意识	654	6.9
竞争意识	498	5.2
市场意识	484	5.1
奉献意识	870	9.1
创新意识	1988	20.8
合作意识	1499	15.7
科学意识	958	10.1
政治意识	143	1.4
社会责任意识	1056	11.1
全局意识	424	4.4
总计	9547	100

通过表 5.1 的问卷调查数据，在"您认为高校青年教师最应加强的意识中"，"合作意识"这一项选择的频数是 1499 人，个案百分比占比 15.7%，仅次于"创新意识"，位居所有选项的第二名。"社会责任意识"这一项选择的频数是 1056 人，占比 11.1%，排名在第三位。"奉献意识"的选项虽然不是很高，但仍有 9.1% 的数量，说明高校青年教师缺乏奉献意识的现象也不少。由此可见，高校青年教师比较缺

乏合作意识，社会责任意识有待加强，在工作中仍需加强奉献意识。

这个结论在访谈中同样得到印证。在访谈中了解到，有部分青年教师觉得自己常有"被忽视感"，他们往往不是从自身的全局意识、合作意识、社会责任意识等方面查找原因，而是怪罪于组织和同事对自己的漠视。在他们的发言中均有提及此类内容，为节约文章的篇幅，在此仅选用一个较为生动的案例用以说明。

来自某省属高校文科院系的一位青年教师在座谈会上大倒苦水："我觉得我就像一位边缘人物。首先，在我们这所大学，我所属的这个院系学科就属于边缘学科；其次，在文科里面，我们又是公共课教师，又是边缘的；再次，我这个人又很边缘，我是从南方一所重点大学博士毕业后来到这里工作的，亲人不在这边，初来乍到，没有朋友，不像有些同事，这个是院长的学生，那个是学校的子弟，上面有好处他们总是第一个知道。我在这里爹不亲，娘不爱的，感觉人情世故很淡漠。"

3. 义利观方面：注重个人利益的实现

在现行的高等教育体制下，高校青年教师经济待遇与职称、学历、行政职务紧密挂钩，为确保自身事业的长期发展，在"科研就是一切"的指挥棒下，青年教师不得不到处跑课题、找人发论文、想办法攻读高一级学历、绞尽脑汁混个一官半职，这在很大程度上滋长了青年教师急功近利的思想。在座谈会上回答"怎么看待奉献和索取"的问题时，大多数青年教师回答寻求两者统一的方法，这表明高校青年教师在追求集体利益的同时，要求个人价值的实现。在市场经济大环境下，一些青年教师只讲究物质利益，放弃长期开展的理论研究，转而花大力气去搞能快速体现经济效益的科研成果，在一定程度上丧失了进取的动力。一个访谈对象直言不讳地在提到自己准备离职的原因时，强调主要是因为"所在的课题组没钱了，而且这个研究方向前途不是很大"。某名牌大学教授曾放言，现在的大学教师如果没有车，就不能证明中国的高等教育取得了进步。座谈会上一位青年教师在谈到这种过于注重个人利益实现的现象时说:"我们的同事有一小部分做一切努力都是为了职称晋升、职务升迁。记得我们学校三八节'五好家庭'代表发言时说的都是夫妻俩有多少科研项目、发了多少文章,对于家庭就仅只是感谢自己的婆婆照顾家庭,我认为这种舆论导向不像是在评'五好家庭',倒像是借机向领导表功。"

4. 幸福观方面:社会不公平感严重

幸福观主要衡量个人在家庭、社会组织中的内心感受,社会公平感是衡量个人在社会中幸福观的重要方面。社会不公平感是一种主观感受,它是人们对于社会现实中社会不平等状态和自己在社会不平等状态中所处的位置的评价和主观判断[①]。始于2001年中国社会科学院全国社会阶层调查课题组发现,教育与权力决定职业的声望,而职业是最重要的分层标准,财富和声望的认定都依附于职业的标准[②]。20世纪80年代,我国曾出现过"脑体倒挂"的现象,高校盛行"搞原子弹的不如卖茶叶蛋的",但随着近些年国家对知识、对人才的重视,高校教师社会地位比以前有了明显的好转,但与政商界人士相比,高校教师的相对经济地位不升反降。正如马克思所指出的经济基础决定上层建筑一样,高校青年教师的社会地位也由其收入水平所决定。在中国社会科学院社会学研究所发布的《当代中国社会的声望分层——职业声望与社会经济地位指数测量》报告中显示,在各种职业的社会地位排名中,大学老师排在第8位[③]。高校青年教师听起来是一门光鲜的职业,却在寒窗苦读了十几年甚至几十年后,无法获得与付出相匹配的经济收入,理想和现实的落差加剧了高校青年教师的社会不公平感。

---

① 王甫勤:《转型期社会不公平感的产生与调试》,《西安电子科技大学学报》(社会科学版)2007年第9期。

② 李春玲:《当代中国社会的声望分层——职业声望与社会经济地位指数测量》,《社会学研究》2005年第2期。

③ 同上。

座谈会上，有些青年教师自嘲为"学术民工"，"希望能提高高校青年教师的社会地位"是他们普遍反映得最多的一个问题。正如廉思在《工蜂：大学青年教师生存实录》中所呈现的那样，关于"如何认知自身社会地位"的问卷调查中，5138位被调查对象中，84.5%的认为自己处于社会中层及中层以下，其中，36%的认为自己属于"中下层"，13.7%的认为自己处于社会的"底层"，仅有14.1%的认为自己处于"中上层"，0.8%的认为自己处于"上层"，另有0.6%的受访者未回答此问题[①]。这一数字表明绝大多数青年教师认为自己处于社会中层以下，对自身社会地位的认知态度比较消极。"我们青年教师感觉在学校是最底层，学校的各种政策我们都不知道"。一个被誉为象牙塔里的精神贵族群体，非但没有"吾曹不出如苍生"的士大夫精神，也没有丁文江早在1920年倡导的精英意识，而是普遍地将自己归位于社会中下层，较高的生活压力令高校青年教师在个人公共情怀和世俗生活压力之间抉择和徘徊，较强的社会不公平感压抑着自我精神世界。

（三）价值观状况

价值观是人们在长期的价值生活实践中积淀和形成的有关客体对主体效应的看法或总的观点，是人们对所有价值和价值关系理性认识的结果[②]。

在此次调查中发现，回答"您认为一个人的价值取决于哪些（多选）?"时（如图5.2所示），53.8%的高校青年教师选择"对社会贡献的大小"，数量超过半数；47.2%的选择"人格是否高尚"；25.3%的选择"是否干出了一番轰轰烈烈的事业"。这说明绝大多数高校青年教师的价值取向是健康、积极、向上的，但也存在着一些问题不容

[①] 廉思：《工蜂：大学青年教师生存实录》，中信出版社2012年版，第305—306页。

[②] 杨业华：《当代中国大学生核心价值观研究》，人民出版社2012年版，第30页。

忽视。例如有18.4%的选择"社会名望的高低"、9%的选择"金钱的多少"、5.5%的选择"权力的大小",这反映出少数青年教师追求"名""利""权"的价值观现状。

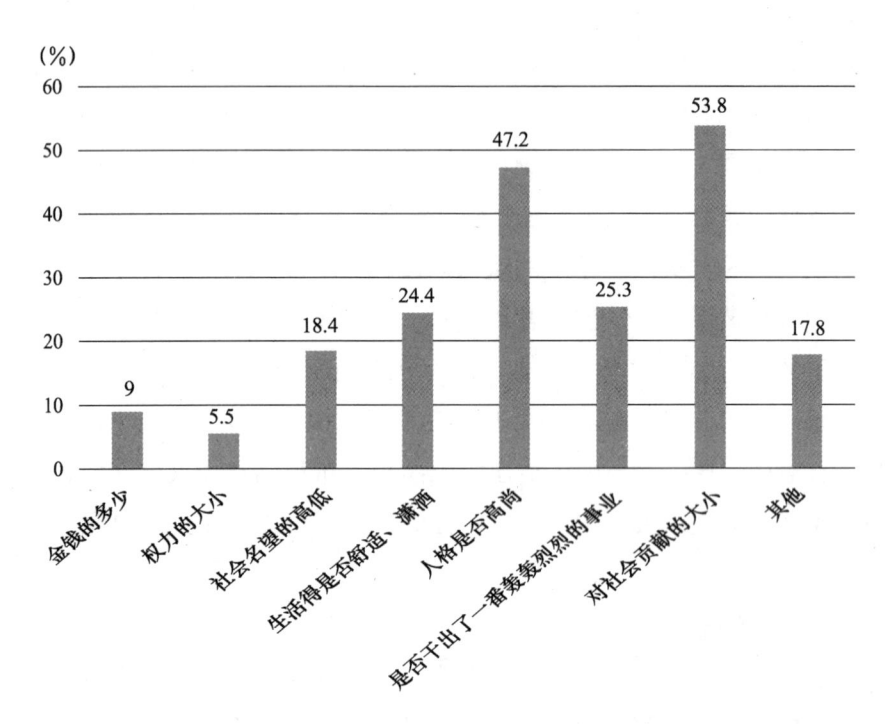

图5.2　您认为一个人的价值取决于数据柱状图

价值观作为一种意识和观念,其反映的是高校青年教师与客体属性之间的价值关系。总结当前高校青年教师价值观发展现状,具体体现还有以下两个方面:

1. 价值取向多元化

当今高校青年教师大多出生于20世纪七八十年代,互联网技术的日新月异使他们能够毫无障碍地从多种途径拓展他们的视野和提升知识水平,他们具有鲜明的时代特点:在价值观形成时期,经历了改革开放带来的市场经济的飞速发展,在成长过程中,又面临着来自升学、就业、住房的激烈竞争和生存压力。很多青年学者还有海外学习生活的经历，对国内外物质生活水平的差距和西方政治制度、价值观念等有比较深刻的体认。以美国为首的西方文化从未停止过对我国青年教师的思想渗透，如各种好莱坞大片向我国进行文化输出，高校青年教师便是重点对象之一。青年人对文化良莠缺乏判断，在文化娱乐、日常生活中容易自觉不自觉地受各种价值观念的影响。加上我国现阶段正处于深化改革时期，各种社会矛盾集中涌现，呈现出多种价值理念并存的局面，一部分青年教师缺乏考验，对重大问题的认识不够清晰，从而呈现出价值取向多元化的特点。

2. 认同并践行社会主义核心价值观

社会主义核心价值观是社会主义制度的精神内涵和思想基础，是引领中国特色社会主义建设的一面重要精神旗帜。党的十八大将社会主义核心价值观凝练为"富强、民主、文明、和谐、自由、平等、公正、法治、爱国、敬业、诚信、友善"[1]，在弘扬中华民族优秀传统道德的同时，对全党全社会的价值共识作出了重要的论断。

通过表5.2可以计算出，此次调查中，约80%的青年教师对社会主义核心价值观有较强的认同感，仅有4.4%的青年教师明确表示不认同，15.5%的表示没有感觉。

这说明当前湖北省高校青年教师绝大部分都对社会主义核心价值体系表示认同，高校青年教师对社会主义核心价值观的认知达到了一定程度，他们已经对社会主义核心价值观形成的历史背景和现实根源有较深刻的了解，对其形成了喜爱、肯定、认可的情绪，从理论上全面把握社会主义核心价值观，领会其精神和精髓，能够实现真正的内化。在践行社会主义核心价值观的过程中，湖北省高校青年教师已经成为高校教书育人一线的生力军，他们具有较高的专业知识水平、良好的科研能力及创新精神，既是推进高校教育教学成果不断提高的新生力量，又是引导学生成长成才的榜样力量。

---

[1] 中共中央宣传部：《习近平总书记系列重要讲话读本》，学习出版社2014年版，第93页。

表 5.2　　　　您对社会主义核心价值体系有认同感吗?

对社会主义核心价值体系的认同感	频数（人）	百分比（%）
非常认同	1083	30.2
一般认同	1782	49.7
不认同	156	4.4
没有感觉	556	15.5
缺失值	9	0.2
总计	3586	100

同时，也应当看到少数青年教师不认同的现象，这说明这些青年教师对社会主义核心价值观在内心中是拒斥的。此外，还有小部分青年教师没有感觉的情况不容忽视，这部分青年教师表现为对社会主义核心价值观不以为然，他们认为社会主义核心价值观可有可无，与其自身没有直接的关系。

二　政治状况

政治观是人们对国家的政治关系、政治活动的根本观点，就我国现阶段而言，政治观是特指人们对党和国家的路线、方针、政策所持的根本立场、根本态度和根本方法[①]。从总体上看，高校青年教师政治状况主体健康积极向上，绝大多数有坚定的马克思主义政治立场，能够产生强烈的政治情感，对中国特色社会主义理论体系等基本政治观点认识不断深化。

通过研究，发现高校青年教师政治观具有以下几个方面的特征：

（一）绝大多数能够坚持马克思主义信仰

在当前新形势下，高校青年教师坚持马克思主义在我国政治经济文化生活领域中的指导地位，对马克思主义中国化的基本理论问题不

---

① 陈万柏、张耀灿等主编：《思想政治教育学原理》，高等教育出版社2007年版，第182页。

断深化,绝大多数能够以马克思主义作为自己的信仰,热爱祖国,热爱中国共产党,热爱社会主义,能够积极拥护党和政府在现阶段所采取的路线、方针和政策,对党中央充满了希望,对实现中华民族伟大复兴的"中国梦"满怀信心。此次调查中,有90.2%的青年教师认同中国特色社会主义政治信仰,95.6%的青年教师对社会主义有足够的信心,约80%的青年教师对社会主义核心价值观有较强的认同感。2013年湖北省教育工会课题《高校青年教师政治信仰现状》的数据调查显示,84%的教师认为马克思主义具有与时俱进的理论特点,中国必须坚持以马克思主义作为主流意识形态,有90%的青年教师赞同"必须坚持多党合作和政治协商制度,而不能搞西方的多党制",85%的教师认为中国特色社会主义理论体系是我们党的执政之基[1]。这些一连串的数据充分体现了湖北省高校青年教师绝大多数都能够坚持马克思主义信仰。

高校青年教师能坚持马克思主义信仰还体现出他们对我国未来的发展趋势看好,对中国特色社会主义前景满怀信心。湖北省教育工会的调查表明,95.6%的青年教师对社会主义有足够的信心,对党的建设给了极大的关注。在看待中国特色社会主义发展前景问题上,86%的教师表示很有信心、较有信心。同时,还有92%的教师认为中国共产党是中国特色社会主义事业的领导核心,87%的教师完全赞同和比较赞同我国社会主义建设必须坚持和完善中国共产党的领导[2]。

由此可见,绝大多数高校青年教师都有坚定的共产主义理想信念,这表现为坚定的马克思主义信仰,对中国特色社会主义道路的政治认同,对党和政府执政能力肯定的政治情感,对祖国未来趋势的看好的政治方向。

然而,随着我国社会主义市场经济的深入发展,改革已进入攻坚

---

[1] 中国教科文卫体工会编:《求索:2012—2013年中国教科文卫体工会优秀调研报告优秀论文选》,中国工人出版社2013年版,第32—37页。

[2] 同上。

克难的深水阶段，社会主义经济成分、分配方式、利益关系多样化，与之相适应的思想文化也呈多样化发展。拜金主义、享乐主义、极端个人主义不良风气的滋长，以权谋私等消极腐败现象屡禁不止，各种资本主义腐朽思想、新自由主义浪潮等披着五颜六色的外衣通过各种新媒体手段加强对高校青年教师的侵蚀。与此同时，高校这座曾被人们视为"象牙塔"的学术净地也沾染上了各种不良之风：除了令人屡见不鲜的抄袭剽窃现象之外，一些学术大佬们利用手中的资源非法套取学术经费，个别学术领导因生活作风问题被迫下台，还有教授诱奸门事件等频频爆发。在各种消极因素的影响下，我国高校青年教师理想信念方面确实存在着一些不容忽视的问题：有的高校青年教师留学海外多年，早已习惯了西方自由主义、实用主义的思想，认为共产主义的理想与自己无关；有的高校青年教师马克思主义理想信念不坚定，认为共产主义的实现可望而不可即，对中国共产党缺乏信心，甚至会产生怀疑中国特色社会主义事业能否成功的思想；有的高校青年教师思想迷惘，意志消沉，精神空虚，缺乏人生理想，"做一天和尚撞一天钟"。因此，在当前各种社会矛盾突出、各种思想文化激荡的敏感时期，迫切需要采取相关措施加强高校青年教师的理想信念教育。

（二）政治立场坚定，积极向党组织靠拢

政治立场即高校青年教师在工作和生活中面对问题和处理问题时是站在无产阶级的立场上看问题，还是资产阶级的立场上看问题。习近平同志在全国高校党建工作会议上强调，要加强高校党建工作，必须把优秀知识分子吸收到党内来①。在此次问卷调查中，大多数高校青年教师都能有坚定的无产阶级立场，有 74.3% 的被调查者的政治面貌是中共党员，参加与会座谈的 136 名代表全部都是中共党员，这充分说明绝大多数高校青年教师的政治立场非常坚定，能够积极向党组

---

① 《第二十次全国高校党建工作会议召开——习近平会见会议代表讲话》，《光明日报》2012 年 1 月 4 日第 2 版。

织靠拢。

(三) 政治情感上有较强的参与意愿

政治参与有两个基本特点:"一是自愿性,即政治参与是公民在自愿的基础上,积极主动地参与影响政治事务的行为,非自愿的行为不属于政治参与;二是选择性,即公民参与政治可以表达不同的看法和意愿,可以选择不同的行为来表达自己的看法和意愿,非选择的行为不属于政治参与。"① 一般而言,较高的知识水平往往伴随着较高的政治参与度。

此次调查显示,在 3586 名被调查者中,每天都看新闻、看报纸了解国内外大事的有 53.6%,偶尔看看的有 42.78%(见图 5.3),日常关注的信息居前三名的分别是时政要闻、科学技术和文化娱乐(见图5.4),这说明高校青年教师热心时政,关注现实生活中的大政方针,对自我教育、自我管理等抱有浓厚的兴趣,对政治活动参与意识强烈。在高校青年教师的政治参与内容方面,廉思副教授所带领的课题组研究归纳出以下四个特征:"青年教师群体对社会事件的关注远远超过

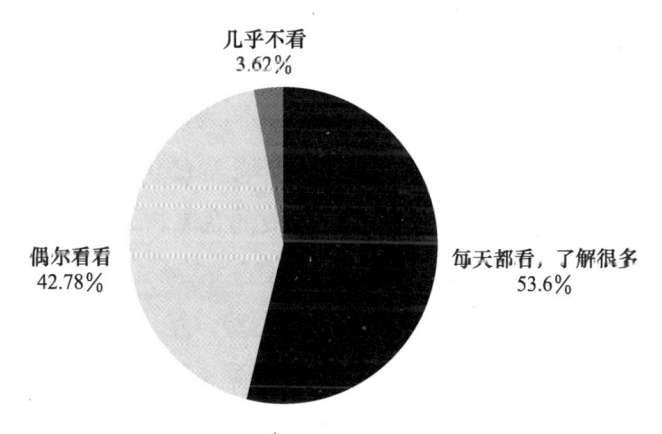

图 5.3 每天看新闻、看报纸频率饼状图

---

① 黄少华、武玉鹏:《网络行为研究现状:一个文献综述》,《兰州大学学报》(社会科学版) 2007 年第 3 期。

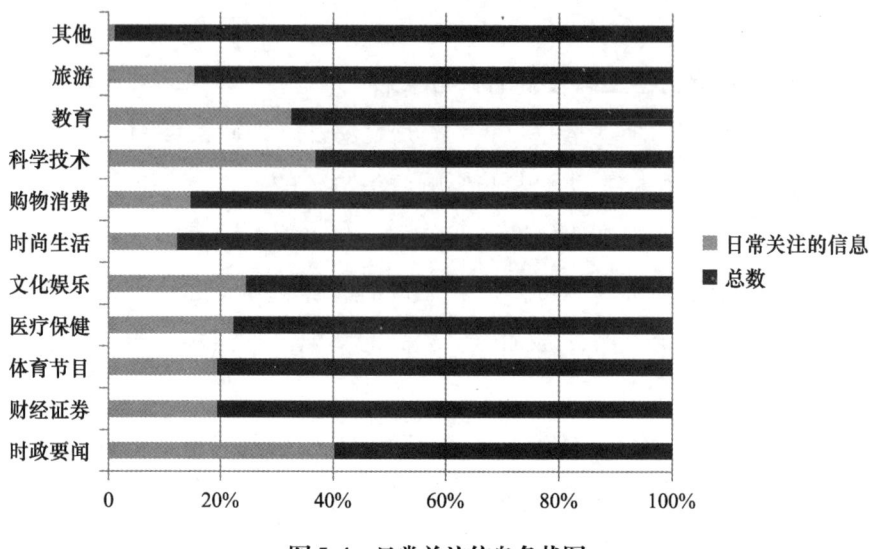

图 5.4 日常关注信息条状图

对于政治事件的关注；对与自身关系相对紧密事件的关注程度高于距离自己相对较远的事件；事件关注度同事件本身的发生时间宣传力度不大；青年教师对社会上具有广泛争议性的事件关注程度较高，而对报道口径相对一致的事件缺乏热情。"[1]

（四）善于运用网络参政方法

根据廉思团队的调查，受访者中认为参政议政渠道相对畅通的比例为 15.8%，而认为不够畅通或者完全不畅通的比例竟高达 84.2%[2]。这说明当前存在着高校青年教师参政议政的意愿与渠道相背离的情况，较高的政治参与热情与较少的政治参与渠道并存。

由于互联网的自由、平等、开放、免费、互动、虚拟等特点，广大高校青年教师选择网络平台为首选信息源，网络为该群体的政治参与提供了可能。这个可以从廉思团队的调查数据中得到借鉴：有 90.3% 的青年教师开通了微博，远高于全国平均水平，在这九成已开

---

[1] 廉思：《工蜂：大学青年教师生存实录》，中信出版社 2012 年版，第 279 页。
[2] 同上书，第 310 页。

通微博的青年教师中，每周更新2次以下的占60.4%，每周更新3—6次的为22.6%，每周更新7—20次的为15.6%，每周更新20次以上的为1.4%，其中"为抒发个人情绪和情感"而使用微博的占41.8%，为"关注或寻找有价值的社会问题"而使用微博的占27.5%，为"发表自己的成果或发表意见"的占41.6%[1]。通过对湖北省的调查中发现，有近三成受访者表示曾"通过代理服务器浏览境外网站"。这种主动外向型的参与偏好，充分体现了该群体网络政治参与的强烈渴望与诉求。

三 道德状况

道德是由经济关系决定的，依靠社会舆论、风俗习惯和内心信念来维系，并以善恶为评价标准，调整个人与他人以及社会的相互关系的心理意识和行为规范的总和[2]。道德应包括社会公德、职业道德、家庭美德[3]。结合高校青年教师职业特点，由于文章篇幅所限，对于高校青年教师道德观主要集中在职业道德方面的阐述。职业道德主要体现为师德师风和学术道德这两个方面：

（一）师德师风状况

所谓师德师风，即教师所具备的基本道德素养和教师队伍中的风气。师德师风是高校教师职业道德的重要方面。优秀的师德师风包括爱岗敬业、教书育人、诲人不倦、有教无类等。我国政府历来高度重视高校教师的师德师风建设。2010年9月15日，湖北省教育厅发布了《关于加强和改进高等学校师德师风建设的意见》，提出不断提高湖北省高校教师的思想政治素质和职业道德水平，努力建设一支师德高尚、

---

[1] 廉思：《工蜂：大学青年教师生存实录》，中信出版社2012年版，第313—314页。

[2] 陈万柏、张耀灿等主编：《思想政治教育学原理》，高等教育出版社2007年版，第195页。

[3] 张耀灿、郑永廷等：《现代思想政治教育学》，人民出版社2006年版，第262页。

业务精湛、忠诚于人民教育事业的高校教师队伍。

　　大多数高校青年教师忠于职守，安心教学工作，能够严谨治学，为人师表，无私奉献，教书育人，为广大青年学生树立了平凡而又崇高的榜样，为发展湖北省高等教育事业做出了积极贡献。自2008年以来，共有155人获得全省"青年教师教学能手"称号，有30人同时荣获湖北五一劳动奖章，有2人在全国青年教师教学竞赛中获一等奖，一人获二等奖，其中有一人荣获全国五一劳动奖章。2013年度"湖北青年五四奖章"的获得者湖北大学李荣娟老师是美好师德的践行者，她非常热爱学生，从不训斥学生，说学生犯错了，要先保护，再开导。她担任班主任，承担学生德育工作。班里有个同学性格异常，李老师十分担心，嘱咐宿舍同学，有问题要随时向她报告。有一天晚上，她收到信息说那个学生床上有安眠药，连夜她从汉口赶到学生宿舍，陪着那个孩子待了一整夜。半夜三点，有同学喝酒打架受伤，李老师在派出所和医院间来回奔波。诸如此类案例，不胜枚举。这些青年教师们用一颗颗热爱学生的心浇灌出美丽的师德之花。

　　在调查中发现，当前湖北省高校青年教师的师德师风状况，主流是好的，但如表5.3所示，目前高校青年教师的师德师风仍存在着育人意识淡薄、爱岗敬业精神不强、自身表率作用欠缺、合作精神不强的问题不容忽视。

表5.3　　　　您认为当前师德师风存在的主要问题分布

	频数（次）	百分比（%）	有效百分比（%）
育人意识淡薄	1182	32.96	33.13
爱岗敬业精神不强	1048	29.22	29.37
自身表率作用欠缺	329	9.17	9.22
合作精神不强	1009	28.14	28.28
回收	3568	99.49	100.0
缺失值	18	0.51	
发放	3586	100.0	

1. 育人意识淡薄

正所谓"经师易遇，人师难遭"，对于教师来说，教书只是途径，育人才是目的。部分高校青年教师片面地认为自己的职责就是给学生传授专业技术知识，以帮助他们掌握将来就业的一技之长。问卷调查中，有32.96%的表现为"育人意识淡薄"，这个入选频次还比较高，有1182次。通过进一步了解，部分教师的工作范围只限于课堂教学，上课即来，下课即走，片面地认为学生的思想道德素质教育、身心健康问题、个性上的发展、个人生活问题应该是党务干部、学生辅导员的事情，对学生缺乏爱心，对学生的思想动态不闻不问，对学生的违纪行为视而不见，也不批评教育，不愿多花时间去了解，掌握学生的动态。

2. 爱岗敬业精神不强

目前，大多数高校对教师计酬和奖励是按课时、按发表文章的数量来进行年终分配，于是一些青年教师就出现了按酬付劳，"钱多多干，钱少少干，无钱不干"的单纯雇用思想。在市场经济和社会转型时期一些负面因素的影响下，部分高校青年教师仅把自己的职业当作一种谋生的手段，而未把它看作承担着传承人类科学文化知识的一项事业。问卷调查数据显示，有29.22%的青年教师敬业意识淡薄，他们对选择教师的职业感到无奈，"做一天和尚撞一天钟"。一些青年教师上课仅带着一个U盘进教室，备课变得可有可无，无意对教学内容、教学形式和教学效果进行探索和研究。座谈会上，有一位青年教师当着教务处、人事处领导的面，说得很直接。他说："上课嘛，就是把课应付过去，教学只是很小的一部分，主要是其他方面搞好，而且我们学校的课酬已经很低了，与其花那么多时间和精力在教学上，还不如去外面多赚点，不是我个人道德有问题，只是我说出了大家的心声，我想很少有人会去想怎么把课上好的。"尽管这种人并不多，但在一定程度上严重损坏了青年教师的形象。

3. 自身表率作用欠缺

孔子曰："其身正，不令而行。其身不正，虽令不从。"[①] 高校青年教师与当代大学生们年龄接近，其言行举止将深刻影响着学生价值观的形成。当前高校青年教师整体师德情况表现不错，但是少数青年教师师表意识淡薄，自尊自爱精神欠缺，个别青年教师仪表不整，着装不够得体，举止不够文明，有的教师甚至私底下收受学生和家长的礼品礼金。这虽然只是个别现象，但经网络曝光后，引起了轩然大波，将高校教师素来为人师表的崇高形象洒落了一地。

4. 合作精神不强

根据表5.3显示，有28.14%的青年教师表现为"合作精神不强"。虽然高校青年教师队伍整体表现出锐意进取、自强不息的特点，但少数青年教师学术功利化思想比较严重，认为与他人合作课题研究，课题费要分给其他参与者，不划算，而看不到课题研究中需要多学科交流和碰撞，学术同人之间互相取长补短的过程；倘若以参与者的形式参加到其他课题组，又觉得自己忙前忙后的结果只是挂了个名而已，得不到经济回报，况且不是自己主持的课题，评职称也不能起关键作用，索性互相推诿，不愿意参与分工合作。

（二）学术道德状况

学术道德是指从事研究活动的主体，在进行学术研究活动的整个过程及结果中处理个人与他人、个人与社会、个人与自然的关系时所应遵循的行为准则和规范的总和[②]。

调查中，高校青年教师认为当前学术不端的现象比较普遍：有的为了职称、考核的需要，无视学术规范，不讲学术道德，有的请他人代写论文，有的把实验数据弄虚作假以求达到自己预设好的结果，有的直接复制粘贴剽窃他人的研究成果，有的则把别人的文章东拼西凑成一篇可供发表的论文等。廉思团队的调研成果显示，除了"抄袭剽窃他人的研

[①] 朱熹：《四书集注》，中华书局2011年版，第135页。

[②] 廉思：《工蜂：大学青年教师生存实录》，中信出版社2012年版，第319页。

究成果"和"伪造数据"两类较为恶性的学术违规现象,其他行为如"一稿多投、多发""发表文章交纳非正常版面费""在没有参与的科研成果上挂名""学校职称评定论资排辈""在课题申请、评奖时拉关系、走后门"的行为关注度得分都超过了3分[1]。这表明青年教师群体倾向于在所提及的诸多学术不端行为中,除"抄袭剽窃他人研究成果"和"伪造数据"之外,均普遍存在于我国学界。2006年3月,国家自然科学基金监督委员会发布的第一期简报表示,2005年弄虚作假的20个反面案例中高校占了15个,而其中绝大多数都是青年教师所为[2]。

第二节 影响因素分析

从调查的总体情况来看,大多数的高校青年教师具有良好的思想状况和精神风貌,但在思想发展过程中也存在着一系列不成熟、不稳定的问题。任何问题的产生都有因可循,高校青年教师思想发展存在的问题由社会、学校、个人等多方面的因素造成。深入探析造成高校青年教师思想发展问题的原因,对高校青年教师发展视域下的思想政治教育研究意义重大。

一 社会因素

社会方面对高校青年教师发展视域下的思想政治教育影响是多方面的,本书主要从经济基础、外部大环境和互联网的技术阵地三个方面进行分析。

(一)改革开放和市场经济的发展是影响高校青年教师主体意识的经济基础

改革开放带来了中国经济的飞速发展,截至2009年年底,我国已

---

[1] 廉思:《工蜂:大学青年教师生存实录》,中信出版社2012年版,第320页。
[2] 李健、赵飞鹏:《数十万研究生才出校门就执教鞭》,《中国青年报》2007年3月13日第2版。

超过日本成为世界第二大经济体。在市场经济条件下，企业作为市场主体，要求能够自主经营、自负盈亏、优胜劣汰、责权利相统一，这种重视个体自由、独立、平等、权益的主体意识，促进了高校青年教师的个人价值取向由群体本位的价值观向个体本位的价值观偏移。同时，社会主义初级阶段多种所有制并存的实际，多种形态的市场主体有各自不同的理想信念、价值选择、经济利益。他们的价值观必然会对高校青年教师群体产生多元化的影响。随着市场经济的不断发展，个人权利的合法性日益得到肯定和保障。市场经济中的金钱至上、利益至上的不良风气对高校青年教师的浸染不容忽视，尤其是在当前社会主义市场经济转型时期，受物质主义的影响，世界观、价值观、人生观难免扭曲。当代高校青年教师开始追求务实进取、协调兼容的价值选择，他们开始在集体利益中寻求个人利益的统一，他们既体会到了知识报国的价值，又看重物质上的回报，他们从理想主义向现实主义转化。

改革开放以来，我国经济经历了连续十几年的高速增长，创造了举世瞩目的经济发展奇迹。然而，改革发展中出现的各种问题，如贪污腐败现象、社会发展不平衡、司法不公正、环境问题突出、贫富差距加大等现象，导致部分高校青年教师政治信仰缺失，金钱万能的社会风气使得尊师重教的传统日渐消失，高校教师这一职业得不到社会应有的尊重。座谈会上，许多老师表示对此苦恼不已。

（二）经济全球化带来的文化多元化是高校青年教师思想冲击激荡的外部大环境

在经济全球化时代，各国文化的交往如同经济一样日益密切而频繁。现代化的交通与先进的网络技术打破了原有的各国间的地域隔绝和时空限制的状态，在世界范围内，不同文化的碰撞与融合、冲突与交流充分展现了全球化时代下文化的多元性，呈现出比以往任何时代都更加复杂与密切的联结。

随着改革开放的不断深入，人们在日常的工作和生活中日益感受到文化多元性带来的冲击和变化,在汲取各国优秀文化精髓的同时,不可避免地给人们带来政治信仰、价值观念、人生追求的思想撞击,甚至各种私利主义和腐朽思想沉渣泛起,极大地冲击着高校青年教师群体原有的信仰体系、道德规范和行为取向,容易导致高校青年教师群体淡化马克思主义的政治信仰,缺乏对中华民族的民族认同和有意识的推脱社会责任。

(三) 互联网为西方价值观进行渗透提供技术阵地

互联网的兴起对世界政治、经济、文化、科技、军事等领域产生了深刻影响,它以信息容量大、传播速度快、受众人数多的特点,引起了信息传播方法的巨大变革,已成为宣传舆论阵地的制高点。早在2000年12月20日,胡锦涛同志在共青团十四届四中全会上讲话时强调:"特别要认真研究互联网对青年带来的影响,努力建设思想政治工作的新阵地,打好网上宣传教育的主动仗,努力使互联网成为广大青年获取知识信息的新窗口和接受思想教育的新途径。"[①] 高校青年教师是接触互联网最多的群体之一,针对青年人好奇心强、接受性快的特点,西方资产阶级利用互联网技术,以更加隐蔽的方法对我国青年进行资产阶级思想文化的渗透,利用人权、民主、自由、民族、宗教等问题推销西方价值观。同时,互联网色情的蔓延、虚假新闻的泛滥、垃圾信息的堆积、敌对势力的煽动、网络虚拟生活等都对高校青年教师的思想、政治、道德产生了潜移默化的影响。

二 学校因素

在高校扩招的大背景下,大批专门性、学术性的青年人才充实到高校教师队伍,高校往往高度重视应聘者的教学能力和科研成果而容易忽视思想道德素质的考察,同时学校对教师的考核考评制度上,容易重业务而轻政治,忽视青年教师的思想政治教育工作。这表现在以

[①]《胡锦涛同志在共青团十四届四中全会上的讲话》,《人民日报》2000年6月4日第1版。

下几个方面：

（一）缺乏深入细致的调查研究

尽管在调查中发现，部分高校定期都会组织青年教师召开座谈会，相关部门领导会到场聆听青年教师的心声，但大部分都只停留在听取诉求方面，而未能着力解决他们现实中的工作、生活问题，对青年教师思想政治教育工作所处的地位、所面临的形势、所承担的任务以及工作对象的特点、舆论环境的优劣等客观情况和思想政治工作机构的设置、专职政工干部队伍现状、基本工作方式、主要工作成绩、工作经验以及差距、问题等缺乏细致的了解和深入的调查。

此外，长期以来，高校青年教师思想政治教育一般是应付上级的检查，一旦政策上有要求，高校就敷衍了事，缺乏各方面力量齐抓共管、职责分明的工作机制，缺乏嗅觉灵敏、反应快捷、运转高效的思想政治教育的信息反馈和调控机制，不能及时有效地把握青年教师的思想动向和心理动态。

（二）培养和发展优秀分子入党的力度不够

调查显示（如图5.5），中共党员的比例虽有74.3%，但其余分别为5%的民主党派人士，2%的共青团员，18.6%的无党派人士的现象不容忽视。同时，有81.9%的非党员青年教师曾经写过入党申请书，这说明大多数青年教师还是有入党愿望的。然而，学校却并没有在业务上和思想上对于他们给予更多的关心和鼓励，很少在完成各项任务的实践中给予锻炼，接受考验。此外，从基层党组织的健全程度来看，有的支部因为人员调整或调动等原因，尚未建立新的支部，部分青年教师想入党却找不到组织，时间一长，青年教师的入党热情就被消磨。有些基层党组织存在着"坐等"思想，忽略了为青年人的进步成长创造良好的氛围，没有及时宣传党的理论、方针和政策，不能及时就青年教师在生活上、工作中遇到的问题进行思想上的疏导。

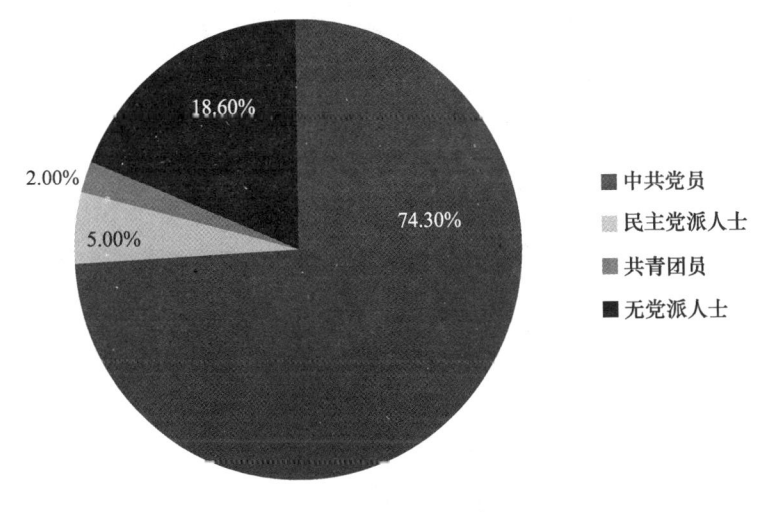

图 5.5　政治面貌饼状图

（三）内容缺乏针对性和吸引力

目前，高校缺乏一支业务精湛的青年教师思想政治教育队伍，对青年教师的思想政治教育内容往往以"读报告，听政策，写学习体会"的形式体现，令人枯燥无比，同时在当今网络技术高度发达的情况下，青年教师通过网络获取了大量的信息、知识和各种时事动态，他们对说教式的理论灌输自然提不起学习的兴趣，加上不太注意运用先进的教育方法和手段，因而，对青年教师进行思想教育显得底气不足。"都不知道为什么学校一搞思想政治教育就是学习时事政策，永远都是我们坐在台下听报告，讲的那些东西我们自己不能在网上看吗？又不是高中生了。其实，我和同事们对这种学习方式挺反感的，但是没有办法啊，每次学习的时候要打考勤，如果不去就要在大会上通报批评，不瞒你说，基本上我们都坐在台下玩手机，有的同事甚至在睡觉，反正敷衍呗，学校在敷衍，我们也在敷衍。"一位老师在访谈中这样说。

三　个人因素

从个人方面来说，高校青年教师首先是青年人，他们具有青年人的社会特征，但同时又具有一般青年人所不具备的特质。与此同时，结合高校青年教师的职业特点，个人方面的因素可以总结有以下几个方面。

（一）思想状况容易出现各种问题

作为青年人，高校青年教师的生理特点决定了他们的思想容易受外界事物的影响，容易产生情绪上的波动，对待社会事物缺乏判断经验，缺乏理智的思考，容易产生冲动的想法。青年教师社会阅历浅，往往处理事情的方式方法过于简单，缺乏周全的思考。加上当前的高校青年教师大多是独生子女，缺乏艰苦奋斗、吃苦耐劳的精神。他们成长于社会主义建设时期，目睹了改革开放所取得的巨大成就，经历了从升学到就业的激烈竞争，传统文化对他们的影响较小，更多的是接受多元文化的影响。他们有理想、有抱负，但缺乏战胜困难的信心和勇气。有的老师不能处理好个人与集体、国家的关系，片面追求个人利益，容易只考虑眼前利益而忽视其他更加有力的价值追求。

（二）多重人格容易产生抵触情绪

从一般意义的心理学内涵来看，人格是在一定历史条件下具体的人所具有的意识倾向性以及经常出现的比较稳定的心理特征的总和，包括兴趣、爱好、信念、性格、气质和能力等[①]。高校青年教师一般兴趣爱好广泛，容易接收外界的新事物，具有很强的独立意识和创新思维，不愿意迷信权威，敢于挑战传统，面对工作生活中的困境不愿意逆来顺受，强调在群体中的个性特点，追求个性的体现，特别容易在思想上对外界产生强烈的抵触和排斥心理，造成有的青年教师分别在世界观、政治观、人生观方面出现各种值得注意的问题。

（三）长期处于超负荷工作的状态

高校青年教师身处教学科研的第一线，工作任务较重，有的高校青年教师除了沉重的科研和教学压力外，还同时担任几个班级的班主

---

① 高军：《青年知识分子》，中央编译出版社2008年版，第228页。

任工作。由于高校青年教师专业发展正处于起步阶段，自身面临着考评考核、专业成长、职称晋升等方面的压力。多数青年教师表示自己每天都在晚上11点以后睡觉，即便是社会上普遍认为比较清闲的寒暑假也要写论文、填标书、忙课题，许多青年教师表示暑假最多只有十来天的休息时间。长此以往，精力和体力严重透支。加上来自生活中的各种困难和问题，工作和生活带来的多重压力让他们疲于奔命，使这一群体无暇顾及自身思想政治素质的提高。

第三节 贴近思想发展状况进行思想政治教育

从上述高校青年教师思想观念发展变化的特点以及对造成高校青年教师思想观念出现问题的原因分析来看，高校青年教师思想观念的建设和引导可以从两方面进行：一方面，涉及高校青年教师思想观念变化功能性指标，使高校青年教师思想观念由低级向高级发展、由消极向积极方向发展，促进高校青年教师思想观念的健康发展；另一方面，涉及高校青年教师思想观念发展的方向性指标，使高校青年教师思想观念按照社会主导的思想观念由个体本位向社会本位发展。这两方面的思想观念发展指标是相辅相成、共同促进的，有利于促进高校青年教师思想观念积极、向上发展。在这种思想基础上，提出如下高校青年教师思想观念引导的具体策略：

一 贴近思想发展状况进行思想教育

贴近高校青年教师思想发展状况进行思想教育，应主要从加强世界观、人生观、价值观三个方面进行努力。

（一）加强世界观教育

世界观是在社会实践中不断产生和完善的。针对当前高校青年教师世界观方面存在的一些问题，加强世界观教育，主要应从引导他们树立唯物主义的世界观和方法论上下功夫。

马克思主义认为，物质决定意识，意识是物质的反映。引导高校青年教师坚持唯物主义的世界观，要求高校青年教师一切从实际出发，坚持实事求是的观点。毛泽东曾指出，实事求是的观点是中国共产党取得革命胜利的三大法宝之一，由此可见，实事求是的观点对于事物发展的关键性作用。科学研究是一项非常严谨的智力劳动，科学理论的创新不容许半点虚假，高校青年教师工作的特殊性，要求青年教师在工作中要保持高度认真负责的态度，坚持实事求是的观点。意识对物质具有反作用，正确的意识促进事物的发展，错误的意识则会阻碍事物的发展。这就要求青年教师在思想政治教育工作中必须更加重视精神的力量，树立正确的意识，自觉摈弃错误的思想意识。

引导高校青年教师坚持辩证唯物主义的观点解决问题，首先，应坚持用联系的方法看待问题，联系是指事物之间相互制约、相互影响的关系。高校青年教师社会阅历浅，看待问题容易片面化，缺乏全局意识，容易主观随意地下结论。辩证唯物主义告诉我们，联系是普遍存在的，整个世界是一个相互联系的有机整体，联系的观点反对孤立地看待问题，这就要求高校青年教师能够全面分析事物存在和发展的各种原因条件，善于从固有的联系中把握问题。其次，应坚持发展的眼光看待问题。任何事物都处在不断的发展过程之中，前途是光明的，道路是曲折的。高校青年教师既要有充分的信心，又要做好思想准备，认识到现实存在的一系列困难和问题只是暂时的，要勇敢地接受挫折和挑战。同时，还要学会用发展的观点处理问题，勇于破除一切因循守旧、墨守成规的思想，敢于推动科学技术创新。最后，应坚持一分为二的观点看待问题。高校青年教师在社会生活中会面临许多问题，要学会统筹兼顾，坚持一分为二的观点看待问题，不仅要正确把握事物的正面，也要看到事物的对立面在一定条件下可以相互转化。

（二）加强人生观教育

对当前高校青年教师实施正确的人生观引导，首先必须科学地全面认识并掌握当前高校青年教师人生观方面的特点，需要了解他们对于人生的价值追求,掌握他们独特的生理心理生成、情感交往方式、思维方式、生活方式和行动方式,同时还要了解他们在生活和行动中所受到的各种环境影响。在当前社会转型时期,由于来自外部社会、家庭等方面的影响,高校青年教师的人生观呈现出更加复杂的特点。江泽民同志曾指出,"改革越深化,越要正确认识和处理各种利益关系,把个人利益与集体利益、局部利益与整体利益、当前利益与长远利益正确地统一和结合起来,把最广大人民群众的切身利益实现好、维护好、发展好,把他们的积极性引导好、保护好、发挥好"[①]。所以应注重深入青年教师当中开展调查研究,掌握高校青年教师的心理动态,不能只用一个固定标准来衡量当前高校青年教师的人生观,而应采取多元化的评价体系,找到工作的切入点,对症下药,有针对性地开展适合青年教师的人生观教育。

对当前高校青年教师人生观取向的把握,并不是一味地迎合当下流行的人生观,要侧重于结合其高校教师的职业特点和强调作为青年本身的契合性,不是盲目地为青年教师设定某种抽象的人生观方向而使他们盲目追逐,而应探索如何发挥青年教师的主动性,把社会主义核心价值观自觉内化为人生观的主动追求方向。

首先,应坚持求同存异,避免先入为主的思维误区。青年教师都是具有独立个体的"人",他们每个人的思维方式和生活学习经历都不相同,每个人都有不同的性格特点。因此,他们的人生观各有差异,不能搞"一刀切"的方法,拿社会上所谓的成功标准、价值维度来对青年教师进行人生观教育,因而片面理解人生价值的含义。其次,应坚持联系青年教师的工作和生活实际对其进行人生观教育。人生观教育若脱离了与青年教师息息相关的工作和生活,那效果只能是"彼岸世界的花朵",禁不起现实的推敲,不能使青年教师产生心灵上的共鸣,因而达不到其预设的效果。最后,应采取春风化雨润物无声的方

[①] 《十五大以来重要文献选编》(上),人民出版社2000年版,第692页。

式来进行教育。青年教师一般学历较高,对社会事物有自己的主见,对人生理想有自己的规划,一味采取生硬的灌输教育方式,有可能会让青年教师产生思想政治教育枯燥无味的思维定式,引起他们的反叛和排斥心理。

(三) 加强价值观教育

加强高校青年教师价值观教育,主要从培养和践行社会主义核心价值观方向努力。

党的十八大报告中,从国家、社会、个人三个层面,提出了24个字的"三个倡导",既体现了社会主义的本质追求,又蕴含着中国传统文化的价值精髓,既有精神层面的指导意义,又有落实在行动上的可行性,这为高校青年教师社会主义核心价值观培养提供了基本遵循。"在价值观体系中,核心价值观最稳固、最持久、最有统摄性,也最具渗透性"[1]。习近平主席在北大考察时指出:"我为什么要对青年讲社会主义核心价值观这个问题?是因为青年的价值取向决定了未来整个社会的价值取向,而青年又处在价值观形成和确立的时期,抓好这一时期的价值观养成十分重要,这就像穿衣服扣扣子一样,如果第一粒扣子扣错了,剩余的扣子都会扣错,人生的扣子从一开始就要扣好。"[2] 高校青年教师是中国优秀青年的代表,是引风气之先的社会力量,他们的价值取向在很大程度上体现了青年一代的道德水准和精神风貌,因此,巩固高校师生共同的思想道德基础,大力加强青年教师的社会主义核心价值观教育,把培养和弘扬社会主义核心价值观作为高校凝心聚气、强基固本的基础工程十分必要。

培养青年教师的社会主义核心价值观,要求广大青年教师要把正确的道德认知、自觉的道德养成、积极的道德实践紧密结合起来,自

---

[1] 杨业华:《当代中国大学生核心价值观研究》,人民出版社2011年版,第39页。

[2] 习近平:《青年要自觉践行社会主义核心价值观》,《人民日报》2014年5月5日第1版。

觉树立和践行社会主义核心价值观，加强道德修养，自觉弘扬爱国主义、集体主义和社会主义思想，要在社会实践中积极倡导社会公德、职业道德、家庭美德，要有奉献精神，带头学雷锋，勇于承担社会责任，要让他们在社会实践中强化核心价值观的作用，并把其内化为对真善美的追求，外化为日常生活中的点滴行动，消除当前青年教师队伍中以"名""利""权"为主要追求的世界观现状。

培养高校青年教师的社会主义核心价值观，要求高校强化理论宣传，创新培育形式。面对当前国际国内风云变幻的局势，强化理论宣传教育显得尤为迫切。理论宣传要以习近平同志系列讲话精神为学习重点，把马克思主义基本原理同当前中国社会实际结合起来，诠释其理论意义和时代意义。高校要积极探索社会主义核心价值观的宣传学习形式，改变一贯的听报告、写学习心得的传统形式，坚持以人为本的原则，强调提升理论的吸引力和感染力。将社会主义核心价值观教育融入与青年教师息息相关的教学和科研活动中，形成长效机制，高校深入挖掘青年教师中的先进典型，发挥校报、校园网、学校电视台、板报等校园媒体的传播功能，发动学习身边人、身边事，大力宣传教师中的先进典型事迹，引导青年教师以优秀的品行引领校园风尚的良好氛围。荣获"2014年度中国青年五四奖章"的海南大学教师张红亮在记者的采访中说："作为一名普通青年教师，能荣获如此殊荣，我感到十分荣幸，今天的荣誉更坚定了我继续做公益的决心，让自己的青春在无私奉献中进一步升华。"节目报道后，许多高校青年教师纷纷表示要向张红亮学习，要争做社会主义核心价值观的积极践行者、传播者。

二 贴近政治发展状况进行政治教育

贴近高校青年教师政治发展状况进行政治教育，应主要从加强理想信念教育、丰富政治观教育内容、创新政治观教育的方法三个方面进行努力：

(一) 加强理想信念教育

习近平总书记在许多场合谈到青年需坚定理想信念的重要性，他认为理想和信念是相辅相成的统一体，理想是人们追求的目标，信念是人们朝着这个目标前进的意志和定力。马克思主义信仰、共产主义理想、中国特色信念是我们党的精神支柱，这个理想信念不是一句简单的词，更不是一句空洞的口号，它是基于对社会发展规律的清醒认识所做出的理性的选择。高校青年教师一方面是高校教学科研管理的生力军，另一方面承担着培养教育青年大学生的重任，这种工作的特殊性要求高校青年教师具有坚定的理想信念。这不仅关系到高校青年教师自身发展的需要，而且还关系到社会的稳定、高校能否坚持社会主义办学方向，关系到几千万在校大学生健康成长的需要。

加强高校青年教师理想信念教育，要突出以下几个方面的内容：

第一，加强马克思主义信仰教育。2013年12月，习近平总书记在中央政治局第十一次集体学习时指出，"马克思主义哲学深刻揭示了客观世界特别是人类社会发展一般规律，在当今时代依然有着强大生命力，依然是指导共产党人前进的强大思想武器"[①]。随着我国社会经济体制的深刻变革，社会结构产生变动，利益格局不断调整，人们的思想观念产生深刻变化，在多元化信仰的冲击下，高校青年教师的马克思主义信仰受到了严峻的挑战。因此，要充分认识到树立共产主义的理想信念对于青年教师的发展具有方向引导的作用，组织广大青年教师认真学习马列主义、毛泽东思想、邓小平理论和中国特色社会主义理论体系，使他们懂得马克思主义代表着人类社会进步的要求，代表着无产阶级和广大人民群众的根本利益和愿望，积极引导他们运用马克思主义理想信念武装自己的头脑，正确认识人类社会发展规律，坚定对共产主义社会理想的信仰和追求。

第二，加强中国特色社会主义信念教育。进行中国特色社会主义

[①] 中共中央宣传部：《习近平总书记系列重要讲话读本》，学习出版社2014年版，第175页。

信念教育，是加强高校青年教师思想政治教育的重点，也是难点之一。这就要求高校青年教师能够坚持用辩证唯物主义和历史唯物主义的立场、观点和方法来看待和解决当前社会中存在的一系列问题，认清事物发展过程中前进性和曲折性的统一，深刻领会进行中国特色社会主义建设事业是一项伟大而艰巨的任务，从而在复杂的国际环境中，保持清醒的头脑，既要看到社会主义是一项长期的事业，又要看到我国社会主义建设中取得的成就。要使高校青年教师明确中国共产党是我国社会主义事业的坚强领导核心，尽管党内有少数贪污腐败的现象，但毕竟是少数，通过一系列的反腐运动，要看到共产党人敢于直面问题、及时纠正错误的勇气，只有相信并依靠中国共产党的领导，国家和人民才有希望。

第三，正确处理"个人梦"与"中国梦"的关系教育。2012年11月29日，习近平总书记在国家博物馆参观《复兴之路》展览时深情地指出："现在，大家都在讨论中国梦，我以为，实现中华民族伟大复兴，就是中华民族近代以来最伟大的梦想。"①"中国梦"的提出，成为激励中华儿女奋发向上、开辟未来的精神指引。高校青年教师能否实现自己远大的理想和抱负，还在于是否能把个人事业的发展与国家发展，把实现个人梦想与"中国梦"相结合。一方面，"中国梦"的实现决定着高校青年教师个人梦想的实现，"中国梦"的实现内含着全体社会成员所追逐的共同利益，它对个人生活、事业的追求起着直接的指导和支配作用；另一方面，高校青年教师的"个人梦"直接体现着"中国梦"。高校青年教师的个人梦想凝结成建设高等教育的力量，实现中华民族的伟大复兴，离不开高等教育事业的发展，"中国梦"的实现依赖于"个人梦"的实现。

由此可见，高校青年教师理想信念教育是一项非常重要的工作。因此，教育行政部门、高校党委必须进一步转变观念，切实落实行动，

---

① 中共中央宣传部：《习近平总书记系列重要讲话读本》，学习出版社2014年版，第25页。

加强高校青年教师理想信念教育，促进青年教师的自身提高和发展。

(二) 丰富政治观教育的内容

政治教育的重点是"解决对国家、阶级、社会制度等重大政治问题的立场和态度，形成和发展反映一定社会、阶级或集团利益和发展要求的政治共识"[①]。高校青年教师政治观内容的进一步丰富，有助于青年教师更好地理解和执行党在社会主义初级阶段的路线、方针、政策，保持坚定正确的政治方向。

首先，应加强对我国基本国情的教育。我国是一个人口众多、文化悠久的历史大国，毛泽东曾指出："认清中国的国情，实乃认清一切革命问题的基本依据。"[②] 只有使当代高校青年教师认清我国全面建设小康道路上的一切问题，使他们全面了解我国自然资源和环境突出问题的现状，才能使他们明白为什么现阶段党要制定这样的路线、方针、政策，从而增加他们对党的各项政策的认同感，拥护、支持、理解并自觉贯彻执行党的各项方针、政策。其次，应加强党的基本路线教育。必须使青年教师懂得，马列主义、毛泽东思想、邓小平理论以及中国特色的社会主义理论仍是中国社会主义革命和建设的理论基础和行动指南，"一个中心，两个基本点"是具有中国特色的社会主义基本方针。最后，应加强高校青年教师的爱国主义教育。爱国主义是民族精神教育的核心内容，在我国现阶段，就要教育高校青年教师把爱国主义同实现中华民族伟大复兴的"中国梦"联系起来，树立青年教师的民族自尊心、自信心和自豪感，以壮丽的青春投身到社会主义的高等教育中来。此外，要积极开展形势政策教育。要注意引导青年教师运用辩证唯物主义的观点来看待国际问题、社会现象，要帮助青年教师正确认识当前社会主义和谐社会进程中出现的各种新问题，要重视高校中各种媒体的舆论导向作用，尤其是人文社会科学中思想政

---

① 骆郁廷、张莉：《思想教育、政治教育、道德教育的性质与特点辨析》，《武汉大学学报》（社会科学版）2002年第7期。

② 《毛泽东选集》第二卷，人民出版社1991年版，第633页。

治教育的功能，从而使青年教师提高阵地意识。

(三) 创新政治观教育的方法

1. 创新发展党员的形式

发展青年教师中的积极分子入党，是党的教育方针中的内在要求，也是加强青年教师政治教育的内在途径。创新青年教师党员发展形式，首先要深入各院系摸清情况，弄清楚各学院党建工作的进展，通过积极主动的工作，争取做到每个年度都有青年教师主动申请入党，申请后经过组织考察合格后就能获得发展，这样通过已发展党员的示范和榜样作用，扩大党组织在青年教师群体中的群众基础。同时，还要定期举办理论学习班，加强理论教育，着重解决青年教师对党的认识和理想信念问题。

2. 充分运用现代网络技术，创新政治教育的新途径

互联网为高校青年教师进行政治参与提供了更多的可能，高校要充分利用互联网这种为广大青年教师所喜欢和接受的形式，努力探索网络政治教育这种新型的工作方式，利用高校现有的校园网，增强与青年教师政治教育互动，在网络平台上及时弘扬社会主义核心价值观等时代主旋律，使青年教师对政治教育由以往的被动接受转化为主动获取，以不断增强网上思想政治教育工作的影响力。

三 贴近道德发展状况进行道德教育

《中共中央关于加强社会主义精神文明建设若干重要问题的决议》中明确指出："社会主义道德建设要以为人民服务为核心，以集体主义为原则，以爱祖国、爱人民、爱劳动、爱科学、爱社会主义为基本要求，开展社会公德、职业道德、家庭美德教育，在全社会形成团结互助、平等友爱、共同前进的人际关系。"[1] 道德教育能使高校青年教师自觉践行职业要求的道德义务，形成职业操守，规范其职业行为，

---

[1] 中共中央文献研究室：《社会主义精神文明建设文献选编》，中央文献出版社1996年版，第13页。

形成良好的师德师风，培养其具有科学理性的学术道德。

（一）加强师德师风建设

高校青年教师师德师风建设是一项系统工程。2013年5月，中共中央办公厅、组织部、教育部联合下发《关于加强和改进高校青年教师思想政治工作的意见》，该意见首次明确以文件的形式提出要实行师德"一票否决制"；2014年10月9日，针对近来暴露出的高校教师师德突出的问题，教育部首次划出了对高校教师师德禁行行为的"红七条"；2015年1月19日，由中共中央办公厅颁布的《关于进一步加强和改进新形势下高校宣传思想工作的意见》中继续强调要把师德"一票否决制"进行到底。如此密集的关于高校教师的师德文件下发充分体现了政府部门对高校教师师德建设的高度重视，也从侧面体现了我国高校青年教师队伍师德建设的势在必行。

首先，高校各级领导和资深教师要率先垂范，带头遵守师德，以高度的敬业精神化为工作中春风化雨的热情，向青年教师示范坚定的职业信念，发挥潜移默化的影响和引导作用。湖北省教育工会每年一度的"师德标兵"评选就是以选树典型的形式对青年教师队伍优秀师德事迹的褒扬。其次，要把教师的自我道德约束与完善考核机制相结合。师德师风建设不能光凭简单说教，需要制度上的规定。高校管理部门要将师德作为今后考核的基本目标，要促进青年教师注重道德修养，注重维护其为人师表的形象，注重秉持其教书育人的操守。最后，要培育先进健康的校园文化，以优良的校风发挥思想政治教育中"文化化人"的作用，在潜移默化中增强青年教师热爱学生、献身教育的奉献精神，让遵守师德师风的青年教师受到尊重、得到保护。

（二）培养良好的学术道德

中国科协在2008年9月进行的一项调查中显示，对于学术不端行为，有39%和23%的博士分别认为"值得同情"和"可以原谅"[①]。

---

① 丁海波：《高校教师学术道德失范的原因探析》，《教育与职业》2010年第2期。

这充分说明高校学术道德教育的缺失,在当前高等教育体制下,学术道德和学术规范教育仍是高校德育的盲区,因为我们的硕士生和博士生在校期间并未系统地学习过学术规范方面的相关知识,他们很难区别"合理引用"和"抄袭剽窃"。因此,在高校青年教师队伍中,亟须补上这一课。高校可针对新进教师岗前培训进行学术规范教育,普及相关知识,让青年教师明白哪些雷区不能碰,在培训结束后,要进行考核,取得资格证后方可正式上岗。同时,高校教务处、人事处等相关管理部门,应以灵活多样的活动方式,针对青年教师感兴趣的学术规范问题展开交流和研讨。对于已经制定的各种学术规范,要在青年教师中普及教育,让他们积极应用于实际工作中。

此外,应加强引导高校青年教师树立正确的学术观。应使他们充分提高认识,只有通过自己的努力,增加知识储备,提高学术修养,才能使自身的思想和灵魂碰撞孕育出高质量的学术成果。同时,在学术探索活动中,既要勇于吸收前辈同行的学术成果,又要加强自我约束,自觉抵制各种学术不端行为,以实际行动捍卫学术的尊严。

第六章　高校青年教师工作发展状况与思想政治教育

高校青年教师的工作状况对高等教育的质量和发展产生最直接的影响。本章以调查数据为支撑分别从教学发展状况、专业发展状况、服务社会发展状况三个方面对高校青年教师工作发展的现状进行论述，从不同角度对造成高校青年教师工作发展方面存在的问题进行深层次的原因分析，并在贴近高校青年教师工作发展状况的基础上，提出加强和改进思想政治教育的对策。

第一节　高校青年教师工作发展状况

《中华人民共和国高等教育法》对高校教师取得职务的规定中最重要的一条是："要取得具备相应职务的教育教学能力和科学研究能力。"从高校青年教师工作发展的内容来看，在校园内主要集中在教学发展和科研发展两个方面。然而，随着社会科学技术的发展，高校的社会责任增加，政府和企业鼓励高校教师将科研成果进行产学研的转化，高校青年教师纷纷深入参与到社会变化中，他们的工作状况不再仅仅局限于高校校园。因此，本书把高校青年教师的工作发展状况聚焦在教学发展状况、科研发展状况和服务社会状况三个方面。

一 教学发展状况

教学发展是指通过改善教学条件,提高教师教学技能、丰富学习材料等,提高学生学习成绩,提高教学质量[①]。教学作为高校经常性的中心工作,是传播人类文化的重要途径,其好坏势必影响高校培养人才的数量和质量。《中华人民共和国高等教育法》第五十二条明确指出,"高等学校的教师应当以教学和培养人才为中心做好本职工作"。由此可见,教学发展是高校青年教师发展的核心,也是高校青年教师发展的逻辑起点:高校青年教师通过课堂教学,掌握先进的教学技术、改善教学方法提高学生的学习成绩,有利于改善师生关系,提高工作满意度。同时,青年教师教学水平的提高也能起到"教学相长"的作用,有利于青年教师掌握学术研究的前沿动态,促进专业发展。

从对湖北省的调查来看,目前,高校青年教师教学发展状况具体体现在以下几个方面:

(一) 教学态度端正

教学态度是指教师对待教学工作时的具体态度,端正向上的态度有利于教学任务的完成,一般体现为教师参与教学活动的主动程度、认真对待课堂的态度、教学完成后的反思等。本次调查显示,广大高校青年教师是活跃在教学一线的生力军:从事一线教学的占比100%,各校青年教师所承担的课程(主讲课程和辅导、实验课程)数量均占学校开设总课程的50%以上。绝大部分高校青年教师有良好的教学态度,认为教书上课是教师的天职,能够立足教学,认真备课,尽力完成教学任务,努力提升教学水平,以饱满的热情投入到教学活动中。

在座谈会上有一位汽车专业的青年教师分享了他的教学心得:"教师传道授业解惑,我认为传道是首要的任务。首先要有良好的教

[①] 徐延宇:《高校教师发展——基于美国高等教育的经验》,教育科学出版社2009年版,第23页。

学态度，时刻想着教学水平的提高，我认为讲课的素材应与时俱进，比如我每次出去参观博览会之类的东西，就喜欢用相机拍下来，用作教学的素材，把它们精心制作成 PPT，课堂上学生们就有兴趣，我的课学生总是主动过来听。"

在调查中还发现，有许多青年教师以观摩交流等形式主动向经验丰富的教学名师学习，掌握教学技巧，学会站稳讲台，这说明绝大多数青年教师在教学的态度方面积极向上。

（二）教学技能较高

教学技能是指教师掌握教学工具、使用教学方法、对课堂进行驾驭的能力。它具有复杂性、专业性和实践性的特点。哈佛大学罗伊斯教授认为教学是一门艺术[1]，华东师范大学的吴德芳教授认为教学是实践的智慧[2]，因此，教学技能的高低在教学活动中直接影响着教学质量。调查资料显示，湖北省高校青年教师的教学技能较高，青年教师在教育教学改革中取得了大批优秀教学成果，这与高校重视青年教师教学发展的工作密不可分。

例如，高校积极扶持青年教师参加校院共建精品课程的建设，参与教改项目的研究，营造适合青年教师创新教育能力提高的环境，逐步获得教研方面的经验，鼓励将科研中的成果运用到创新教育之中。这些经历为他们的教学成长奠定了坚实的基础。有的迅速成长为省级或校级精品课程教学名师，在湖北省教育工会组织的两年一次的全省青年教师教学竞赛中，青年教师们担当重任。自 2008 年以来，有 155 人获得全省"青年教师教学能手"称号，有 30 人荣获湖北"五一劳动奖章"，有两人在全国青年教师教学竞赛中荣获一等奖，一人获二等奖，其中有一人荣获全国"五一劳动奖章"。在省级教学成果奖获得者中，取得显著成绩的集体和个人不乏青年教师的代表。以湖北省

---

[1] Royce, Josiah, *Teacher Education in America: A Documntary History*, New York: Teacher College Press, 1965, p. 110.

[2] 吴德芳:《论教师的实践智慧》,《教育理论与实践》2003 年第 4 期。

某高校为例，青年教师获得的教学成果奖项就多达 278 项。

（三）教学任务繁重

表 6.1 是湖北省高校青年教师一周平均课时调查数据，从中可以看出，课时量主要集中在 8—14 课时，共计 2288 人，占比 63.80%；14 课时以上的共计 975 人，占比 27.2%；8 课时以下的数据最少，占比仅为 8.8%。由此可见，绝大多数高校青年教师都肩负着繁重的教学任务。

表 6.1　　　　　　　　　　一周平均课时分布

一周平均课时	频数（门）	百分比（%）
8 课时以下	316	8.8
8—12 课时	1041	29.0
12—14 课时	1247	34.78
14 课时以上	975	27.2
缺失值	7	0.22
总计	3586	100

在调查中还发现，个别老师一个学期竟然有高达 10 门课的教学任务，有些院系让青年教师超负荷运行，师生比高达 1∶35 以上。此外，许多青年教师都有兼任班主任的经历。例如，在召开座谈会的 136 位青年教师中，普遍都正在兼任或者曾经兼任过班主任。这些青年教师多是刚毕业就走上教学岗位，由于师资的不足，他们承担着繁重的教学任务，根本无暇进行继续深造、岗位轮训、出国交流等专业方面的发展。在调查中有 43.9% 的被调查者认为教学压力大是阻碍其专业发展的主要困难。

座谈会上一个个生动的案例向我们娓娓道来：

案例一：有的高校教学任务繁重。刚刚博士毕业的李老师苦恼不已："我这学期有四门课，其中一门课是两个班，另一门课还是三个班的，对于我来说，教学是很繁重的任务，不是说信手拈来就能讲的，我每天备课从早到晚，还要去上课，根本没有时间顾及其他的方面。"

案例二：有的高校将教学任务与物质利益直接挂钩。"我们学校对教学有工作量的考核，教学与科研一样折合成分，统一算成工作量，上一门课是100分，拿1万块钱的科研经费是50分，副教授明文规定一年最少有多少教学工作量，讲师虽然没有下限规定，但申请不到课题，没有科研经费，就要拼命上课，以充工作量，不然完不成是要倒扣年终分的。"

案例三：有的高校不能合理控制学生规模。"我们学校的标准课时是以大课的学生数量来进行计算的，一个大课的学生安排常常是三个班以上的规模，人数有150人到200人，我曾经还上过四个班的。课堂上面对这么多学生，作为授课者是很吃力的，一堂课下来往往是口干舌燥，精疲力竭。"

从以上这些描述可以看出，不管是在研究型大学还是教学型大学，不管是在开设何种课程，选择什么课程，如何控制学生规模，进行教学考核等具体事务的教学事务上，作为青年教师，他们自身都缺乏自主选择权。教学任务重已经成为高校青年教师的压力源之一，问卷调查中发现工作中最大的压力来自教学任务的占比11.7%。根据调查发现，一般来说，职称越低者，承担的教学任务就越重。虽然对教学有满腔热情，尽管教书育人是天职，但绝大部分青年教师都饱受教学任务繁重的压力，由此而造成了部分青年教师对教学工作马虎应对的局面，有的教师"只教书、不育人"，缺乏对学生的关心和了解。"仰观宇宙之大，俯察品类之盛，而自审查一人之生应有之地位，非有闲暇不为也。"[1] 教学工作是一门需要有闲暇用于幻想、痴想的创造性劳动，它在本质上需要一定的精神自由，很难设想一个整日忙于上课的教师，能有什么文化创新。

---

[1] 梅贻琦：《大学一解》，《清华学报》1941年第1期。

（四）教学条件受限

教学条件是开展教学活动的必备因素之一，它的好坏直接决定了教学效果，优越的教学条件往往可以给教师减轻负担，提高教学效率，反之则会让教师感觉到事倍功半的压力。

通过调查，在教学硬件方面我们发现条件并不乐观：有的地方高校教室里缺乏多媒体教学设备，教师只有通过黑板板书才能进行；有的高校缺乏教学必备的设备，比如说扩音器，教师只能扯着嗓子喊破喉咙。这在无形中大大增加了教师的教学强度。

课程安排方面，高校青年教师大多面临着被动接受的困境：面对着学校要求在聘期3年内要达到1000个学时的教学工作量，刚从日本留学回来的日语系老师小玲直言，该校日语系没有那么多的学生，课程早就被老教师们抢光了，轮不到她，但要求是硬性的，为了凑工分，只能去上选修课，然而，选修课的时间一般都被安排在晚上和周末，因此对她个人的生活影响很大，进而逐渐产生了抱怨和不公的思想。

这种困境也同样发生在来自一所地方性大学小曾身上。该学校以教学型为主，他在接受访谈时说："我们学院的年终分配是多上课多拿，少上课少拿，因此老师间争课争得很厉害。有些课有些老师上熟了，自然就不愿意给我上，我没有选择，就只有去上一些本身很枯燥，讲解又费劲的课程。我这学期于上就有四门不一样的课程，一开始还可以，慢慢就不行了，因为这些要占用你很多的时间和精力，坚持了一段时间后整个人就感到特别疲惫。况且，现在查课又特别严，稍不留神容易出教学事故，因此，不能有一点闪失，弄得我每天紧张兮兮的，老惦记着那几个上课时间。"他自己很担心，再这么长期压抑下去，整个人的心理状况和思想状况都会产生问题。

综上所述，高校青年教师在教学方面的发展状况体现为，教学态度端正，取得了一系列教学成果，能够积极提升自身的教学技能，学会积累丰富的教学经验站稳讲台。但同时教学任务繁重的现象普遍存在，部分高校的教学条件亟待改进。

二　科研发展状况

美国高校教师发展专家克劳认为，作为专业人员，高校教师发展是指作为学术界成员的发展[①]。从这个方面来说，科研发展无疑在高校青年教师发展中起着至关重要的作用。因此，高校青年教师在主观意识上也非常看重个人在科研发展方面的情况。

俗话说："教而不研则浅。"随着我国科教兴国战略的深入人心，从中央到地方都越来越重视科技工作。1995年开始的"211"工程，把国家基金项目、教授、博士、论文、获奖等数量作为考核学校的硬指标。在"没有科研就没有一切"的指挥棒下，高校对于不同职称的教师在论文、课题、经费等方面都有明确的考核指标。

通过调查发现，湖北省高校青年教师具体科研发展状况主要包括以下几个方面：

（一）科研成绩卓越

湖北省作为我国的科教大省之一，近年来各高校在科研方面取得了不错的成绩。

以国家自然科学基金为例，2013年湖北省获得的面上项目资助总数有859项，平均资助率有18.8%，金额超过2000万元的单位就有五家，分别为：华中科技大学、武汉大学、华中农业大学、中国地质大学（武汉）、武汉理工大学。其中高校青年教师承担了大量的科研任务，在科研成果中占有相当大的比例。由此可见，高校青年教师已成为科学研究、知识创新和科技创新的重要力量。

以湖北省某高校为例，高校青年教师近年来完成科研成果的比例统计如下（见表6.2）。

[①] Crow M. L., Milton O., Mooamaw W. E. et al, *Faculty Development Centers in Southern Universities*, Atlanta: Southern Regional Education Board, 1976, p. 7.

表 6.2　　某高校青年教师近年来完成科研成果的比例统计

项目 \ 奖项	承担或参与国家级课题或奖励（项）	承担或参与省（部）级以上课题或奖励（项）	发表被三大检索收录论文 3 篇以上（篇）	发明专利（项）
青年教师人数	136	478	2417	126
比例	5.4%	18.9%	95.5%	4.9%

如表 6.3 所示，问卷调查中，近五年内在核心期刊上发表过 3 篇及以上文章的有 2199 人，占比 61.3%；近五年内有 3 篇及以上文章被转载的有 1057 人，占比 29.5%；近五年内自己主持或参加省级及以上科研课题 3 项及以上的有 1159 人，占比 32.3%；近五年内公开出版或参与编写的专著或教材 3 部及以上的有 651 人，占比 17.10%。

表 6.3　　　　　　　　　科研成绩数量

近五年内在核心期刊上发表过几篇文章	0 篇	1 篇	2 篇	3 篇及以上	
数量（人）	356	385	693	2199	
比例（%）	9.9	10.7	19.3	61.3	
近五年内您有几篇文章被转载	0 篇	1 篇	2 篇	3 篇及以上	
数量（人）	1197	570	422	1057	
比例（%）	33.4	15.9	11.8	29.5	
近五年内您自己主持或参加省级及以上科研课题有几项	0 项	1 项	2 项	3 项及以上	
数量（人）	606	781	742	1159	
比例（%）	16.9	21.8	20.7	32.3	
近五年内您公开出版或参与编写的专著或教材有几部	0 部	1 部	2 部	3 部	4 部及以上
数量（人）	1783	919	463	583	68
比例（%）	49.7	25.6	12.9	16.3	1.9

其中，自2009年以来，高校青年教师以第一作者身份，在国际著名杂志 Nature、Science 上发表的文章一共有5人5篇，获得了很高的国际影响力，这标志着湖北省高校青年教师走向国际学术舞台，为学科的建设和发展积淀后劲。

在座谈中还了解到，高校青年教师当中30岁左右被评为教授、副教授的不乏其人。他们当中有教育部"长江学者"特聘教授、国家杰出青年科学基金获得者、"教育部新世纪优秀人才支持计划"入选者、中组部"千人计划"入选者、"青年千人计划"入选者、湖北省"楚天计划"入选者、国家基金委创新群体、教育部创新团队等。湖北省高校青年教师入选各类高层次人才项目均位居全国省份前列。这些成绩充分说明，一方面，湖北省高校青年教师正在用自己的努力和实力挑起科研的大梁；另一方面，这与高校青年教师思想上积极进取、敢于拼搏的精神密不可分。

（二）科研压力大

"在大学里，所有的思考、分析、实验和数据收集工作在写成文字之前，就什么也不算。在学术领域，我们的成果是以写出来的东西体现的，出版物就像硬通货币，是学术成果的表现形式"①。不论是普通高校还是重点院校，在职称评审中，都要求教师在SCI、SSCI（社会科学引文索引）、EI（工程索引）、A&HCI（艺术与人文科学引文索引）、CSSCI（中文社会科学引文索引）等期刊上发表论文，或者出版学术专著、申请纵向研究课题等。科研成果直接与职称晋升和考核标准相挂钩，这是硬性指标。

科研这把悬在每个老师头上的"达摩克利斯之剑"让高校青年教师充满了压力。座谈会上，一位老师发言道："按照我们学校的规定，我今年考核必须要拿到国家课题，或者是市里的课题，否则的话，我

---

① ［美］唐纳德·肯尼迪：《学术责任》，阎凤娇等译，新华出版社2002年版，第229页。

的'三奖'就没有，如果聘期三年内没有出国半年，没有三篇C刊的论文，没有国家或省部级课题，按规定我就得走人了。"这位老师越说越难过，以至于当场哽咽。后来通过该教师所在学院主管科研的副院长进一步了解到，该教师刚参加工作的时候性格活泼开朗，最近这两年可能因为职称晋升的压力，同事们都感觉到他内向了许多，平时都不太爱说话，与同事之间交流很少，尽管学院也意识到问题的严重性，领导三番五次地找他谈话，做思想工作，但好像并没有起到明显的作用。

此次问卷调查数据也发现，高校青年教师工作中最大的压力来自科研的占比91.4%，数据如此之高让人震惊！

综合科研方面的总体状况，笔者认为目前科研面临着"三难"的现状：

1. 发表论文难

根据表6.4所示，这是对外经贸大学廉思团队对高校青年教师从2009—2012年的论文发表情况的调研数据，不难看出当前高校青年教师论文发表情况总体呈现出"整体少""核心少"的现状。

表6.4　　　　　　2009—2012年论文发表情况[1]

期刊级别	发表篇数（%）					
	尚未发表	1篇	2篇	3篇	4篇	5篇以上
SCI	92.5	3.0	2.1	1.7	0.7	0
SSCI	91.9	4.7	2.0	1.1	0.3	0
EI	85.5	6.1	4.2	2.0	1.5	0.7
A&HCI	97.2	2.8	0	0	0	0
CSSCI	20.5	25.2	20.4	15.1	10.6	8.2
国家级学术期刊论文	12.7	25.5	21.6	19.8	10.8	9.6

[1] 廉思：《工蜂：大学青年教师生存实录》，中信出版社2012年版，第268页。

SCI 方面，仅有 6.8% 的青年教师发表过 1—3 篇，有 92.5% 的尚未发表；SSCI 方面，发表过 1—3 篇的仅有 7.8%，高达 91.9% 的青年教师尚未发表；EI 的情况稍微好点，但尚未发表的也有 85.5%；A & HCI 仅有 2.8% 发表过一篇；CSSCI 方面的情况相对前面几个数据最为漂亮，但同样有 20.5% 的从未在上面发表过文章。此次针对湖北省高校青年教师的调查中您认为工作中最大的压力时，23% 的认为是在核心期刊上发表文章。

人们不禁要问为什么论文的发表如此之难？也许可以从下面的这个案例故事中看出端倪：

发表论文这个让很多高校教师头疼的问题，在周老师身上压力要小些。他读博士时的导师专门负责一个刊物（CSSCI 来源期刊），这让他不必为此发愁，文章当然不能全发到导师的期刊上，因为认识的同行比较多，大家的文章可以彼此互换发表，以此作为交易，便不用再交纳版面费，要知道版面费可不是个小数目，动辄三五千，有的上万元。可是周老师的产量并不高，"关键觉得自己写的文章，水平不够，其实期刊非常缺好的文章，如果有好的，把不太好的文章压一年都没有问题"。他透露核心期刊根本不愁没文章，以他导师的这份刊物为例，该刊物是双月刊，每期刊发 20 篇左右的文章，可来稿数量往往是这个数字的 3 倍，文章的刊发首选名家、大家的，至少也是业内叫得上名字的教授、博导，最好是带有课题的，因为这涉及刊物的影响因子排名。按照这些标准，青年教师在核心期刊上发表文章一点优势也没有，因为一来青年教师职称低，二来青年教师手上一般也鲜有课题，三来青年教师任职时间短，在人际关系方面存在着劣势。

当前许多高校的职称评定标准中都要求教师的成果以论文的形式发表在 SCI、SSCI 或 CSSCI 等核心期刊上。然而，这些级别的刊物总数就那么多，有的还是双月刊、季刊甚至旬刊，这意味着一年就只有那么几期。尽管国家以拨款的形式支持这些期刊运营，三令五申地不准这些期刊收取作者的版面费，但由于刊发论文的实际需求远远超过可刊的供应量。个别编辑部、主编利用权力进行金钱交易的现象屡见不鲜。面对水涨船高的版面费，高校青年教师收入不高，又缺乏科研经费的支持，往往没有多余的闲钱投入到论文的版面费中，这无形之中给高校青年教师的论文发表带来了更大的压力。

2. 申请课题难

调查中您认为工作中最大的压力时，34%的教师认为工作中最大的压力来自申报课题。

尽管在"科教兴国"的战略指导下，国家对科研经费的投入逐年增高，2012年国家财政性教育经费支出21984.63亿元，占国内生产总值的4%以上，中央预算内投资用于教育的比重达到7%左右[1]，但基金项目的申请都有一定的数量限制，往往只有少数人才能申请上。有的基金为了限制申报人数，提高了申报的门槛，如国家社科基金于2014年起就明确规定，连续两年没有中标的不能在第三年继续申请；有的基金申报中还有职称要求，"现在要是先有职称，就好申请课题，许多科研项目的申报要求必须是副教授以上才能申报，如果我能评上副教授，那很多方面就可以启动了"。一位青年教师这样吐露心声。

课题项目的成功申请，除了本来的质量过硬以外，对于成果申请的影响因素有很多，比如人际关系、职称、学校名气等，这些都与中标率直接相关：一般而言，青年教师无论在人际关系、职称高低以及专业深度等方面都不及中老年教师，对申请报告书的撰写缺乏经验，因此流标的可能性很大。同时，资源往往聚集在实力较强的综合院校，一般的地方院校很难申请得上项目，更别提青年教师了。以湖北省社科基金为例，2012年入选总数中，位居前五名的高校分别是华中师范大学、中南民族大学、中南财经政法大学、武汉大学、武汉理工大学。无独有偶，2013年入选总数中位居前五名的分别是华中师范大学、中南民族大学、武汉理工大学、武汉大学、湖北大学。而位于地市级的

---

[1] 周洪宇：《后4%时代政府与学者何为》，《中国教育报》2014年4月4日第7版。

一般省属高校,如湖北师范学院、湖北民族学院、黄冈师范学院、湖北工程学院等均只有一项入选,可以想见这些高校的青年教师们申请省部级、国家级课题是有多么艰难!

3. 职称评审难

个案调查中,湖北省某高校40岁以下的青年教师职称结构表(详见表6.5)。从表6.5中可以计算出:总数为1204人,拥有正高职称的仅64人,占比5.3%,拥有副高职称的为473人,占比39.3%,中级及以下职称的占比55.4%,占据绝大多数比例。

表6.5　　　　　某高校40岁以下教师职称结构

分类	教师人数	占比	职称结构							
			正高	占比	副高	占比	中级	占比	其他	占比
≤30岁	111	9.20%	0	0	3	0.20%	76	6.30%	32	2.70%
31—35岁	429	35.60%	9	0.70%	125	10.40%	278	23%	17	1.40%
36—40岁	664	55.20%	55	4.57%	345	28.70%	246	20.40%	18	1.50%

此次湖北省总体调查的样本数据同样显示,职称为副高以上者仅为41%。因此,可以得出绝大部分的青年教师职称都比较低的结论。

近年来,各高校职称晋升指标明显减少,加上高校扩招带来的师资迅速增加,最终导致晋升职称的青年教师大幅积压。与此同时,在职业发展过程中,这几年高水平的海归派加盟高校,导致评审的标准水涨船高,给本土的青年教师也带来了极大的压力。以湖北省某高校评定职称的科研条件为例,研究型学科讲师评副教授的标准是主持国家级项目1项以上,SCI论文达3篇,影响因子累积达到5.0以上,累积SCI论文3篇以上,出国进修半年,而且限报3次。如此高的标准让许多青年教师感觉压力陡增。

(三) 科研条件受限制

在调查中我们发现,由于缺乏必要的科研条件和设施,使青年教师原来的研究方向被迫中断,严重影响其专业发展的现象屡见不鲜。

32%的被调查者认为阻碍其专业发展的原因是科研设备不足。有些高校图书馆文献检索数据库资料不全，个别学校甚至连 EI 数据库都没有，青年教师查阅相关论文资料困难重重。部分高校科研条件不够，设备不足、药品不足，有的青年教师为了做实验只能动用私人关系跑到武大或者华科借用他们的实验室，其中的困难程度可想而知。

有一位在加拿大国家科学院留学 7 年的博士后回国工作后发现，该校的实验仪器十分有限，可利用的资源少，她面临着之前的专业研究进行不下去的困境，因而她在精神上感觉到非常的无助和苦恼。在调研组进一步的询问过程中，她说："我所从事的是微生物细胞方面的研究，这个领域目前在国际上都处在非常领先的地位，做这个研究需要用到大型仪器，这种仪器的购买费用在 200 万人民币一台，我之前在加拿大工作的研究室几乎每个研究员可以人手一台，之前我跟领导沟通过购买此设备的想法，但由于购买费用太高，领导没有同意。我现在有点不知所措，转专业吧，实在是舍不得浪费这么多年的心血，不转吧，实在是太痛苦。"

三　服务社会发展状况

美国教育家杜威曾在多本著作中强调学校应与社会生活相连，认为教育应参与社会的改造①。在社会改造主义教育家的眼中，教师应该成为未来社会重建蓝图的设计者与建设者。服务社会是高校的三大职能之一，高校青年教师掌握了先进的科学技术知识，应是实现服务社会的主体。

新时期的青年教师们满腔热血，胸怀回报社会的理想和抱负，注重教学和科研与实践结合，努力将所学知识应用到服务社会上。座谈会上的"海归"代表中有三分之二表示，之所以选择回国发展，是因为"在国外工作，即便工资待遇再高，毕竟是为他国做贡献"。他们踊

---

① 刘静：《20 世纪美国教师教育的历史分析》，北京师范大学出版社 2009 年版，第 83 页。

跃报名参加湖北省教育厅组织的"湖北省高等学校青年教师深入企业行动计划项目"活动；湖北省科技厅、人事厅、农业厅联合组织的"科技特派员基层创业行动"；湖北省委组织部、团省委组织的"博士服务团"服务基层计划等挂职锻炼活动，既为教学、科研创新丰富内涵，又为地方和企业的经济发展提供科技服务，同时在服务社会的过程中解决了一个个老大难问题，啃下了一个个硬骨头。

有一位青年教师挂职到企业服务期间，担任某药业有限公司副总经理，他努力将所学知识应用到企业产品研发中，通过反复多次的研究实验，提出了充分利用金银花的花茎叶和生产金银花露后的残渣残液进行绿原酸、精油、多糖、黄酮等活性物质的提取，开发出 6 个非常有价值的附加值产品，申报专利 2 项，为企业创造了极大的效益。与此同时，他还积极促成了学校与这家企业合作项目 2 项，撰写调研报告和高质量专业论文 4 篇。他从初到企业领导不够信任，到后来企业提出和学校签约，希望更多的老师到企业去挂职。这期间老师们付出了常人难以想象的努力，通过这种对真理坚韧不拔的追求，反映出新时代青年教师孜孜不倦、不断进取的科学价值观。

教学科研之外，青年教师们还热心社会公益事业。调查显示，有 2435 人经常或偶尔参加志愿者活动，占比 68%。湖北大学女博士自发组成了博士义工队，坚持 6 年活跃在社区、街道、医院、养老院、农村，进行科普讲座、社会咨询、普法宣传、帮老扶幼等义工工作。用她们的满腔热血和智力资源奉献爱心，传播文明，用大爱托善举，一度传为佳话，为社会的文明和谐做出了积极贡献。

第二节 影响因素分析

通过调查数据分析可以看出，大多数高校青年教师教学态度端正、教学技能较高、科研成绩卓越、积极奉献社会，为高等教育事业的发展和社会主义文明和谐做出了积极贡献，然而高校青年教师工作中面临着一系列问题，深入探析造成高校青年教师工作发展问题的原因，对加强高校青年教师思想政治教育具有重要的现实意义。

一　师资配比不足

师资配比是指折合在校学生总数与教师总数之间的比率。师生配比指标是衡量普通高等学校基本办学条件和核定年度招生规模的重要依据。按教育部2014年印发《普通高等学校基本办学条件指标（试行)》的通知中规定，一般高等院校的师资配比"合格"的综合、师范、民族院校应达到18，"限制招生"的比率限额为22。

湖北省自1999年高考扩招以来，高校学生的数量成倍增长，然而教师配比却没有达到应有的数量，有的学校师资配比严重不足。此次调查显示，有的高校师生比最高的竟达到35，远超教育部规定的"限制招生"比率限额22。如此高的比率，学校在无奈的情况下只能让青年教师超负荷教学。在调查中发现，高校青年教师一个学期承担3—4门课程教学是非常普遍的现象，有个别学校的青年教师一个学期竟然安排了十多门课程。如此高度密集的课程教学，让青年教师根本无法认真备课，基本上都是处于草草应对的状态，更谈不上教学活动之后的反思学习。同时，由于教师数量的不足，有些高校青年教师一入职就被安排教学工作，还未实现学生到教师身份的转变即走上了教学岗位，多数青年教师并非师范专业出身，在来不及接受教学培训的情况下，面临着缺乏教学实践经验、不能灵活使用教学技巧、教学活动中不能理论联系实际等困境，这些在无形之中给高校青年教师带来了巨大的压力。

二　评价体系"重科研，轻教学"

在当前高校评价体系中"重科研，轻教学"的指挥棒下，职称晋升、物质奖励等与教师的科研成果直接相关，而教学成果却不能直接体现。尽管近年来，有关部门出台了教师凭借教学成果也可以进行教学型教师的分类管理制度，但要求之高让一般教师难以突破。因此，在作为"理性人"的高校青年教师选择下，教学首先成了不被重视的"弃子"。于是，教学就成了应付式的过场，调研中发现，有青年教师只带个U盘进教室；还有的青年教师从不备课，上课讲到哪算哪；还有的青年教师直言："我带这个班一个学期了，但每次都是上课的时候才见面，上完课就走人，因此，能叫出名字的学生没有几个。"另外，还有的青年教师一入职场就有前辈给他传授经验："教学搞得再好也没有用，你想想每年全校教学竞赛的一等奖就那么两个，与其花那个心思，还不如扎扎实实地搞科研实在，你想上一个学期课，累死累活的课时费也就那么几千块钱，你要发表一篇权威期刊的论文，学校奖励三千，学院奖励两千，那加起来就是五千，比你上一个学期的课还来得多，而且发了论文评职称还有用，教学呢？什么都不是。"所以，绝大多数的青年教师一上来就价值取向最大化地把"传道、授业、解惑"的使命抛到九霄云外了。

以下这个案例生动地展现了一名青年教师在当前科研体系的影响下，把主要的工作精力由教学转向科研的过程。

小撒老师获得过全校青年教师教学竞赛一等奖，她平均每学期开三门课，有四到五个课堂，她坦言刚开始接手所讲课程的时候，很喜欢上课，每次上课都觉得很兴奋，投入的精力也比较多，因为每次备课都要看很多参考书，做PPT。但长此以往，她觉得尽管每次上课讲得口干舌燥，但好像课讲得再好也没什么用。她觉得科研肯定比教学重要得多，同事们总是劝她写文章、发论文才是主要的事情，这样评职称的时候至少还有用。受这些现实因素的影响，小撒老师坦言现在对于教学投入的精力很少了，基本上处于明天上课今天就瞄一眼的状态。

在当前"科研决定一切"的评价体制下，尽管许多高校意识到教学不可忽视，但仍不约而同地把科研摆在了首位，因为评价一个高校的学术水平和影响力的标准并没有改变，仍然是该校的教师发表了多少具有国际水准的高质量论文,有多少国际知名的学科带头人,承担着多少国家重大科研攻关项目等。教学型大学高举科研的大旗,向研究型大学迈进;研究型大学相互攀比学校之间的 ESI 学科排名。因为按照中南大学校长张尧学的说法,国家把"985""211"取消了以后,将按几个要素法综合考虑给学校分配绩效,其中很重要的要素就是学校的 ESI 学科排名。所谓 ESI 学科排名是以 10 年为一个周期,对全球所有大学及科研机构的 SCI、SSCI 论文及其引用情况等进行统计和比较,论文总数被引次数排列在前 1% 的学科方可进入其排名系统[①]。正如一位学校副校长在座谈会上谈到这个问题时一语成谶:"这个就像我们现在的市场经济一样,僧多粥少,国家和学校都有经济方面的考虑,政府有限的资金该如何分配,各学校该怎么争取,都有自己的考虑,作为学校,要是每年没有争取几个大的国家自然科学基金等项目,科研论文不够数,那你的地位、排名自然会下降,也就很难争取到政府的那份钱了,所以学校不得不拼命地要求老师,快出成果,多出成果。所以学校要发展,必须要经济投入,必须争取科研经费,这些都是可以理解的。"

我国目前的大学教师学术奖励制度存在着与大学类型、教育理念和使命不相符的问题,这些问题突出地表现在,无论是研究型大学,还是教学研究型大学,抑或是教学型大学,几乎所有类型的大学的教师学术奖励制度都立足于对"科研"的奖励上。根据目前湖北省内各高校人事处提供的资料,或登录目前湖北省内任何大学的网站查询教师方面的相关规定,都会发现这个明显的特点。如有高校明文规定,发表一篇被 SCI 收录的论文,即可兑现 5000 元的奖励金额;获省科技进步一等奖、二等奖分别对应 3 万元、1 万元的奖励标准;主持国家"973"课题、"863"项目、国家科技支撑计划项目、国家级军工项目,经费 100 万元、300 万元、500 万元分别对应 1 万元、3 万元、5

---

① 姜检平:《"985"工程投入与效益分析——以 J 大学为例》,《高教研究与实践》2011 年第 9 期。

万元的奖励标准。我国许多高校均以直接物质奖励的形式,向获得校外设立的上述奖项的教师进行"再奖励",有的高校还将奖励换算成点数或分数,作为年终绩效工资发放的重要依据。此外,这种学术奖励往往还与教师的住房分配、购买或其他福利待遇相挂钩,高校按照教师所获得奖项的级别和重要性、职称、点数或分数的多少等进行综合排序,排名越靠前者可以优先获得学校的各种福利待遇。

高校只强调和只奖励在学术科研上成绩突出的教师,对于那些处于教学第一线的教师就会产生不公平,从而误导他们产生诸如"只有科研是重要的,教学可有可无"的思想。从而使得他们将其精力主要倾向于科研,而"应付"教学,这必然会对教学质量产生非常消极的影响。毋庸置疑,对于校外获得有关奖励的教师给予一定的物质奖励,有利于激发教师进行学术研究的积极性。但是,如果超过了一定的限度,这种物质方面的无限关联,容易产生诸多的负面影响。如产生科研上的功利主义、工具理性等不良倾向,抵消或削弱了学术研究的精神使命感等。因此,青年教师在学术研究本质上的艰难性和大学及院系单位的绩效考核双重压力下,很难经受住"甘坐十年冷板凳,文章不写半句空"的古训。

三 资源分配不公平

现有的资源配置体系,不是以学术能力和学术贡献为依据,而是过分强调资历,现有的学术资源向行政官员、学术头衔拥有者聚集,各种社会资源的占有直接或间接地与科研成果相挂钩。

作为局内人的某位教授曾爆料说:"科技部的基金评审,表面上看是一个个的程序,非常严格严谨,而事实上,明明是匿名评审,按道理没人知道谁是评委,但我周六的傍晚接到通知说让我下周一去参加评审,结果周日上午就收到了五六条请我关照的短信。"[①] 而高校青

---

① 廉思:《工蜂:大学青年教师生存实录》,中信出版社2012年版,第219页。

年教师由于资历浅、职称低、社会人脉圈子较窄,往往很难申请到科研项目。一位高校社科处的处长在发言中说,"现在课题的申请都是有指南的,那指南里面的东西都是评委感兴趣的,你感不感兴趣,那不是你说了算的,因为现在能有一个课题给你做就不容易了"。

目前,我国高校内部的各职务形成了一个"科层制"的层级体系,在现代大学,不仅行政管理体系从校长、副校长、院长、处长、科长等职务具有明显的层级体系特征,而且学术体系中从院士、特聘教授、教授、副教授、讲师、助教等职称也具有明显的层级体系特征。现有的资源配置体系,不是以学术能力和学术贡献为依据的资源配置体制,而是过分强调资历,以当前的课题申请为例,往往需要具备一定的职称,一般要求在副教授以上,同时需要具备一定的前期研究成果。人大陈力丹教授曾言,如果钱锺书先生还活着的话,他要申请研究《管锥编》课题,可能根本申请不下来,因为现在的课题都是实用化的,动不动第一句话就问你"有用没用"[①]。这种过于强调工具理性的做法,忽视了人文精神,很多时候就自觉不自觉地泯灭了学术研究中的静气。在文科领域,往往越是有创造性,越难以得到认可,理工科可能能够得到检验,但是文科如果有差异,就可以不认叫你,在评审委员会中,只要一个人因为落后的观念不认可你,那你就可能无法申请这项课题。

四 个人缺乏脚踏实地的科研精神

众所周知,学术研究是一项艰苦的脑力劳动和需要付出坚韧毅力的体力劳动的结合。它尤其强调创新性和时效性。对于社会科学而言,这需要学者对某一个研究领域较为熟悉和长期关注的基础上,提出一个比较有价值的研究问题,然后再充分了解和把握该研究问题或主题的历史和现状,这就需要广泛搜罗该主题的研究资料。为此,"学者

[①] 王亮:《学生的朝气与教授的静气》,《中国教育报》2014年4月11日第2版。

们经常需要钻到历史古籍等故纸堆中去发掘可用的资料,并仔细阅读,取其精华,去其糟粕。从中提炼更为精确的思想观点和研究线索,然后诉诸文字表达,并公开发表"①。可见这一过程是多么的复杂和耗时,如果没有长期的学术积累,没有认真潜心的钻研,科研成果绝非轻易能够完成。

然而,在"不发表即淘汰出局"的巨大现实和精神压力之下,高校青年教师很快把注意力转向文章的数量而非质量上,或者为了凑够学术评价的数量指标,不得不采取一些捷径:还未成熟完善的著作就急着拿出来发表、把原本的一篇文章截成几篇进行投稿、论文内容大量抄袭别人的著作,"复制、粘贴"后形成一篇交付版面费即可发表的文章。这样不仅大大浪费了青年教师的时间和精力,还产生了一种学术繁荣的虚假景象。同时,高校青年教师长期在"学不成名誓不还"的自我压力下,渴望"一朝功名利与禄"的衣锦还乡。长期作为被评价者的青年教师逐渐体会到了学术圈和学术评价中行政权力带来的物质利益和学术资源的聚集。"书中自有黄金屋"的功名传统,让青年教师所看重的是科研成果带来的最终效益,而并非在实现自我与突破自我中获得精神上的满足。

五 科研发展受个人条件影响

心理学认为,不同个体对于同一事物的感知程度,受主观因素的影响会产生不同的心理活动,进而对人的思想产生不同的影响。科研发展是一项极其抽象和复杂的脑力劳动与体力劳动的结合,不同的个体即便有着同样的学识深度,付出同样的努力,得到的成就感也会不同。

因此,根据调查结果,我们将性别、海外工作经历与科研发展之间作了相关分析,得出其科研成就的高低。科研发展主要包括近五年

---

① 高军:《我国大学教师学术评价制度研究》,博士学位论文,南京师范大学,2008年,第108页。

来在核心期刊上发表的文章数量,近五年被转载的文章数,近五年主持或参与的省级及以上的课题科研项目数以及近五年内公开出版或者编写的专著或教材数这四个方面。

(一) 性别与科研发展相关分析

如表6.6所示,男性的科研发展均值为9.57,女性的科研发展均值为8.28,男性的科研成就高于女性。

表6.6　　被调查者性别与科研发展之间的相关分析

	性别	频率	均值	标准差	标准误
工作成绩	男	2136	9.57	2.349	.125
	女	1284	8.28	2.553	.175

表6.7　　被调查者性别与科研发展之间的t检验

	同性方差性检验		t检验					95%的置信区间	
工作成绩	F	Sig	t	df	Sig(双侧)	均差	标准误	下限	上限
			6.614	3408	.000	1.295	.210	.882	1.707
	1.924	.166	6.038	2518.284	.000	1.295	.214	.873	1.716

表6.7显示,在对性别与科研发展之间进行t检验后,发现男性与女性的科研发展之间存在显著差异(Sig<0.05),这说明男性的科研成就显著高于女性。由此可见,青年教师中男性比女性更容易产生科研成就感。

根据社会学理论:25—40岁期间男性的创造力要大于女性。学术活动是一门需要大量体力劳动和脑力劳动相结合的职业,女性由于其在生活中的妻子、母亲等角色,尽管作为高学历女性,但"相夫教子"的传统观念在女性教师的思想中依然存在。青年女教师面临着结婚生子和提升自己的矛盾,30岁左右正是知识女性成才的黄金时期,而此时她们正经历着结婚、生子的人生阶段。从怀孕到孩子出生,再到孩子进入幼儿园,在此期间,许多青年女教师不得不承担起家庭的重任,处理生活中的琐事,一切与事业相关的学习、研究计划都不得不推迟或取消。

通过表6.8可以看出,在分析职称性别差异中,发现低级职称中女性比例更高,而在"教授""副教授"职称中,男性为女性的4—5倍。这表明,受中国传统的"男主外,女主内"思想的影响,部分青年女教师在工作、学术上没有多余的时间和精力,只能通过牺牲自己在事业上的追求,换取家庭的美满和丈夫在事业上的成就,长此以往,阻碍了自身事业发展,从而使该群体的成才率下降。

表6.8　　　　　　　　职称性别差异联表分析　　　　　　（单位:%）

比例	男	女	合计
教授	4.4	0.6	5
副教授	29.5	6.8	36.3
讲师	24.4	32.1	56.5
助教	0.2	2	2.2
合计	58.5	41.5	100

(二) 海外留学经历与科研发展相关分析

如表6.9所示,从均值比较来看,有海外留学或者进修经历的青年教师相对于没有海外留学或者进修经历的青年教师来说,所获得的科研成就更高。

表6.9　　　被调查者海外留学经历与科研发展之间的相关分析

	是否有海外留学或进修的经历	频率	均值	标准差	标准误
工作成就	有	1704	9.47	2.264	.134
	无	1704	8.72	2.672	.159

表 6.10　被调查者海外留学经历与科研发展之间的 t 检验

	同方差性检验		t 检验					95% 的置信区间	
工作成就	F	Sig	t	df	Sig（双侧）	均差	标准误	下限	上限
	6.861	.009	3.592	3396	.000	.746	.208	.338	1.155
			3.592	3306.768	.000	.746	.208	.338	1.155

表 6.10 所示，被调查者的海外留学经历与其科研成就之间存在显著相关，有海外留学经历的青年教师与没有海外留学经历的青年教师的科研成就之间存在显著差异。这说明个人的教育背景、生活经历都对其科研成就感产生不同的影响。

据统计，被调查对象中，具有海外留学经历的大多数来自美国、加拿大、日本、澳大利亚、瑞典、英国等发达国家。受这些西方国家中实用主义的影响，西方国家高校的评价体系只重结果，不问过程。座谈会上有一位留学加拿大 7 年回国的青年教师说："现在这个社会就是一个锦上添花的时代，如果自己出不了成果休想别人会给你雪中送炭。"因而，这些有海外留学经历的青年教师回国工作后注重工作过程中的量化管理，注重工作成果的投入产出比，特别重视对成果目标的实现程度，相对而言，他们获得的工作成绩也要大一些，因而他们容易产生较高的工作成就感。

第二节　贴近工作发展状况进行思想政治教育

针对高校青年教师工作发展变化的特点，分析造成高校青年教师工作发展出现问题的原因，贴近高校青年教师工作发展现状加强和改进思想政治教育，提出以下几点对策。

一　贴近教学发展实际进行思想政治教育

《中华人民共和国高等教育法》明确指出，我国"高等学校应当以培养人才为中心"。人才培养是大学的首要任务和根本职能,教学作为高校的中心工作,是传播人类优秀文化的重要途径。高校青年教师是活跃在教学一线的生力军,他们的言行举止、价值观念通过课堂教学直接传递给青年学生,高校青年教师在教学方面的价值取向直接决定了教学质量的好坏,从而影响高等学校培养人才的效果。

(一) 各级思想政治工作部门要高度重视

高校党委、各级行政部门作为青年教师思想政治工作的直接参与者,要从意识上高度重视青年教师的教学发展实际,要从解决教学工作问题的角度入手,在政策的制定上要适当考虑青年教师所面临的教学困难,帮助青年教师树立起教学的信心。

教学成果的有效性依赖于教师教学技术水平的熟练程度,针对目前高校青年教师普遍存在的教学能力不足的现象,领导部门应予以适当的帮助,指派资历较深的老教师进行带教指导,使青年教师尽快熟悉教材,尽早学会站稳讲台;定期开展集体教研、备课活动,共同交流教学经验并探讨教学操作过程中存在的问题,提高青年教师的教学反思能力,探究改进的方案,使青年教师逐渐形成自己的教学风格,能够掌握一定的教学方法达到预期的教学效果。

此外,为了给予青年教师一定的教学过渡时间,有关行政部门可以采取差别化的工作量定额办法。在这方面,湖北省一所重点院校实施的办法可以推广:博士毕业来校第一年不做教学工作定额要求,只要求其找准研究方向;第二年至第三年定额为50%的教学工作量;第四年至第五年定额为80%的教学工作量;讲师任职满五年或者年龄超过35周岁或者晋升高级专业技术职务,才定额为100%的教学工作量。

(二) 引导青年教师培养教书育人的精神

教书育人的精神是我国自古以来教师拥有的光荣传统。早在春秋时期,大教育家孔子就身体力行地向世人诠释了教书育人的典范。孔子强调教化的作用,认为对学生的教育首先应该教育怎么做人,只有学会了做人，才能对社会有所贡献。因此，贴近高校青年教师的教学发展实际培养教书育人的精神十分必要。

首先，要使高校青年教师明确以人为本的教学理念。以人为本的教学理念强调要把重视人、理解人、尊重人、爱护人的思想贯穿于教学活动过程中，注重教育对象的主体性地位，善于开发内在的潜能，促进其由专业教育向通识教育的转变，在知识的传授过程中，注重教育对象能力的提升。要善于在教育实践中营造温馨美好的教育环境，为教育对象的个性展示提供平等的机会。

其次，要培养青年教师关心热爱学生的情怀。苏联著名教育家苏霍姆林斯基曾说："教育者最可贵的品质之一就是人性，对孩子的深沉的爱，兼有父母的亲昵温存和与睿智的严厉与严格要求相结合的那种爱。"[1] 教学是教师与学生共同参与的活动，学生只有亲其师，才能信其道。青年教师大多比较年轻，有的还没有为人父母，缺乏对学生细腻周到的关爱，但是青年教师与大学生们年龄接近，容易使学生产生一种天然的好感，所以要培养青年教师善于与学生沟通交流的能力。青年教师除了进行业务教学以外，要关心学生的生活、情感，要做他们生活中的知心朋友，不能片面认为对学生的关心仅仅只是辅导员和班主任的事情。通过对学生的关心和付出，青年教师自身也会不定期地收到来自学生的感动和温暖，从而提升青年教师的思想境界，增强青年教师为我国高等教育事业贡献青春和热血的力量。

尽管在教学活动中，由于各种客观因素影响，当前高校青年教师面临着许多的困境，但只要高校有关思想政治工作部门能够心系青年教师，在教学中存在的一系列问题就能得到有效解决。同时，引导青年教师培养教书育人的精神，有助于他们自觉摆正价值取向，使他们充分认识到教学活动是教师的天职，教书育人是一种崇高的理想境界，反过来激励他们努力提高教学发展水平，增强

---

[1] 张庆远：《师德言行集》，四川教育出版社1989年版，第59页。

投身教学的积极性和主动性。

二 贴近科研发展实际进行思想政治教育

美国学者柯尔伯格和班杜拉等人认为,在思想政治教育过程中,应该尊重教育对象的主体地位,使他们在没有束缚、没有压力的状态下即在心理自由的状态下接受思想政治教育,形成道德认知和道德实践能力[1]。北京大学中文系教授陈平原曾说:"在大学里急需两种人才,一是大家都在抢的学术大师,一是潜力无限的青年学者。前者可以出高价买,后者只能自己培育——这一点全世界都一样。"[2] 因此,对高校青年教师进行思想政治教育,就要从"育才"的角度,贴近高校青年教师科研发展的实际,引导树立良好的科研观。

科研观是指高校青年教师对待科学研究的态度,以及在科学研究活动中表现出来的精神风貌。针对湖北省高校青年教师科研发展的实际状况,可以从以下几个方面加强科研观的培养:

(一) 培养科学献身精神

恩格斯曾说:"在通往科学的路上没有平坦的大道,只有不畏艰险的人才能达到光辉的顶点。"[3] 科学研究是一项追求真理的创造性活动,任务非常繁重,推动科学研究发展最重要的动力之一就是高校教师要有献身科学的精神。西南联大时期,培养了一大批具有献身科学事业的教授专家,走出了杨振宁、李政道这样的诺贝尔奖获得者;中华人民共和国成立初期,在国家经济发展落后的情况下,正是有了邓稼先、华罗庚等老一辈科学家的献身精神,攻克了一个个科学难题,才取得了我国在国际上举世瞩目的科技成果。

培养科学献身精神,就要培养高校青年教师甘于寂寞的品质。在

---

[1] 孙梅:《论高校教师思想政治教育中的人文关怀》,《当代教育论坛》(教学版) 2009 年第 9 期。

[2] 陈平原:《关注高校青年教师》,《光明日报》2013 年 8 月 13 日第 5 版。

[3] 《马克思恩格斯文集》第 5 卷,人民出版社 2009 年版,第 24 页。

访谈中，大部分的老教授们都很感慨现在的年轻教师读书状态不好，心态不平静。其实每个人都有年轻的时候，上一代人所经历的风浪要比现在严峻得多，可他们中许多人都挺过来了，一辈子只凭自己的兴趣读书做学问，不趋时，也不媚俗。反观当下的年轻学者，读书少，基础功底不够扎实，写起论文来理论深度不够，心情浮躁，总想着快速出成果，快速变现，一旦不能实现，就开始抱怨体制、抱怨学校。因此，需要积极引导青年教师认识到科学研究必须以长期的艰苦训练为前提，它是一项专业化的职业活动，必须要有甘于"坐冷板凳"的精神，只有在处理知识的技能方面有所积累，有所专长，并且在学术共同体的努力下才有可能通向真理的圣殿。许纪霖先生曾坦言，他当年老老实实地做了三年助教，然后做了五年讲师，也没有什么特殊的计划、鼓励的措施，什么都没有，在那五年时间里也没发什么文章，但正是这五年的积累使得后来大爆发，才成就了后来丰硕的学术成果。

(二) 培养科研创新精神

高校青年教师们对于科研活动中的"创新"一词并不陌生，几乎任何一项项目申请书，都要求填写"创新之处"。对此，绝大多数青年教师都是敷衍了事，其科研成果到底能给学术界、社会带来多大的创新也许连自己都不知道。尽管我国的科研论文总数量目前已经位居世界第二，但整体科研的创新性令人担忧。根据此次问卷调查的数据（如表 5.1 所示），您认为高校青年教师最应加强的三项意识中，"创新意识"以 55.4% 的入选率居于首位。习近平总书记曾指出："唯创新者进，唯创新者强，唯创新者胜。"[①] 因此，加强高校青年教师的科研创新精神的培养十分重要。

首先，要鼓励青年教师勇于创新。创新是人类理性思维与灵感碰撞的火花，是对以往思维方式的超越。高校青年教师思想大胆，善于

[①] 中共中央宣传部：《习近平总书记系列重要讲话读本》，学习出版社 2014 年版，第 180 页。

吸收新的观点和理念,在科学研究中,应在吸收借鉴前辈们研究成果的基础上,不囿于已有的思维模式,不墨守成规于已有的科学范式,要鼓励青年教师不迷信权威,勇于提出自己的新观点,敢于进行真理的辩论。结合目前的科研现状,许多青年教师感叹发表论文难,但杂志社的编辑们也很发愁,因为尽管投稿很多,但真正质量高的论文却很少,大部分的作品人云亦云,缺乏创新性。

其次,要引导青年教师合理创新。科学研究创新,并不是一味地脱离实际,它是在总结前人研究的基础上,结合自身的知识积累,针对目前学术界已有的研究理论、研究方法方面的创新。如果没有大量的知识积累作为前提,青年教师就不可能拥有广阔的视角,不可能把握学术界发展的动态,更不可能产出具有高质量的学术成果。在调查中发现,有些青年教师科研成果一味地求新、求异,却忽视了学理的科学性;有的文章为了博人眼球,把西方的相关理论生搬硬套,忽视了其理论提出的背景和适用范围;还有的文章标题晦涩难懂,只为了与众不同。这就要求在科研实践中,要注重引导青年教师正确的认识创新,将其科研成果进行合理的创新。

综上所述,贴近高校青年教师科研发展状况,培养他们的科研观,有助于在当前科研压力大的情况下,增强探索创新的精神,提高科研成果产出的质量,使青年教师在科研工作中化被动为主动,让他们积极快乐地进行科学研究,勇攀学术的高峰。

三 贴近服务社会发展实际进行思想政治教育

高校青年教师是具有较高文化修养的社会公民,理应在青年中起行为表率作用,担负起更多的社会责任。社会学家刘易斯·科塞认为,知识分子是理念的守门人,也是意识形态的启蒙者,他们倾向于培养一种批判态度,对于他们的时代和环境所公认的观念和假设经常详加审查,知识分子会在其活动中表现出对社会核心价值的强烈关切,他们是希望提供道德标准和维护有意义的通用符号的人[①]。因此结合服务社会实际进行思想政治教育，要引导青年教师树立起奋发进取和无私奉献的人生观。

（一）引导树立奋发进取的人生观

青年教师走出校门，参加社会挂职锻炼，将所学的理论知识应用于实践，把学术成果转化为促进地方经济发展的生产力，帮助企业解决技术难题，促进当地经济发展。同时，积极推动校企合作，努力搭建产、学、研发展平台，获得科研经费的资助，在实际生产活动中提高科研水平。青年教师在实践中将难题带回实验室里进行研究，在这一系列解决问题的过程中，需要从思想上引导青年教师培养自强不息、奋发进取的人生观。青年教师在被誉为"象牙塔"的大学校园进行科学研究，所获得的知识只是从理论到理论，马克思主义认为，实践是检验真理的唯一标准。在服务社会的实践过程中，面临着前所未有的困难，青年教师如果缺乏战胜困难的勇气，没有勇于拼搏的精神，很难获得成就感。

（二）引导树立无私奉献的人生观

在问卷调查中，您经常参加志愿者活动吗？有32%的被调查者表示从未参加过志愿活动，61%的被调查者表示偶尔参加，仅有7%的被调查者经常参加。同时，绝大部分青年教师在受访中表示，自身是很有意愿参与奉献的，但苦于没有机会参加。

针对青年教师参加志愿活动少的现状，高校思想政治教育管理部门应加强宣传自我奉献的意识，引导青年教师将个人利益与社会利益统一，定期组织各种社会公益活动，让青年教师参与其中得到洗礼，把参与社会公益活动情况纳入考核指标，提高青年教师献身社会公益事业的积极性。对于献身公益事业的典型，要加大宣传，形成弘扬校园文化的正能量。

---

① ［美］刘易斯·科塞：《理念人》，郭方等译，中央编译出版社2001年版，第20页。

综上所述，引导高校青年教师树立起奋发进取和无私奉献的人生观，有助于培养他们的社会奉献精神和增强团结协作的能力，有助于思想道德水平的提高。思想具有强大的指引作用，高校青年教师人生观方面的增强，又反过来积极作用于科研，使其在科研领域闯出一片更广阔的天地。

第七章　高校青年教师生活发展状况与思想政治教育

改革开放以来中国社会发生了巨大变迁，人民生活状况也发生了深刻的变化。在社会主义市场经济的影响下，人们对物质生活越来越关注，对生活质量的要求也越来越高。高校青年教师的生活状况直接影响着他们的工作状态和心理健康，在一定程度上直接决定了高校青年教师的思想水平。本章以调查数据为支撑从生活质量状况、薪资待遇状况、婚姻情感状况、身心健康状况这四个方面对高校青年教师生活发展的现状进行论述，分别从思想观念、保障条件、收入水平、个人身心健康四个方面对造成高校青年教师生活发展方面存在的问题进行原因分析，并在此基础上贴近高校青年教师生活发展状况，提出加强和改进思想政治教育的对策。

第一节　高校青年教师生活发展状况

通过对所收集资料的归纳、分析，本节将从高校青年教师的生活质量状况、薪资待遇状况、婚姻情感状况、身心健康状况这四个主要方面来呈现所调查高校青年教师的实际生活状况。

一 生活质量状况

"生活质量"这一概念最早是由美国经济学家加布尔雷思于1958年提出来的,至今这一概念已得到了广泛的接受和应用[①]。生活质量从微观的角度而言,主要指居民个人及其家庭生活需要的满足状况,当代高校青年教师非常注重生活质量的提升,他们追求舒适的生活环境,期待能给家人创造更好的生活条件。在当前社会物质主义的影响下,房子、车子已成为衡量家庭生活质量的重要砝码,因此,本书将从高校青年教师的住房条件和交通方式入手,以期能打开研究他们生活质量的视域。

(一)住房状况

在个人住房情况问卷调查中,自购商品房1898人,占比52.9%,单位福利房630人,占比17.6%,经济适用房188人,占比5.2%,租房者870人,占比24.3%(详见图7.1)。

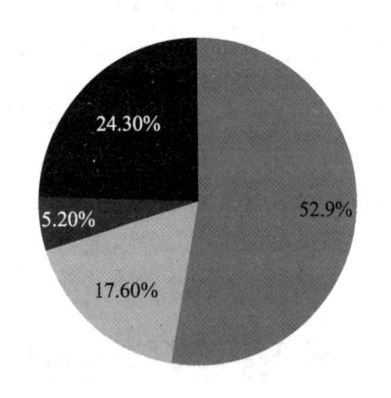

图7.1 住房情况饼状图

其中自购商品房中有74.6%的被调查者属于"啃老"一族,由于

---

① 裴士连:《生活质量的社会公正》,《理论界》2006年第5期。

无法面对高房价的压力，只能以父母出钱付首付的形式购房，有18.9%的被调查者是由女方父母出钱购买，31.1%是由双方父母共同承担，仅有26%的是靠自己收入买房的。31.9%的被调查者由于根本无法购买市场上的商品房，只能选择租房。湖北省某高校在一项对青年教师的满意度调查中，结果显示最不满意的是住房，竟高达82.3%。从住房户型的调查中发现，青年教师的住房需求正朝着多元化方向发展，他们不再局限于普通单元住房，在经济条件允许的情况下，部分教师倾向于选择条件更好的公寓式住宅、复式住宅和花园式住宅。然而，由于条件所限，绝大部分30岁以下的教师只能与父母合住在一起，或居住小户型住宅或者单间配套公寓。

一位机械学院的彭老师对房子一事一筹莫展："我进校已经5年了，排队到现在还是没有分到住房。一个月工资4000多元，家里的小孩小，老人过来帮忙，不得不在校外租了个三室一厅的房子，不带电器，一个月房租1800元，学校每个月发800元的房补，自己还要掏1000元租房，这一家老小，生活压力本来就很大。尽管这两年工资有所上涨，但跟外面的房价相比，简直就是杯水车薪。"

另一位虽然有房子的老师同样也为房子一事发愁："我家离学校很远，每天需花费2—3个小时在路上，学校里的周转房还有，而有的周转房还有外面的人在租住，现在学校周边的房价贵得离谱，根本买不起学校周边的住房，甚至也租不起一套两室一厅的房了。"

已经分到了学校周转房的老师同样也为房的事情发愁：工作了两年的张老师一进校就分了一套学校的周转房，尽管只有40多平方米的一室一厅，但他很知足，妻子因生完小孩，家里的老人需要过来照顾，由于租不起外面的房子，就在隔壁租了一套一楼的单身宿舍给老人们住。东区的下水管道年久失修，一遇上下雨天就被淹是常有的事情。一天早晨，张老师接到年迈的父亲的求救电话，他跑过去一看，惊呆了，由于下水道被堵，整个房间被淹，积了半尺多高的水，父母一觉醒来，竟不知道床前的鞋子飘向了何方，父母没法下床，一时手足无措,只能打电话给儿子求救。个体的贫困,也许可以以颜回式的"一箪食,一瓢饮,在陋巷,人不堪其忧,回也不改其乐"来化解,但是面对辛辛苦苦供自己读书到博士如今已白发苍苍的父母,跟着自己还如此落魄,张老师心酸不已,他几次向房改办申请更换一套两室一厅的房子,可学校每次都让他回去等消息,这等得让他有些心灰意冷。

综上所述,在这些问题中,有的青年教师购买能力有限,目前没有住房,在等待学校的分房;有的青年教师已经购买了住房,但地理位置距离学校较远,影响了正常的上下班;有的青年教师现有的住房条件亟待改善等。由此可见,住房困难已经成为高校青年教师反映得较为普遍的问题,住房已经成为严重影响高校青年教师生活质量的方面。

(二)绝大多数属于"无车一族"

问卷调查中,您每天上班的主要交通方式,选择步行或自行车的有1557人,占比43.4%,选择校车的472人,占比13.2%,选择社会公共交通的803人,占比22.4%,选择自驾车的仅735人,占比20.5%(如图7.2所示)。根据拥有车辆的调查数据中可以看出,买车的毕竟是少数。

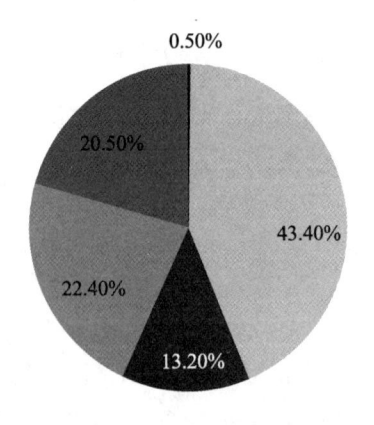

图7.2 主要交通方式饼状图

通过列联表分析（详见表7.1），可进一步观察到，随着职称的提高，青年教师拥有车辆的比例上升。助教拥有汽车占青年助教的25.3%，讲师中拥有汽车的比例占43.6%，副教授拥有汽车的比例占62.4%，教授拥有汽车的比例占74.7%，在拥有汽车比例增大的过程中，意味着更多青年教师每月支出必然升高，拥有汽车比例较高和生活方式的改变与收入提高有关，也和青年教师的住地与学校的距离密切相关。

表7.1　　　　　　　　职称情况与拥有车辆数目

职称	拥有车辆数（辆）	总人数（人）	占比（%）
助教	20	79	25.3
讲师	884	2027	43.6
副教授	825	1322	62.4
教授	136	182	74.7

通过上述分析，可以得出当前高校青年教师期望拥有高品质的生活质量与现实情况相矛盾的结论。马克思认为，人们首先必须吃、喝、住、穿，然后才能从事政治、科学、艺术、宗教等[①]。当前生活质量方面面临的现实压力，毫无疑问地对青年教师的思想状况产生了巨大的影响，许多青年教师在住房问题得不到解决的情况下，一味埋怨高校、埋怨领导，片面地认为命运对自己不公，在思想上产生消极的状态，甚至把这种不良的情绪带到课堂上，进而影响大学生的人生观、价值观取向。

二　薪资待遇状况

薪资待遇问题直接体现了高校青年教师的家庭生活水平，家庭生

[①]《马克思恩格斯文集》第3卷，人民出版社2009年版，第601页。

活中的衣、食、住、行和闲暇生活等无不受到薪资待遇水平的影响和制约。

(一) 收入相对较低

斯坦福大学名誉校长唐纳德·肯尼迪曾说过:"在几乎每一种职业中,人们都自然要考虑他们的收入。这是因为工资和资金是机构地位的象征,它们向公众显示别人如何看待一个人的价值所在。"[1] 当今社会的价值体系发生倾斜,当权力和金钱取代知识和道德成为评价的核心指标时,现实生活的窘迫使得高校青年教师困顿不已。加之近十年来,学校的人才引进政策发生了巨大的变化,造成了不同时期进校的青年教师待遇各异,青年教师与有资历的老教授们也存在着较大的差距,由此引发了他们的生存和发展压力。

表 7.2 调查数据显示,63%的被调查者月收入水平处在 3001—4999 元的区间,23.4%集中在 5000—7999 元的区间,3000 元及以下的占比 10.4%。这说明绝大多数青年教师的收入水平在 5000 元左右,这对于飞速上涨的物价和家庭生活的需要来讲都是不够的。

表 7.2　　　　　　　月收入平均分布

月收入水平	频数(人)	百分比(%)	有效百分比(%)
3000 元及以下	372	10.4	10.4
3001—4999 元	2259	63	63.1
5000—7999 元	840	23.4	23.5
8000—9999 元	79	2.2	2.2
10000 元及以上	32	0.9	0.9
总计	3582	99.9	100.1
缺失值	4	0.1	
总计	3586	100.0	

---

[1] [美]唐纳德·肯尼迪:《学术责任》,阎凤娇等译,新华出版社 2002 年版,第 41 页。

无独有偶,廉思团队在全国高校青年教师的调查中发现,仅有13.4%的受访者是由于"收入高"而选择当高校教师,多数高校青年教师都是月光族,每月能有结余的只占31.3%,23.7%的人收不抵支,11.8%的高校青年教师工作前几年要靠父母和配偶支持[1]。座谈会上有位医学院的老师说,他和太太是博士时的同学,他出国读完博士后回来母校当老师,太太则博士毕业后进了当地一家三甲医院,现在已经是主治医师,他说自己的收入跟医生没法比,尽管他2009年入职,工作不到四年就已经破格晋升为教授,由于学术上成就突出,被聘为"楚天学者",但太太的收入足足是他的6倍。由于不同职业带来收入上的巨大差异,他说尽管教研室的学术梯队严重不足,但相对医生来说,大学教师的待遇太低,因此没有优秀的学生愿意留下来。

(二) 薪酬满意度较低

一般来说,我国高校教师的工资收入主要是财政工资加校内津贴部分组成,校内津贴主要有岗位津贴和绩效津贴。

以湖北省某高校为例,2012年该校教职工年平均收入为83278元,青年教师助教职称的全年收入仅54660元,比1998年增长了3倍多,比1984年增长了17.8倍,青年教师的经济状况也有所改观,但满意度仍然很低,青年教师们意见较大,他们对薪酬的不满意度高达49.6%。座谈会上有一位老师亮出了工资卡,显示上个月工资总额为4632元,他笑言当初在香港读博士期间的工资待遇都比这个数要高。

目前,收入问题在青年教师生活上带来的压力仅次于住房问题。青年教师已到而立之年,上有老下有小,而且相当一部分是乡村底层出身,必须思虑远在故土年迈的父母的养老、医疗问题,必须承担起直系亲属面临突发事故的道德义务,比如突如其来的重病等。然而,微薄的收入令家庭的这种抗风险能力极弱。座谈会上,有好几位老师就是被这种突然的变故限制在一种极其艰难的经济状况中。尽管这些

---

[1] 廉思:《工蜂:大学青年教师生存实录》,中信出版社2012年版,第252页。

年来，随着大学绩效工资改革，青年教师的收入确实有较大幅度的提升，然而相对飞速增长的物价和房价，作为刚性基本工资收入仍旧是维持在一个较低的水平（无论是跟港台地区还是欧美日等国家的同等状况的青年教师相比）。而浮动的课题、项目、计划等并不是每位青年教师都能获取的。在目前体制下，仍旧是对年轻人不利。

综上所述，高校青年教师的收入水平整体偏低，对薪酬的满意度偏低。正如老师们在座谈会上自我调侃的那样——"拥有体面的职业，却没有体面的生活。"尽管物质追求并不是选择高校教师这一职业的重要原因，但是如果长期处于一种为生计奔波的状态，高校青年教师的思想状态必然会产生波动。

三 婚姻情感状况

婚姻情感状况是高校青年教师生活状况的重要方面，人是社会的动物，都是依靠各种社会关系而存在，感情生活是高校青年教师最重要的社会关系的一种。因此，考察高校青年教师的婚姻情感状况，对于了解他们的现实生活状况必不可少。

（一）未婚青年择偶标准高

大龄高校青年教师的婚姻情感问题已引起教育部门的重视和社会各界的关注。通过图 7.3 调查数据显示，婚姻状况中未婚的 283 人，占比 7.9%；已婚的有 3223 人，占比 89.9%；离异 61 人，占比 1.7%；再婚 19 人，占比 0.5%。

身居象牙塔的高校青年教师，其所处的交际对象多局限于周边同事或昔日的同窗及同乡之间，他们实际生活中能接触到的异性还是很有限的，大多数青年教师想结交异性朋友，在一定程度上还有赖于朋友零散介绍，包括参加各种相亲会和依赖网络等。但是众所周知，现在的年轻人一般都比较厌烦传统的相亲方式，因此对父母朋友安排的"相亲"都容易产生抵触心理，而网络等成功的概率毕竟还是很小。在座谈会上，有一位青年教师，就是因为担心找不到对象，而放弃原

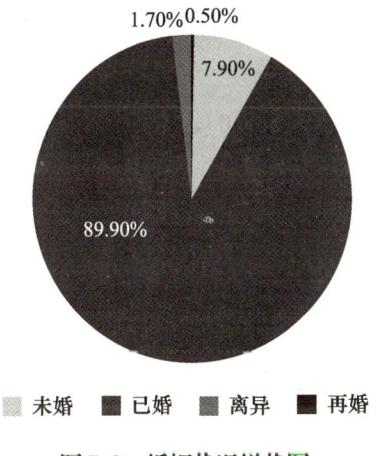

图 7.3 婚姻状况饼状图

单位给他的各种优惠条件，选择辞职去杭州工作，其原因是杭州有很多大型的相亲会，找对象比较方便。

由于受教育程度较高和年龄较大的关系，女教师在恋爱过程中表现得比较矜持。一位从美国康奈尔大学留学归国的女博士难以表达内心的矛盾，她说："我老家是河北的，在这里一没亲人，二没朋友，感觉找对象很难，家里也为这事很着急。不知道为什么我总有一种天生的完美主义倾向，这种性格不仅体现在学术追求上，也影响着我的恋爱观，找对象时总是一眼就能看到对方的缺点。"对此，该校工会主席在座谈会上分析道："对高学历的追求无疑推迟了高校青年教师进入婚姻的年龄，当他们有足够精力来谈婚论嫁的时候无奈在青春年龄上处于明显的劣势，因此，在择偶问题上，大多数青年教师都面临着源于年龄的尴尬。与此同时，有的青年教师就干脆忽略了这个问题，一年也是迟，两年也是迟，最后就直接把婚姻烦恼屏蔽掉。"

（二）已婚青年教师婚姻状况稳定

婚姻是家庭区别于其他社会组织的基本特征之一，它是家庭的基础和依据，又是家庭不断发展的枢纽。图 7.3 显示，调查中有 89.9% 的被调查者已婚，夫妻感情凝聚着人们对婚姻生活的复杂体验，是婚姻质量中最重要的变量。

根据刘庆于 2005 年对武汉市高校青年教师家庭的调查，高校青年教师认为夫妻彼此之间感情很好和较好的共占被调查者总数的 88.8%，远远超过认为不太好和很不好的比例（2%），同时有 9.2% 的认为其夫妻感情一般①。由此可见，高校青年教师对夫妻感情的自我评价是很高的。这一点从此次调查中也可以得到印证，此次调研中离异的 61 人，占比 1.7%，再婚 19 人，仅占比 0.5%。

结合访谈资料发现，青年教师普遍结婚时间不太长，对配偶有较强的新鲜感，在婚后相当长的一段时间内尚处于蜜月期。而且现在青年夫妻自由恋爱的较多，有较好的婚前感情基础，婚后矛盾容易协调。此外，高校青年教师自身素质较高，有较强的家庭责任心，同时有固定的职业，有独立的工作能力，在经济收入上也有较好的保障，这些都是促进夫妻间感情美好和婚姻稳定的前提。

四 身心健康状况

世界卫生组织将健康定义为：健康不仅仅是没有疾病和不虚弱，而是处于身体、心理状态和社会适应的一种完美状态②。现代理论认为，人是生物、心理和社会的统一体，人的身体、心理和人际关系三方面出现的任何问题都属于不健康范畴。

（一）身体状况不容乐观

根据调查统计，高校青年教师身体状况整体良好，但比较普遍地存在着咽喉炎、颈椎病、肩周炎等身体疾病，休息不足熬夜身体弱、失眠的现象也较多。此外，高血压、冠心病等老年疾病有向年轻教师转移的趋势，有 3.3% 的冠心病患者、2.9% 的高血压患者（详见表 7.3）。

---

① 刘庆：《高校青年教师家庭生活质量的现状与影响因素分析——对武汉市高校青年教师家庭的调查》，硕士学位论文，华中农业大学，2006 年。

② 陈新华：《高校教师身心浅谈》，《江苏高教》2011 年第 5 期。

表7.3　　　　　　　被调查者身体存在的问题状况分布

自己身体存在的问题	频数（人）	百分比（%）	个案百分比（%）
咽喉炎	1449	18.6	40.4
颈椎病	1731	22.3	48.3
休息不足熬夜身体弱	1667	21.4	46.5
失眠	693	8.9	19.3
肩周炎	938	12.1	26.2
冠心病	260	3.3	7.3
高血压	227	2.9	6.3
其他	379	4.9	10.6
没有	430	5.5	12.0
总计	7774	100	216.9

由此可见，高校青年教师身体状况堪忧。据了解，湖北省各大高校每年都会定期组织教师进行体检，但大多数教师都不太重视，许多都只是马虎了事，随便应付一下，许多青年教师甚至都不去参加，而大多数教师平时又缺少体育锻炼的习惯。

据统计，被调查者中，几乎从不锻炼身体的占比41.3%，一周一次的占比37.2%，一周2—3次的占比16.1%，每天锻炼的仅占比5%（详见表7.4）。

表7.4　　　　　　　被调查者平时锻炼身体的频率分布

	频数（人）	百分比（%）	有效百分比（%）	累计百分比（%）
几乎从不锻炼	1480	41.3	41.4	41.4
一周一次	1334	37.2	37.3	78.7
一周2—3次	576	16.1	16.2	94.9
每天锻炼	182	5	5.1	100
总计	3572	99.6	100	
缺失值	14	0.4		
总计	3586	100		

这是一位老师口中的一天：早上6点半起床，赶上7点20的班车去学校。在办公室里写课题申请书到十点半，把早已粘贴好的发票拿到财务处去报销，无奈财务处早已排满了人，这已经是第三次来了，从来没有人少一点的时候，没办法看来只有排队等候了。上午好不容易把账给报了，从财务处出来的时候已经11点40了，中午去食堂吃完饭，回到办公室整理下午上课时需要的课件，眼看一点多了，在办公室的桌子上趴了一会儿，下午连续上四小节的课后，终于赶上了回家的班车，这时的他早已感觉体力和脑力严重透支，根本不想吃晚饭，在教学任务最重的时候，曾经要连续上8小节的课程。晚饭随便弄点吃的，收拾一下，坐在书桌前打开电脑时，已是晚上8点多。接着准备第二天上课用的资料，然后赶紧学习充电，看一下书或者写一下论文，上床睡觉的时候已是深夜一两点，这样睡觉时间算起来不足6个小时。

通过这个案例可以看出，随着日常工作越来越忙，生活中的琐事越来越多，高校青年教师根本就没有时间，也没有精力锻炼身体。

高校教师目前面临的竞争越来越激烈，随之而来的压力也越来越大。在某天凌晨12点到1点的时候，调研组进入湖北省某个高校时发现，该校生化楼、物理楼实验室、办公室灯火通明，这些教师有的在备课，有的在做实验，有的在写论文。有位生物系的老师坦言自己已经连续8周，每天工作14个小时了。

据问卷统计，在您每天的睡眠时间中，5小时以下的占比3.9%，5—6小时的占比28.5%，6—8小时的占比63.7%，8小时以上的仅为8%。这说明，面对永远做不完的课题，沉重的教学任务和繁杂的社会事务，事业心强的青年教师只有挑灯夜读，透支健康。

（二）心理方面的问题值得关注

问卷调查中，被调查对象大部分心理状况良好，暂无心理问题，但有些青年教师仍然存在着一些心理方面的问题值得关注（详见表7.5）。

表7.5　　　　　　　个人目前存在的问题状况分布

个人目前存在的问题	频数（人）	百分比（%）	个案百分比（%）
对自己犯过的过失一直耿耿于怀	336	8.6	9.4
感到人生无聊	229	5.9	6.4
感觉自己没有什么价值	594	15.2	16.6
有不想活下去的念头	55	1.4	1.5
自己常常因为精神太差而无法做事情	560	14.3	15.6
希望离开现在的一切，有个新的开始	348	8.9	9.7
暂无	1789	45.7	49.9
总计	3911	100	109.1

有研究表明，青年教师是心理问题高发的群体之一[①]。2004年，浙江省高校首次将心理咨询的对象从学生扩大至教师，但实际情况中，高校教师宁愿选择自己默默地承受也不愿前去咨询。近年来，媒体报道的高校青年教师因压力过大，产生抑郁症，选择自杀的恶性事件屡见不鲜。高校青年教师心理危机导致的伤害事件频发，凸显该群体的心理健康危机。

通过上述分析，高校青年教师生活发展状况整体较好，但也存在着一些不容忽视的问题，如住房困难、收入相对较低、择偶标准要求太高、身心健康问题突出等，这些生活方面的问题对思想道德素质产生了非常严重的影响，亟须引起有关思想政治教育工作部门和思想理论工作者的注意。

第二节　影响因素分析

从以上调查数据分析中可以看出，高校青年教师生活发展方面尚

---

① 冯惠玲：《中国高校青年教师心理健康状况调查与分析》，《学理论》2011年第11期。

存在着一系列的问题，深入挖掘高校青年教师生活发展状况问题的原因，对贴近高校青年教师进行思想政治教育，促进高等教育事业的发展具有重要的意义。

一 思想观念问题

（一）社会不良现象诱导有些青年教师"向钱看"

在我国市场经济全面发展和升级的今天，管理体制还存在着一系列的漏洞，并不能发挥全面的调控职能，这就为那些极端利己的市场主体追求利益最大化提供了可乘之机。现代社会中的文化传播媒介，如报纸、电视、电影、互联网等，自身立场世俗、媚俗，惯用的伎俩就是利用豪宅、盛宴、名车等的大肆炒作，以哗众取宠的方式博取人们的眼球：美女挤走学者、明星取代模范、绯闻顶替事实、娱乐覆盖文化等拜金之风愈演愈烈。同时，由于教育经费的相对不足和国家教育管理机制上存在着诸多弊端，很多高校仅仅依靠国家财政拨款已远远不能满足该校的教育发展需要，所以各个学校不得不争相开发各种名目的创收项目，从而在大学里诞生了一批开名车、住豪宅的财富新贵。这让身居象牙塔里的青年教师再也按捺不住寂寞，争相逐利：有的老师在外面四处兼职，无心教学，有的老师在外面开公司，甚至还有老师将学生以后的成就以金钱来衡量，称"要是没有4000万的身家就不要回来见我"等。

（二）高期望值给自身带来巨大的压力

古往今来，社会上人们只要一谈到教师，常常毫不吝惜溢美之词，称赞教师是"人类灵魂的工程师""燃烧自己，照亮别人的蜡烛""攀登科学高峰的领路者"等，将他们看成传道授业解惑的文明使者，看成教人成长、育人成才的无私奉献者。这种近乎完美的形象是社会对他们的期待和要求。从自身接受的教育和职业发展来看，高校青年教师一路以来都是从高竞争群体中脱颖而出的佼佼者，他们多是博士毕业、博士后出站、海归等高学历、高科技人才，不论是自身的努力成本还是相对付出的经济成本都要比从事其他职业的同龄人多一些，在相关研究中有人认为，拿到硕士学位需要投入 24 万元人民币，而博士学位则高达 36 万元人民币[①]。如此巨额的经济投入是否带有普遍性，我们无法验证，然而高校青年教师个人或家庭前期投入大却是不争的事实。由于这些付出所期望获得的回报，外界所赋予他们的高期望，还有自身对高目标的追求都无形之中给自身带来了巨大的压力。

这种高期望还反映在婚恋观上。长期以来，青年教师自身锐意进取，以追求完美的坚韧态度对待学习和工作，因此在配偶的选择上也追求完美，甚至吹毛求疵。

（三）缺乏艰苦奋斗的精神和吃苦耐劳的品格

现在的高校青年教师大多出生于 20 世纪七八十年代，受计划生育的影响，很多都是独生子女，大多没受过什么苦，缺少艰苦奋斗的精神和吃苦耐劳的品质，意志力薄弱，他们独立性较强，个性锋芒，对社会不合理现象不愿屈从和迁就，不太善于处理与同事、领导之间的关系，面对生活中层出不穷的问题，"成家"前后的焦虑，以及上有老、下有小的压力，他们缺乏克服困难的信心和勇气，一味地埋怨体制，抱怨学校，不能理性地看待投入和产出的时间差。调查显示，很多功成名就的老教授们现在回想起自己年轻的时候，也经常加班熬夜，但精神却不是处于一种压力巨大、时刻紧绷的状态，那时的物质条件其实也非常不好，住的是筒子楼，做饭大家都挤在楼道里，小孩没人带，一岁多就送进了幼儿园等，但为了心中的学术理想，却有无限的快乐。因此，有些老教授非常形象地形容当前急功近利的青年教师们都是"工匠"，在这种心态下是无法培育"大师"的。

---

① 马晓娜：《高校青年教师薪酬管理中存在的问题及对策》，《复旦教育论坛》2006 年第 4 期。

二　保障条件有限

（一）政府提供的保障性住房有限

就政府部门提供的保障性住房（一般由廉租房、经济适用房和政策性租赁住房）而言，按现行政策，优惠仅能覆盖部分青年教师，因为仅有少部分教师符合目前享受限价房或公共租赁房优惠政策的条件，大部分青年教师因不符合条件，工资又低，成为尴尬的"夹心层"。而且，近年来，各地政府部门为了支持当地高等教育事业的发展，兴建了许多"大学城""高教园"，这些兴建的校区地理位置基本上都远离高校本部，交通不便，而高校青年教师有的晚上要去上课，有的要去实验室工作，有的需要经常到学生宿舍了解情况，因而住房远离校园并不符合高校教师工作的特殊要求，由此，产生了较大的实际住房需求。

（二）高校房源有限

近年来高校教师数量随着招生规模扩招而不断扩大，青年教师需要解决结婚、生子、赡养老人等生活问题，住房问题亟须得到进一步改善，但目前各高校的剩余房源十分有限，许多青年教师因为没有成套的住房而挤在单身宿舍、简易宿舍、过渡性住房里，有的青年教师在不得已的情况下只能自掏腰包到校外租房。

国家停止实物分配后，高校将一部分未出售的住房作为新进人员及引进人员的周转住房，向教职工出租，其目的是利用学校的现有可控房源，解决青年职工未购住房前的临时住房周转。然而，由于部分高校一直沿用十几年乃至几十年前制定的住房管理制度，并未对其进行重新制定和完善，比如，过去的住房分配方案、房屋租金、租房协议等与现在的状况都不相适应，因为在过去，高层次的人才少，物价比较低，办学规模不大，房源相对充裕，而现在的情况刚好与那时相反，由于学校制度不完善，对租房的要求、租住的年限都没有明确的规定，学校很多房子以廉价的租金租出去后，直到教职工退休了或是拥有多套住房后,周转房都还没退回给学校,形成了"租"而不转的现象。此外,还有教师虽然已经购买了商品房或者经济适用房却不愿及时交还给学校,因为周转房的租赁价格远低于市场租金价格。更有甚者将周转房以市场价私自出租给他人居住,从中赚取差价,导致新进教师住房困难的尴尬局面。在调查中,我们发现这样的案例在许多高校都比较普遍,其中,印象较深的一个例子就是一位从日本留学回国的女教师,由于学校一时腾不出周转房,只能安排她暂时住宾馆,一住就是半年,其中有两个月的房费为自己所付。

三 收入水平偏低

自1999年高等学校开展新一轮以用人和工资分配制度改革为重点的人事制度以来,我国高校形成了国家工资、地方补贴和校内津贴的收入分配结构。在中国高校教师的薪酬中,国家工资、校内津贴、地方性津贴与福利收入所占比例一般来说分别是:国家工资占30%,校内岗位津贴占35%,地方性津贴占25%,福利收入占10%[1]。当前高校青年教师薪酬管理中的问题主要表现为对内公平性不够,青年教师参加工作时间不长,国家工资在薪酬比例中份额太低,不能发挥主导作用,校内岗位津贴部分往往考虑的是教师的资历、职称、学历、行政级别等,这部分在工资体系中比重较大,这对于青年教师来说显然是不公平的。社会科学文献出版社2012年出版的《北京社会发展报告》显示,"教授2010年的总收入最低为4.95万元,最高为79.7万元;副教授2010年的年收入最低者只有2.8万元,最高者为67.1万元;讲师最低者只有2.2万元,最高者为

---

[1] 陈蓉、刘天佐:《高校教师薪酬现状及其影响因素》,《湖南农业大学学报》(社会科学版)2006年第8期。

57万元"①。由此可见，同是高校教师，但不同职称之间，即使相同职称不同院系、不同高校之间的收入差距相差很大，这种制度性工资对高校青年教师的保障功能并不足。并且，在高校工资、财务改革之后，高校教师的福利收入就逐渐减少，有的高校青年教师甚至没有任何福利收入。

据调查，我国高校青年教师的薪酬水平并不能正确反映其劳动力价值。高校青年教师的薪酬收入仅是对应层次毕业生平均月薪的50%左右，到高校工作的博士层次的青年教师的平均收入仅和本科层次毕业生平均收入相当②。高校青年教师的薪酬收入水平与社会上相同学历的人员相比，与到外资企业、政府机关的同龄人相比，青年教师群体的收入极其微薄，严重缺乏竞争性。

马克思认为，作为利益主体的人在现实社会中，首先要为取得自身生存的物质利益而奋斗，其次要为自身存在的价值利益而奋斗③。尽管研究型大学主要靠"名气""声望"招徕人才，并将其作为对教师的一种经济补偿，很多青年教师愿意牺牲丰厚的物质报酬来换取未来的学术理想。但是生存还是发展？确实是摆在青年教师面前的一道现实难题。近年来，很多大学都遭遇了青年教师辞职的现象，他们离开高校，选择收入条件更好的企业或一般院校。如在调研中，就有一位留学法国回来的青年教师，因为不满较低的工资待遇，毅然辞职去了当地一家汽车制造公司，据同事透露，该教师现在的工资待遇是当时在校的10倍。

由此可见，薪酬待遇是制约高校青年教师生活发展的一个重要问题。

---

① 戴建中主编：《北京蓝皮书：北京社会发展报告（2011—2012）》，社会科学文献出版社2012年版，第96页。

② 李志：《高校教师薪酬满意度的调查分析与对策》，《黑龙江高教研究》2006年第1期。

③ 王继全：《马克思主义利益观视域中的思想政治教育》，博士学位论文，苏州大学，2012年。

四 身心健康被忽视

长期以来，高校青年教师身心健康问题一直被忽视，这不仅体现在青年教师自身缺乏健康意识，也体现在高校管理部门对其缺乏关心。

（一）身体方面

高校青年教师由于年纪轻，正值青壮年时期，身体年富力强。一般都认为身体情况自然不会产生问题，工作繁忙的时候顺其自然地加班熬夜，甚至不按时吃饭，殊不知长此以往，严重透支了青春和健康。即使在身体出现了毛病，感觉到不舒服的时候，许多青年教师并不引起注意，不能做到马上进医院就医检查，而是选择敷衍应对。一来工作繁忙，临时去医院要浪费不少时间和精力，二来并没有引起自身足够的重视，自认为只是小毛病，吃点药休息一下就没事了。殊不知，许多严重的疾病就是因为当初不重视，由小问题累积成了大病，甚至致命。

（二）心理方面

由于高校教师一般都不用坐班，所以平时一般同事、领导间都很少见面，更难得彼此间的交流。高校青年教师由于入职时间短，缺乏独立的生活工作经验与适应承受挫折的能力，他们的心理素质相对比较脆弱，院系领导由于平日里与青年教师接触较少，对青年教师的情绪波动和身心健康往往不甚了解，高校青年教师长期处于一种苦闷边缘的状态，无处抒发。一位分管该校教学、科研工作的副校长对这种现象做了分析："一般来说，社会地位越高，成就越大，越不会正视自己的心理问题，要么不承认，要么讳疾忌医，自己藏着、掖着、扛着，直到从小问题变成大问题，采取极端措施后，大家才知道情况。"

在实际的教育管理工作中，许多高校针对青年教师的心理健康问题设立了咨询室、辅导站等，但由于仅限于应付上级的检查，此项工作往往并没有发挥实际的作用。一些工作也仅仅是喊喊口号，并未得到真正的实施，21世纪初一些专家呼吁构建高校青年教师的心理健康体系也久未出台。

由此不难看出，目前，高校青年教师之所以呈现出身心健康问题较多的趋势，与多方面的原因息息相关。高校青年教师的身心问题已经严重地影响到其思想道德水平的提高，在如何加强思想政治教育方面，应充分考虑身心健康方面的因素，探索研究贴近高校青年教师身心现状的思想政治教育对策。

第三节　贴近生活发展状况进行思想政治教育

通过对高校青年教师生活状况发展变化的特点以及对造成高校青年教师生活发展状况出现问题的原因分析来看，贴近高校青年教师生活发展现状，提出以下几点加强和改进思想政治教育的对策：

一　贴近生活质量状况进行思想政治教育

通过前面的调查数据和分析结果显示，当前高校青年教师的生活质量与其要求的水平仍然有一定的差距。在生活质量问题中，住房问题表现得最为突出。解决高校青年教师的住房困难问题，不仅是一般意义上的民生保障问题，更是关系到国家和民族未来的科教兴国以及人才强国战略的全局性长远发展问题。然而，从思想政治教育的功能来看，解决高校青年教师的实际住房困难，不是思想政治教育能够做到的，这需要政府、社会、高校等有关部门的齐抓共管，下大力气从政策的层面予以实施各种安居工程。想当然地把高校青年教师的生活质量提高到一个相当高的程度，那也是不切实际的。武汉大学沈壮海教授认为，思想政治教育真正的有效性，最根本的体现在受教育者理论思维能力的形成和提高[1]。因此，贴近高校青年教师生活质量状况

---

[1] 沈壮海：《思想政治教育有效性研究三题》，《思想·理论·教育》2002年第1期。

进行思想政治教育需要从以下两个方面进行努力：

（一）引导树立艰苦奋斗的作风

艰苦奋斗是中华民族的优秀传统美德。胡锦涛同志曾指出："艰苦奋斗作为我们党的优良传统和作风，作为我们马克思主义政党的政治本色，是凝聚党心民心、激励全党和全体人民为实现国家富强、民族振兴、共同奋斗的强大精神力量，是我们党保持同人民群众血肉联系的一个重要法宝。"[①] 长征精神、延安精神、大庆精神、"两弹一星"精神等无不诠释着中国共产党艰苦奋斗的精髓。"艰难困苦，玉汝于成"，反观历史，展望未来，艰苦奋斗精神都应该是个人和民族获得成功的重要思想基础。

引导高校青年教师树立艰苦奋斗的作风，并不是一味地要求青年教师要刻意地抑制正常消费，在新的历史条件下，结合高校青年教师自身的特点，弘扬艰苦奋斗的作风应与社会现实相结合。强调艰苦奋斗的作风，与高校青年教师提升自我的生活质量并不相矛盾，既要抵制享乐主义等不良倾向，又要旨在提高青年教师的生活水平。新时期提倡艰苦奋斗，是倡导吃苦耐劳的精神品质、提倡奋发向上的精神风貌；引导高校青年教师树立艰苦奋斗的作风，要加强艰苦奋斗的典型性教育。要充分利用校园网、广播电视、微信客户端等容易被青年教师所接受的传播方式，以榜样示范的作用加强宣传，使青年教师在榜样的学习教育中，自觉弘扬"特别能吃苦、特别能攻关、特别能奉献"的精神，扎根高校、奉献青春；引导高校青年教师树立艰苦奋斗的作风，高校各级党政领导应率先垂范。首先，各级党政部门领导要保持务实的工作作风，牢固树立群众的观点，关心青年教师的生活状况，帮助他们解决现实的困难，思想政治工作要以情动人。其次，领导干部要保持艰苦朴素的生活作风，要做到在生活中不铺张浪费，不追求奢华，为青年教师树立良好的身教形象。最后，领导干部要有开

[①] 《十六大以来重要文献选编》（上），中央文献出版社2005年版，第81页。

拓进取的思想作风，要探索切合高校青年教师发展实际的新工程，积极为广大高校教师、青年教师谋福利。在满足高校青年教师物质需要的同时，使思想政治教育的有效性变得持久而深刻，从而达到内化于心、外化于行的作用。

（二）引导战胜困难的勇气

毛泽东曾经语重心长地说，人是需要点精神的。无论遇到多大的艰难困苦，都不要愁眉苦脸，唉声叹气，被艰苦所吓倒，而应认识到困难只是暂时的，只要有恒心、有信心，要坚信没有过不去的坎，要始终保持乐观向上的精神心态。司马迁为撰写《史记》，克服了种种困难，付出了毕生心血，被鲁迅誉为"史家之绝唱，无韵之《离骚》"；革命导师马克思为领导工人的运动，在食不果腹的情况下，用40年的时间坚持撰写《资本论》，为国际社会主义的胜利做出了巨大的贡献。纵观历史和现代人物，几乎没有人的成功不是建立在勇于战胜困难的基础之上。

当前高校青年教师生活方面面临着各种各样的困难，需要引导他们看清现状，认识到困难是暂时的，是青年人必经的过程。青年教师只是看到现在的老教授们享受大房子，而没有看到老教授们曾经住牛棚、住筒子楼的时候，有的老教授坦言，那时住筒子楼的岁月回忆起来倒是人生的一笔财富，所以现在的青年教师不应只看到当下的困境，而应看到苦中作乐的精神食粮，看到政府、高校也在尽力解决青年教师的住房困难问题。例如，当前，湖北省各高校为缓解青年教师买不起房的问题，均有向青年教师每月发放一定数量的住房补贴的政策（数额均在500—1000元），尽管在高房价面前，这些补贴仅仅只能起到杯水车薪的作用，但学校毕竟看到青年教师的压力，在努力地解决。有的高校为解决青年教师临时住房困难的问题，完善教师的周转房制度，尽力让周转房能够真正起到"转起来"的作用，以解青年教师的燃眉之急。时任北京师范大学校长钟秉林，每年"两会"的提案都提出要解决高校青年教师的住房困难问题；中国人民大学党委书记程天权也在"两会"上为高校青年教师的住房困难问题奔走呼号,他说,每次看到一些女老师挺着大肚子还没有房子住,就很心酸。这些充分说明作为高校青年教师思想政治教育的领导,都在积极关注青年教师的住房问题。因此,高校青年教师自身没有理由自暴自弃、怨天尤人。

二 贴近薪资待遇状况进行思想政治教育

高校是一个相对清贫的地方,高校教师的工资收入在社会上与相同学历的其他职业相比,收入偏低,选择了高校,从某种意义上讲就是选择了一种清贫的生活。通过此前的现状及原因分析,湖北省高校青年教师的薪资待遇状况并不乐观,受当前物价偏高、拜金主义等不良风气的影响,高校青年教师思想状况也产生了相应的变化。因此,贴近高校青年教师薪资待遇状况进行思想政治教育可以从以下几个方面入手:

(一)引导勤俭节约的生活作风

"历览前贤国与家,成由勤俭败由奢",勤俭节约是中华民族的优良传统。习近平总书记曾针对目前社会上浪费严重的现象,作出要求厉行节约、反对浪费的重要批示。

在此次调研中发现,有的青年教师盲目攀比,不顾自身经济条件,热衷于名牌消费,讲排场、比阔气;有的青年教师把勤俭的美德看成"过时"的观点,以超前消费为时尚。不可否认,当前高校青年教师普遍收入偏低的事实,但同时也应注意到许多青年教师是"月光族"的现象,有些青年教师盲目把钱花光了,就把原因归结于"工资太低"。因此,在新的历史时期,引导青年教师树立勤俭节约的生活作风十分必要。

首先,勤俭节约是一种精神状态。勤俭节约能够起到砥砺意志、陶冶情操的作用。高校青年教师在生活中保持勤俭节约的生活作风,有利于始终保持昂扬向上的精神状态,形成教学和科研工作中的强大力量。俭朴的生活，不但可以使人精神愉快，而且可以培养革命的品质，这是毛泽东、徐特立等老一辈革命家的心得。

其次，勤俭节约是践行社会主义核心价值观的表现。社会主义核心价值观国家层面的要求最首要的就是"富强"二字。虽然近年来，随着我国国民经济的发展，国家的总体经济水平明显比以往要高，但是，我国人口多，底子薄，人均资源少，还有数以万计生活在贫困线下面的劳苦大众，人均收入水平与发达国家相比仍有很大的距离，这些基本国情不容忽视。高校青年教师作为高知识的社会青年，必须引导他们积极践行社会主义核心价值观，保持勤俭节约的生活作风，从"节约一粒米、一度电、一滴水"做起，反对铺张浪费。而且要引导青年教师主动把这种精神带到课堂上，自觉传递给青年学生。试想，如果大家都在挥霍，国家从何而富强？即使国家将来富强了，勤俭节约的优良传统仍然是需要发扬光大的传家宝。因此，勤俭节约从自我做起，就是为国家的繁荣富强做出一份应有的贡献。

（二）提高思想政治教育的利益认同

所谓利益认同，是指"人的物质、精神利益需求方面的一致性和统一性"[①]。利益认同是思想政治教育的基础。马克思认为，人们奋斗的一切都同利益有关，根据马克思的这个观点，人们的各种需要必有一种需要处于中心地位，起主导作用，这种需要若得不到满足就会影响到主体自身生存及其他需要的满足，并严重影响到其思想和行为。思想政治教育认同的基础，是认同主体自身的利益需要与思想政治教育客体存在契合点[②]。而提高高校青年教师的收入水平无疑是满足他们物质需求的最主要和最直接的方法。高校青年教师思想政治教育中，

---

① 曹新高、张增孝：《从利益认同到价值认同》，《西安政治学院学报》2001年第2期。

② 王易、朱小娟：《思想政治教育认同初探》，《思想理论教育导刊》2013年第5期。

必须对他们的正当利益加以肯定，并从实践中适当考虑提高他们的收入水平，从而对思想政治教育内容产生利益认同。因此，希望高校党政领导部门作为高校青年教师思想政治教育的管理者，能在相关政策的制定上，合理分配高校绩效工资总量，建立适度向青年教师倾斜的工资体系。

思想政治教育的利益认同是认同感存在和发展的内驱力，尽管收入不是学术界的核心激励，但并不意味着收入就不重要，对于青年教师来说，教师首先是一份职业，然后才是事业。思想政治教育认同性并不是一蹴而就的，它是一个持续渐进的过程，提高高校青年教师的收入水平有利于他们不断深化认同过程的自觉意识，积极主动地以较高的思想水平规约自己，实现对思想政治教育的价值认同。

三　贴近婚姻情感状况进行思想政治教育

马克思认为，人的现实本质是一切社会关系的总和[①]，任何脱离社会而存在的人与关系都是不存在的。高校青年教师婚恋问题是社会关系的一种，如何处理好与对象的关系，如何在复杂的社会关系中找到属于自己的情感归宿，需要思想政治教育的人文关怀发挥作用。要求在思想政治教育的过程中，关怀他们个别的生活状态，引导他们清楚地认识自己，正确地认识社会关系，积极搭建婚恋交友平台，帮助解决他们生活中的婚恋问题，真正做到以情动人。

（一）积极搭建婚恋交友平台

青年教师社会面较窄，能够接触到各行各业的人并不多，因此高校管理部门要积极关注青年教师中的个人问题，帮助他们正确地认识自己，要积极为他们搭建婚恋交友平台，创造结识更多优秀同龄人的机会。目前有些高校做得好的方法可以互相借鉴。例如，每年阳春四月，由中国地质大学、华中科技大学等八家高校主办的"情定木兰

[①] 参见《马克思恩格斯文集》第1卷，人民出版社2009年版，第505页。

山——光谷片区高校青年教师联谊活动",这种以地域划片的形式,交友对象又同是具有高学历的高校教师,克服了地域、职业等障碍,为青年教师进行交友婚配提供了一定的现实性,因此受到广大青年教师的欢迎。

(二)引导树立正确的婚恋观

针对目前高校青年教师择偶标准过高的现状,应引导高校青年教师树立正确的婚恋观,合理定位爱情理想。爱情是人类最美好的感情,它是基于心心相印、志同道合的男女双方互爱基础上的一种高尚的、优美的精神心理上的交融,甜蜜的爱情是幸福婚姻的基础。高校青年教师在选择伴侣时,应摒弃功利化的思想,不应过分关注对方的物质收入和家庭条件,而应注重性格人品和心灵上的互通。每个人在寻找伴侣之前都会有个理想条件,但十全十美的人肯定是不存在的,应对自身有个正确的评估,既不高估自己,也不一味贬低自己,对自己有了理性的认识后,调整好心理预期,既不求高求全,也不委曲求全。当爱情遭遇挫折时,应明白爱情的产生是由双方相互吸引而成的,不必自暴自弃,应有良好的心态,不断学习,加强自己的内在修养,通过不凡的气度和文雅的谈吐等内在条件使自己在异性面前增加吸引力。

四 贴近身心健康状况进行思想政治教育

贴近高校青年教师的身心健康状况进行思想政治教育,需要思想政治教育工作者贯彻"以人为本"的教育理念。在现代思想政治教育中,以人为本是最根本的价值原则,是思想政治教育的本质要求。树立"以人为本"的理念,就是既要坚持教育、引导、鼓舞、鞭策青年教师,又要做到尊重、理解、关心、帮助青年教师。坚持以人为本,应发挥思想政治教育的主导性作用,充分尊重高校青年教师的主体性地位,关心他们的身心健康,增强人文关怀。具体可以从以下几个方面入手:

(一) 提高青年教师的健康意识

高校思想政治教育管理部门应从思想政治工作的实践角度，充分协调发挥校医院、心理教师和有关部门的作用，广泛开展健康宣传教育活动，提高青年教师的健康意识。第一，组织校医务人员定期为广大教职工进行合理膳食、如何预防疾病和康复等健康知识讲座；第二，组织心理咨询教师进行心理健康教育，积极引导青年教师学会自我排解压力，设立教职工心理咨询室，增强对抑郁、烦躁等不良情绪的防范能力，建立心理预警机制，对有严重心理疾病的青年教师要及早发现，如有需要必须进行强制干预，以免造成不必要的后果；第三，学校工会等有关部门可以利用节假日组织教师开展丰富多彩的文化体育活动，用形式多样的活动激发每位教师参与体育活动的热情，使青年教师在宽松和谐的工作环境中向适合自己的方向发展，从而减轻其心理压力，提高健康水平。

(二) 引导树立良好的健康理念

"健康的身体是革命的本钱"，身心健康是高校青年教师工作和生活的基础，只有拥有了良好的身心，才能为学校、为国家多做贡献。思想政治教育管理部门应当引导青年教师树立良好的健康理念，把身心健康放在首位，引导他们善于把科学的工作方法与良好的生活方式结合起来，树立"每天锻炼一小时，健康工作三十年，幸福生活一辈子"的理念，劳逸结合。同时应引导他们适当降低成就动机，要明白学术研究是一门长期的脑力劳动，只有长期的积累，才能有所产出，应以平常心对待工作上的得失，不要以过度劳累、牺牲自身健康为代价来换取事业上的成就，应树立健康第一、开心工作的理念，自觉加强体育锻炼、增强体质，养成良好的生活习惯。

综上所述，针对生活方面存在的一系列问题，主要从不同层面探讨了贴近高校青年教师生活发展实际进行思想政治教育的问题。只有理论联系实际，才能提高思想政治教育的认同性和实效性。同时，在思想上加强对青年教师的引导，提高青年教师的思想水平，才能让他们转变观念，认识到困难只是暂时的，问题的解决也不是一蹴而就的，从而反过来使高校青年教师在生活中保持乐观、积极的态度，促进生活方面的发展。

结　语

教育大计，教师为本。高校青年教师不仅承担着为学生传道、授业、解惑的使命，还肩负着培养学生正确的世界观、人生观、价值观的重任。高校青年教师的思想观念、政治立场、道德品质如何，直接决定了高校人才培养的质量。因此，高校青年教师思想政治教育是一项战略工程、固本工程，事关全面贯彻党的教育方针，事关高校意识形态阵地的建设，事关中国特色社会主义事业的兴衰成败。随着我国社会深刻转型，高校青年教师群体的思想、工作和生活都产生了较大影响，这使得高校青年教师思想政治教育问题日益凸显，解决之道日趋艰难，因此，从高校青年教师发展视域下进行思想政治教育研究十分必要。

首先，本书对高校青年教师发展视域下的思想政治教育的理论进行了较为系统的探讨。对高校青年教师进行了理论概述，对高校青年教师发展和高校青年教师思想政治教育进行了学理分析。把高校青年教师的概念界定为具有高等学校教师资格证书，在高等学校内专门从事教学与科研工作的，年龄在40周岁（含40周岁）以下的专任教师。高校青年教师具有时代性、高知性、新锐性、批判性和自我性的特点。高校青年教师发展内容是多方面的，本书主要集中在思想、工作和生活三个方面，其他方面的发展问题将在以后的研究中有所深入。高校青年教师发展的特点集中在项目多样化、投入多元化、注重专业发展三个方面。高校青年教师思想政治教育的内容包括思想教育、政治教育、道德教育和心理健康教育，具有教育目标的高层次性、教育方法的交互性、教育效果的渐进性等特征。与此同时，正确有效的实践必须有科学的理论作为指导，马克思主义经典作家的相关理论为高校青年教师发展视域下的思想政治教育提供了方向性的指导，中国古代关于师德方面的思想为本书的研究提供了理论渊源，西方的相关理论为本书的研究提供了借鉴。这一系列的理论基础为本书后续研究界定了合理的范围，明确地把高校青年教师发展集中在思想、工作、生活三个领域，为后文探讨贴近高校青年教师实际进行思想政治教育打下了坚实的理论基础。

其次，在科学的理论指导下合理地把握历史维度，回顾了我国改革开放40年来的高校青年教师思想政治教育的发展历程，较为系统地总结了优秀经验，反思了高校青年教师思想政治教育中存在的问题，并针对这些问题进行了原因分析。根据我国高校青年教师思想政治教育的发展历程，可以分为转变、改进、强化、创新四个阶段，在总结经验的基础上反思了存在的一系列问题，这些问题主要包括思想政治教育内容缺乏针对性、方法缺乏合理性、过程缺乏连续性。产生问题的原因是多方面的，主观原因在于教育过程忽视平等互动，教育内容忽视价值认同，客观原因在于受社会政治经济文化的影响、高校重视不够和高校青年教师自身认识不清三个方面。可见，加强高校青年教师思想政治教育，任重而道远。

最后，结合高校青年教师发展实际，探索了加强高校青年教师思想政治教育的对策和建议。本书认为，高校青年教师发展视域下的思想政治教育必须坚持"三贴近"的原则，贴近实际、贴近生活、贴近高校青年教师。针对目前高校青年教师思想中存在的问题，贴近思想发展状况加强思想教育、政治教育、道德教育；高校青年教师发展视域下的思想政治教育必须贴近青年教师工作发展状况，针对目前高校青年教师工作中存在的一些问题，贴近教学、科研、服务社会的状况，进行思想政治教育方面的引导：引导高校青年教师树立教书育人的精神、培养科学献身精神、培养科研创新精神、树立奋发进取的人生观、树立无私奉献的人生观；高校青年教师发展视域下的思想政治教育必须贴近青年教师生活发展状况，针对目前高校青年教师生活中存在的一系列问题，要加强思想政治教育的引导：引导树立艰苦奋斗的作风、引导战胜困难的勇气、引导勤俭节约的生活作风、提高思想政治教育的利益认同、积极搭建婚恋交友平台、引导树立正确的婚恋观、提高青年教师的健康意识、树立良好的健康理念。

文章以高校青年教师发展为视域，以提高高校青年教师思想政治教育为落脚点，探索结合青年教师发展实际的思想政治教育方法，力图丰富高校青年教师思想政治教育理论，为高校青年教师队伍更好地发展提供理论和实践指导。"高校青年教师发展"与"思想政治教育"两者之间是相辅相成的关系，高校青年教师思想政治教育在发展的视域下才能提高其实效性。同时，高校青年教师思想政治教育水平的提高也会进一步促进他们的发展，这便是对高校青年教师进行思想政治教育的初衷所在。

一直以来，高校青年教师思想政治教育都是有关领导、相关政府部门非常重视的议题，中央颁布的政策一贯强调加强青年教师思想政治教育工作要与实际相结合。因此本论题的空间之大、问题之多、意义之深，任重而道远。但由于时间的不足，精力有限，我深知本书还存在一些不足，有待于日后进一步研究并予以完善，在此恳请各位专家、各位师友匡谬扶正，同时也请放心，对高校青年教师发展视域下的思想政治教育研究，我会一直在路上！

参考文献

一 著作类

《马克思恩格斯全集》第3卷，人民出版社2002年版。
《马克思恩格斯全集》第3卷，人民出版社1960年版。
《马克思恩格斯全集》第16卷，人民出版社1964年版。
《马克思恩格斯选集》第4卷，人民出版社1995年版。
《马克思恩格斯文集》第1卷，人民出版社2009年版。
《马克思恩格斯文集》第2卷，人民出版社2009年版。
《马克思恩格斯文集》第3卷，人民出版社2009年版。
《马克思恩格斯文集》第4卷，人民出版社2009年版。
《马克思恩格斯文集》第5卷，人民出版社2009年版。
《马克思恩格斯文集》第8卷，人民出版社2009年版。
《马克思恩格斯文集》第10卷，人民出版社2009年版。
《列宁选集》第3卷，人民出版社1995年版。
《毛泽东文集》第六卷，人民出版社1999年版。
《毛泽东文集》第七卷，人民出版社1999年版。
《毛泽东选集》第二卷，人民出版社1991年版。
《邓小平文选》第二卷，人民出版社1994年版。
《邓小平文选》第三卷，人民出版社1993年版。
《江泽民文选》第一卷，人民出版社2006年版。

《江泽民文选》第三卷，人民出版社 2006 年版。

《十三大以来重要文献选编》（中），人民出版社 1991 年版。

《十三大以来重要文献选编》（下），人民出版社 1993 年版。

《十四大以来重要文献选编》（下），人民出版社 2003 年版。

《十五大以来重要文献选编》（上），人民出版社 2000 年版。

《十六大以来重要文献选编》（上），中央文献出版社 2005 年版。

中共中央文献研究室：《社会主义精神文明建设文献选编》，中央文献出版社 1996 年版。

《建国以来毛泽东文稿》第 4 册，中央文献出版社 1990 年版。

中共中央宣传部：《习近平总书记系列重要讲话读本》，学习出版社 2014 年版。

《毛泽东邓小平江泽民论教育》，中共中央文献出版社 2002 年版。

胡锦涛：《在庆祝清华大学建校 100 周年大会上的讲话》，人民出版社 2011 年版。

中共中央文献研究室：《社会主义精神文明建设文献选编》，中央文献出版社 1996 年版。

张耀灿、郑永廷等：《现代思想政治教育学》，人民出版社 2001 年版。

陈万柏、张耀灿等主编：《思想政治教育学原理》，高等教育出版社 2007 年版。

邱伟光、张耀灿：《思想政治教育学原理》，高等教育出版社 2006 年版。

工玄武、骆郁廷：《思想教育、政治教育、道德教育比较研究》，武汉大学出版社 2002 年版。

万美容：《思想政治教育方法发展研究》，中国社会科学出版社 2007 年版。

骆郁廷：《当代中国知识分子研究》，华中师范大学出版社 2002 年版。

张澍军：《德育哲学引论》，中国社会科学出版社 2004 年版。

陈秉公：《思想政治教育原理》，辽宁人民出版社 2001 年版。

郑永廷：《思想政治教育方法论》，高等教育出版社 1999 年版。

刘建军：《中国共产党思想政治教育的理论与实践》，中国人民大学出版社2008年版。

廉思：《工蜂——大学青年教师生存实录》，中信出版社2012年版。

朱熹：《四书集注》，中华书局2011年版。

杨业华：《当代中国大学生核心价值观研究》，人民出版社2011年版。

杨鲜兰：《经济全球化条件下人的发展问题研究》，中国社会科学出版社2006年版。

沈壮海：《思想政治教育有效性研究》，武汉大学出版社2008年版。

朱旭东：《教师专业发展理论研究》，北京师范大学出版社2011年版。

刘静：《20世纪美国教师教育思想的历史分析》，北京师范大学出版社2009年版。

叶澜等：《教师角色与教师发展新探》，教育科学出版社2001年版。

陈静：《教师道德建设》，华中师范大学出版社2006年版。

陈华洲：《思想政治教育方法论》，华中师范大学出版社2010年版。

祖嘉合：《思想政治教育方法教程》，北京大学出版社2004年版。

罗洪铁、周琪：《思想政治教育学理论的形成和发展研究》，中国文史出版社2014年版。

周芳：《思想政治教育审美研究》，人民出版社2012年版。

刘献君、郝翔：《思想道德修养》，武汉大学出版社2003年版。

教育部人事司：《高等学校教师职业道德修养》（修订版），北京师范大学出版社2005年版。

高军：《青年知识分子》，中央编译出版社2008年版。

徐延宇：《高校教师发展——基于美国高等教育的经验》，教育科学出版社2009年版。

张庆远主编：《师德言行集》，四川教育出版社1989年版。

许纪霖：《20世纪中国知识分子史论》，新星出版社2005年版。

黄蓉生：《教师职业道德修养》，西南师范大学出版社2001年版。

郭大俊等：《科学实践观与科学社会主义》，学习出版社2014年版。

梅新林：《中国教师教育30年》，中国社会科学出版社2008年版。

鲁洁、王逢贤：《德育新论》，江苏教育出版社2000年版。

《2011—2012中国教科文卫体工会优秀调研报告优秀论文选》，《求索》，中国工人出版社2013年版。

中国社会科学院语言研究所词典编辑室编：《现代汉语词典》，商务印书馆2002年版。

［英］霍恩比：《牛津高阶英汉双解词典第四版增补本》，商务印书馆2002年版。

［苏］苏霍姆林斯基：《给教师的一百条建议》，天津人民出版社1981年版。

［美］刘易斯·科塞：《理念人》，郭方等译，中央编译出版社2001年版。

［美］唐纳德·肯尼迪：《学术责任》，阎凤娇等译，新华出版社2002年版。

［美］彼得·圣吉：《第五项修炼——学习型组织的艺术与实务》，郭进隆译，生活·读书·新知三联书店2001年版。

［美］杜威：《民主主义与教育》，王承绪译，人民教育出版社1990年版。

［美］罗伯特·博伊斯：《给大学新教员的建议》，李思凡译，北京大学出版社2007年版。

［美］肯·贝恩：《如何成为卓越的大学教师》，明廷雄、彭汉良译，北京大学出版社2007年版。

［美］考泽尔：《给青年教师的15封信：教育家对话新任教师》，史亚娟译，华东师范大学出版社2010年版。

二　论文类

习近平：《紧紧围绕坚持和发展中国特色社会主义学习宣传贯彻党的十八大精神》，《求是》2012年第23期。

张耀灿：《思想政治教育学科专业创建30年的回顾与展望》，《思想理论教育》2014年第1期。

张耀灿：《新中国成立60年来高校思想政治教育的基本经验》，《思想理论教育导刊》2009年第8期。

骆郁廷、张莉：《思想教育、政治教育、道德教育的性质与特点辨析》，《武汉大学学报》（社会科学版）2002年第7期。

王树荫：《论思想政治教育形式、内容与效果的辩证关系》，《马克思主义研究》2008年第7期。

沈壮海：《思想政治教育有效性研究三题》，《思想·理论·教育》2002年第1期。

万美容：《论思想政治教育方法发展的基本方式》，《思想理论教育》2009年第3期。

熊建生：《论思想政治教育内容形态的层次结构》，《思想理论教育导刊》2006年第9期。

潘懋元、罗丹：《高校教师发展简论》，《中国大学教学》2007年第1期。

潘懋元、董立平：《关于高等学校分类、定位、特色发展的探讨》，《教育研究》2009年第2期。

刘道玉：《中国高校功能定位刻不容缓》，《高教探索》2007年第1期。

有本章：《教师发展（FD）的课题——日本的视角》，《复旦教育论坛》2006年第6期。

钟秉林、刘丽：《我国大学教师发展的现状、困境及对策》，《国家教育行政学院学报》2012年第9期。

林杰：《大学教师专业发展的内涵与策略》，《大学教育科学》2006年第1期。

黄志坚：《谁是青年？——关于青年年龄界定的研究报告》，《中国青年研究》2003年第11期。

郭洁：《2005版卡内基高校分类标准》，《教育发展研究》2006年第

5 期。

高宏：《高校青年教师专业化发展策略》，《理工高教研究》2007 年第 2 期。

周敏、熊仕勇：《校本培训模式与高校青年教师的专业化》，《中国青年研究》2008 年第 8 期。

王海翔：《高校青年教师心理压力的调查分析及对策》，《宁波大学学报》（教育科学版）2004 年第 5 期。

朱新秤、卓义周：《高校青年教师职业满意度调查：分析与对策》，《高等教育研究》2005 年第 5 期。

叶建鸣：《高校青年教师发展性评价的核心模块与结构框架设计》，《福建师范大学学报》（哲学社会科学版）2007 年第 5 期。

高树源、王树基：《新时期高校青年教师思想政治工作的思考》，《黑龙江高教研究》1995 年第 1 期。

余志红、帅维：《加强和改进高校青年教师思想政治工作》，《思想教育研究》1994 年第 3 期。

胡琦：《高校青年教师思想政治状况调查与思考》，《国家教育行政学院学报》2009 年第 8 期。

伍玉林、高军：《高校青年教师思想政治倾向的分析及对策》，《思想政治教育研究》2006 年第 1 期。

王忠：《困境与出路——对高校青年教师思想政治教育的思考》，《三峡大学学报》（人文社会科学版）2011 年第 9 期。

张宏洪：《论高校青年教师思想素质的培养》，《宁波大学学报》（教育科学版）2001 年第 12 期。

郭凤林、王全：《在当前形势下，对加强和改进高校青年教师思想政治工作的思考》，《思想政治教育研究》1996 年第 2 期。

周钟铭、马怀歧：《略论市场经济条件下高校教师的思想状况及对策》，《思想政治教育研究》1997 年第 1 期。

刘玉：《高校青年教师思想问题及对策研究》，《江南大学学报》（人文社会科学版) 2004 年第 6 期。

翁穗平:《微博引入高校青年教师思想政治教育途径浅谈》,《福州大学学报》(哲学社会科学版) 2014 年第 4 期。

王国荣:《试论新时期高校教师的思想政治教育》,《宁波大学学报》(教育科学版) 1999 年第 4 期。

赵金瑞、李大伟:《高校青年教师师德建设探究》,《思想教育研究》2012 年第 5 期。

谢丽娴:《论社会主义核心价值体系对高校青年教师师德师风建设的价值引导》,《高教探索》2011 年第 4 期。

霍军亮:《多元文化视域下高校青年教师师德建设探究》,《湖北社会科学》2014 年第 7 期。

佟书华、郑晗:《新时期加强高校青年教师师德师风建设的思考》,《学校党建与思想教育》2013 年第 11 期。

陈年强:《关于吸收高校青年知识分子入党的再思考》,《中国高教研究》2005 年第 10 期。

余展洪:《高校青年教师入党思想存在的问题及对策》,《学校党建与思想教育》2010 年第 4 期。

陈华:《高校青年教师政治态度现状及影响因素分析》,《高教探索》2014 年第 2 期。

尹喜、韩弘峰:《增强高校青年教师思想政治教育工作的实效性探析》,《思想教育研究》2013 年第 11 期。

姚亚平、胡伯项:《把邓小平理论化为跨世纪青年教师思想政治建设的伟大实践》,《南昌大学学报》(哲学社会科学版) 1998 年第 1 期。

陈潮光:《利益视角下高校教师思想政治工作途径的选择》,《湖北社会科学》2007 年第 8 期。

尤玉军:《中国特色社会主义认同视域中的高校青年教师思想政治教育工作创新》,《思想教育研究》2013 年第 11 期。

徐延宇：《美国高校教师发展浅析》，《比较教育研究》2011年第11期。

董玉琦等：《协同发展，共同成长——2011高校教师发展国际研讨会会议综述》，《中国大学教学》2012年第5期。

李晓强：《欧盟成员国中小学教师开除与解雇制度研究》，《比较教育研究》2008年第6期。

王甫勤：《转型期社会不公平感的产生与调试》，《西安电子科技大学学报》（社会科学版）2007年第9期。

李春玲：《当代中国社会的声望分层——职业声望与社会经济地位指数测量》，《社会学研究》2005年第2期。

黄少华、武玉鹏：《网络行为研究现状：一个文献综述》，《兰州大学学报》（社会科学版）2007年第3期。

施晓光：《高校教师发展：政府与高校共同的责任》，《长春工业大学学报》（高教研究版）2012年第1期。

林杰：《美国大学教师发展的组织化历程及机构》，《清华大学教育研究》2010年第2期。

吴德芳：《论教师的实践智慧》，《教育理论与实践》2003年第4期。

姜检平：《"985"工程投入与效益分析——以J大学为例》，《高教研究与实践》2011年第9期。

孙梅：《论高校教师思想政治教育中的人文关怀》，《当代教育论坛》（教学版）2009年第9期。

裴士连：《生活质量的社会公正》，《理论界》2006年第5期。

陈育红：《民初至抗战前夕国立北京大学教授薪俸状况考察》，《史学月刊》2013年第2期。

陈新华：《高校教师身心浅谈》，《江苏高教》2011年第5期。

冯惠玲：《中国高校青年教师心理健康状况调查与分析》，《学理论》2011年第11期。

马晓娜：《高校青年教师薪酬管理中存在的问题及对策》，《复旦教育论坛》2006年第4期。

陈蓉、刘天佐：《高校教师薪酬现状及其影响因素》，《湖南农业大学学报》（社会科学版）2006年第8期。

李志：《高校教师薪酬满意度的调查分析与对策》，《黑龙江高教研究》2006年第1期。

曹新高、张增孝：《从利益认同到价值认同》，《西安政治学院学报》2001年第2期。

王易、朱小娟：《思想政治教育认同初探》，《思想理论教育导刊》2013年第5期。

张轩：《论思想政治教育目标的层次性》，《思想政治教育研究》2009年第4期。

杨业华、李婉芝：《思想政治教育学科设立30年来学科发展的若干思考》，《思想理论教育导刊》2014年第7期。

李婉芝、杨业华：《高校青年博士教师发展现状的调查研究》，《湖北社会科学》2015年第2期。

《第二十次全国高校党建工作会议召开》，《光明日报》2012年1月5日。

习近平：《在同各界优秀青年代表座谈时的讲话》，《光明日报》2013年5月5日。

《进一步加强和改进新形势下高校宣传思想工作》，《光明日报》2015年1月20日。

胡锦涛：《在实现中华民族伟大复兴的进程中谱写更加壮丽的青春之歌》，《人民日报》2000年7月11日。

胡锦涛：《在共青团十四届四中全会上的讲话》（节选），《中国青年报》2004年5月4日。

胡锦涛：《庆祝清华大学建校100周年大会上的讲话》，《光明日报》2011年4月25日。

习近平：《青年要自觉践行社会主义核心价值观》，《人民日报》2014

年5月5日。

习近平：《在同各界优秀青年代表座谈时的讲话》，《人民日报》2013年5月5日。

王继全：《马克思主义利益视域中的思想政治教育》，博士学位论文，苏州大学，2012年。

吴庆华：《地方高校青年教师发展研究》，硕士学位论文，华中科技大学，2013年。

高军：《我国大学教师学术评价制度研究》，博士学位论文，南京师范大学，2008年。

何光辉：《职业伦理教育有效模式研究》，博士学位论文，华东师范大学，2007年。

张俊超：《大学场域的游离部落》，博士学位论文，华中科技大学，2008年。

吕春座：《高校青年教师专业发展问题研究》，硕士学位论文，厦门大学，2008年。

侯永轶：《青年教师需要的研究》，硕士学位论文，华东师范大学，2006年。

蒋瑛：《社会转型期高校青年教师道德价值观及其建设研究》，硕士学位论文，武汉大学，2005年。

韩贤胜：《我国高校青年教师职业道德问题研究》，硕士学位论文，湘潭大学，2014年。

三 外文文献

Crow M. L., Milton O., Mooamaw W. E. et al., *Faculty Development Centers in Southern Universities*. Atlanta: Southern Regional Education Board, 1976, p.7.

Royce, Josiah, *Is There a Science of Education* (1891). *Teacher Education in America: A Documntary History*, New York: Teacher College

Press, 1965, p. 110.

Freedman M., *Academic Culture and Faculty Development.* Berkeley, CA: Montaigne, 1979, p. 226.

Toombs W., A Three-dimensional View of Faculty Development. *The Journal of Higher Education*, Vol. 6, No. 46, June 1975, p. 701.

Bergquist W. H. & Philips S. R., Components of an Effective Faculty Development Program. *The Journal of Higher Education*, Vol. 6, No. 46, Feberary 1975, p. 24.

Menges R. J., mathis B. C., *Key Resources on Teaching, Learning, Curriculum, and Faculty Development: A Guide to the Higher Education Literature.* San Francisco: Jossey-Bass, 1988, p. 254.

Gaff, J. G., *Toward Faculty Renewal: Advances in Faculty, Institutional, and Organizational Development.* San Francisco: Jossey-Bass, 1975, p. 14.

附　　录

附件1：湖北省高校青年教师发展现状调查问卷

尊敬的老师，您好！

　　欢迎参与本次的调查问卷，本问卷是为了调查我省高校青年教师的工作、思想、生活状况而设计的，仅供研究分析使用，没有对错之分。对反映出来的突出问题，我们积极向有关部门反映，提出建议与对策，督促问题解决，请您积极配合我们的工作，衷心感谢您的大力支持！

　　填写方法：

　　1. 请按自己的实际情况如实填写，并在选项下面打"√"，勿与他人讨论。

　　2. 每个问题一般只选择一个答案（特别要求除外）。

　　3. 调查问卷用后需收回，请不要在问卷上做任何记号。

　　4. 问卷之外，您还有什么意见和建议请说明。

　　1. 您的性别：
　　　　A. 男　　　　　　　　　B. 女
　　2. 您的年龄：
　　　　A. 30岁以下　　　B. 31—35岁　　　C. 36—40岁

3. 您目前的学位、经历情况：

　　A. 博士在读　　　　　　B. 博士

　　C. 博士后在研　　　　　D. 出站博士后

4. 您是否有海外留学或进修的经历？

　　A. 有　　　　　　　　　B. 无

5. 您目前的职称：

　　A. 助教　　B. 讲师　　C. 副教授　　D. 教授

6. 您指导学生的资格：

　　A. 博导　　B. 硕导　　C. 暂无

7. 您的学科门类：

　　A. 哲学　　　B. 经济学　　C. 法学

　　D. 教育学　　E. 文学　　　F. 历史学

　　G. 理学　　　H. 工学　　　I. 农学

　　J. 医学　　　K. 军事学　　L. 管理学

8. 您的政治面貌：

　　A. 中共党员　　　　　　B. 民主党派人士

　　C. 共青团员　　　　　　D. 无党派人士

9. 您目前实现民主参与的身份有哪些（可多选）？

　　A. 人大代表　　　　　　B. 政协代表

　　C. 教代会代表　　　　　D. 工会代表

　　E. 其他（如有，请注明：　　　　）

　　F. 暂无

10. 您的婚姻状况：

　　A. 未婚　　B. 已婚　　C. 离异　　D. 再婚

11. 您的月平均收入为：

　　A. 3000 元及以下　　　B. 3001—4999 元

　　C. 5000—7999 元　　　D. 8000—9999 元

　　E. 10000 元及以上

12. 您一周平均有多少课时？

    A. 8 课时以下　　　　　　　B. 8—12 课时

    C. 12—14 课时　　　　　　　D. 14 课时以上

13. 请问您近五年内在核心期刊上发表过几篇文章？

    A. 0 篇　　　B. 1 篇　　　C. 2 篇　　　D. 3 篇及以上

14. 近五年内您有几篇文章被转载？

    A. 0 篇　　　B. 1 篇　　　C. 2 篇　　　D. 3 篇及以上

15. 近五年内您自己主持或参加省级及以上科研课题有几项？

    A. 0 项　　　B. 1 项　　　C. 2 项　　　D. 3 项及以上

16. 近五年内您公开出版或参与编写的专著或教材有几部？

    A. 0 部　　　B. 1 部　　　C. 2 部　　　D. 3 部

    E. 4 部及以上

17. 您在未来五年内的发展目标具体有（可多选）：

    A. 科研进修　　　　　　　B. 提高教学水平

    C. 加强科研能力　　　　　D. 提升行政管理水平

    E. 职称或职务晋升　　　　F. 国外学习或交流

    G. 其他

18. 在您的成长过程中，是否得到过单位的培养和支持：

    A. 经常得到　　　B. 偶尔得到　　　C. 从未得到过

19. 您认为阻碍您专业发展的主要困难有（可多选）：

    A. 教学任务重　　　　　　B. 缺乏科研素质和能力

    C. 缺乏资金　　　　　　　D. 缺乏可供参考的资料

    E. 教学科研的意义不大　　F. 行政部门不够重视

    G. 缺乏相应的设备　　　　H. 其他

20. 您认为在您单位什么样的人进步快？

    A. 认真工作的人　　　　　B. 学习能力强的人

    C. 请客送礼的人　　　　　D. 与领导关系要好的人

    E. 说不清

21. 您目前的工作状态：

　　A. 心情舒畅，充满生气　　　B. 心情压抑，无聊

　　C. 繁忙但有自己的目标　　　D. 得过且过等工资

22. 您认为工作中最大的压力来自：

　　A. 申报课题　　　　　　　　B. 在核心期刊上发表文章

　　C. 教学任务　　　　　　　　D. 职称晋升

　　E. 行政管理任务　　　　　　F. 其他（请注明：　　　）

23. 当前，部分高校以教师科研任务的完成指标来决定薪酬待遇，对此，您的意见是：

　　A. 完全赞同　　　　　　　　B. 基本赞同

　　C. 不赞同　　　　　　　　　D. 完全反对

24. 您经常参加志愿者活动吗？

　　A. 经常　　　　B. 偶尔　　　C. 从未参加过

25. 您认为，个人政治理论水平的提高对工作能力方面有无帮助？

　　A. 帮助很大　　　B. 帮助较大　　　C. 帮助一般

　　D. 帮助较小　　　E. 没有帮助

26. 您认同社会上对女博士是"第三类人"的说法吗？

　　A. 认同　　　　B. 不认同　　　C. 说不清

27. 您日常比较关注哪些方面的信息？（可多选）

　　A. 时政要闻　　　B. 财经证券　　　C. 体育节目

　　D. 医疗保健　　　E. 文化娱乐　　　F. 时尚生活

　　G. 购物消费　　　H. 科学技术　　　I. 教育

　　J. 旅游　　　　　K. 其他（请注明：　）

28. 您有每天看新闻、看报纸了解国内外大事的习惯吗？

　　A. 每天都看，了解很多　　　B. 偶尔看看

　　C. 几乎不看

29. 您对社会主义核心价值体系有认同感吗？

　　A. 非常认同　　　　　　　　B. 一般认同

C. 不认同　　　　　　　　　D. 没有感觉

30. 请问您选择高校教师这一职业的原因是：

    A. 热爱教育　　　　　　　B. 社会地位较高

    C. 教师福利待遇好　　　　D. 从小的理想

    E. 迫于就业压力　　　　　F. 其他

31. 您认为一个人的价值取决于（最多选三项）：

    A. 金钱的多少　　　　　　B. 权力的大小

    C. 社会名望的高低　　　　D. 生活得是否舒适、潇洒

    E. 人格是否高尚　　　　　F. 是否干出了一番轰轰烈烈的事业

    G. 对社会贡献的大小　　　H. 其他

32. 您认为当前师德师风存在的主要问题有：

    A. 育人意识淡漠　　　　　B. 爱岗敬业精神不强

    C. 自身表率作用欠缺　　　D. 合作精神不强

    E. 其他表现

33. 对于一些高校教师进行社会兼职的做法，您的看法是：

    A. 可以理解，市场经济的必然，也是一种自我价值的实现

    B. 不可以，这样太分散教学精力了

    C. 没有看法

34. 您生活方面的压力主要来源于（可多选）：

    A. 住房问题　　　B. 工作问题　　　C. 婚恋问题

    D. 教养子女　　　E. 赡养老人　　　F. 代沟问题

    G. 收入问题　　　H. 社会治安问题

    I. 生活费用上升问题　　　J. 其他

35. 您与单位同事的关系：

    A. 十分融洽　　　B. 比较融洽　　　C. 一般

    D. 不是很融洽　　E. 不融洽

36. 您目前存在以下哪些问题（可多选）：

    A. 对自己犯过的过失一直耿耿于怀

B. 感到人生无聊

C. 感觉自己没有什么价值

D. 有不想活下去的念头

E. 自己常常因为精神太差而无法做事情

F. 希望离开现在的一切，有个新的开始

G. 暂无

37. 您现在的住房条件是：

    A. 自购商品房　　　　　　B. 单位福利房

    C. 经济适用房　　　　　　D. 租房

38. 您每天上班的主要交通方式：

    A. 步行或自行车　　　　　B. 校车

    C. 社会公共交通　　　　　D. 自驾车

39. 您每天的睡眠时间是：

    A. 5 小时以下　　　　　　B. 5—6 小时

    C. 6—8 小时　　　　　　　D. 8 小时以上

40. 您觉得您的身体健康问题有哪些（可多选）？

    A. 咽喉炎　　B. 颈椎病　　C. 休息不足熬夜身体弱

    D. 失眠　　　E. 肩周炎　　F. 冠心病

    G. 高血压　　H. 其他　　　I. 没有

41. 您平时锻炼身体的频率：

    A. 几乎从不锻炼　　　　　B. 一周一次

    C. 一周 2—3 次　　　　　　D. 每天锻炼

42. 您认为高校青年博士教师最应加强的是（限选三项）：

    A. 法制意识　　　B. 效率意识　　　C. 服务意识

    D. 竞争意识　　　E. 市场意识　　　F. 奉献意识

    G. 创新意识　　　H. 合作意识　　　I. 科学意识

    J. 政治意识　　　K. 社会责任意识　L. 全局意识

43. 您对学校在改善青年教师工作状况，帮助青年教师发展成长上还有何其他建议和要求？

_____

_____

_____

_____

问卷到此结束，再次感谢您的支持与合作！

附录2：访谈提纲

1. 个人简历（性别、年龄、婚姻状况、学历、专业、教龄、职称、职务）
2. 为什么选择高校老师这个职业？
   （1）以前有想过当高校教师吗？
   （2）如何定位和看待这个职业？（整体形象、工作环境、经济收入、社会地位、社会认同等）
   （3）对自己所从事的专业兴趣如何？
   （4）目前对这份工作的满意的地方与不满意的地方。
3. 思想状况：
   （1）对于学术不端的现象如何看待？身边这种学术不端的事情多不多？
   （2）对于走中国特色社会主义理论认同度？
   （3）对于"中国梦"的态度？
   （4）对于社会主义核心价值观的看法？
   （5）平时对国家的大政方针会比较关注哪些方面的内容？
   （6）您觉得您身边的青年教师思想方面有什么问题？
   （7）您觉得目前针对青年教师最需要加强的哪些方面的思想政治教育？

（8）女教师是否因高学历而苦恼？

4. 工作状况：

（1）您的工作量情况？

（2）您的教学方面有何苦恼？

（3）您在科研方面有何压力？（每学期具体的科研任务、科研环境、科研活动中遇到的问题等）

（4）您如何处理教学与科研的关系？（具体的时间分配）

（5）平时私底下与学生交流得多吗？与领导、同事的关系怎么样？

（6）您在外面有没有兼职？

（7）您对"学而优则仕"的现象怎么看？如果有一些行政职位的机会，你是否会争取？

（8）最近几年进修、深造的经历或者打算？

5. 生活状况：

（1）您自己身体有何疾病？

（2）您觉得平时压力大吗？（具体表现在哪些方面）

（3）您身边的同事有没有很严重的心理疾病？

（4）您有没有坚持体育锻炼的习惯？

（5）您买房、买车、家庭经济收入、目前居住环境的情况？

（6）您的预期收益多少比较合理？

后 记

呈现在广大读者面前的这本学术著作，是我在湖北大学马克思主义学院攻读博士的毕业论文，后来到湖北大学商学院工作后又根据习近平总书记的青年观和在高校思想工作座谈会上的讲话精神，进行了与时俱进的修改和完善，补充了一些新的内容，使之更具时代特征。

本书的出版得到了湖北省高校人文社科重点研究基地——湖北青少年思想道德教育研究中心的资助，是湖北省社科基金后期资助一般项目的成果（项目编号：2018017），得到了湖北大学商学院的支持，同时也得到了许多领导和同仁的关心，在此表示真诚的感谢！

本书的出版，得到了中国社会科学出版社领导和编辑的大力支持。尤其是本书的责任编辑孔继萍女士，花费了大量的时间和心血，在此致以诚挚的谢意！我还要深深地感谢我的父母、先生和儿子，没有他们的支持和帮助是无法完成本书的写作的。

书中参考、引用了许多专家、学者的研究成果，在此表示衷心的感谢！

由于作者水平有限，书中难免有疏漏与不足之处，敬请专家、学者和读者批评指正。

李婉芝

2018 年 12 月 12 日

于湖北大学商学院